U0553746

权威 · 前沿 · 原创

皮书系列为
"十二五""十三五"国家重点图书出版规划项目

北京国际城市发展研究院社会建设研究重点项目
北京市社会发展研究中心西城区街道发展研究重点项目
北京国际城市文化交流基金会智库工程出版基金资助项目

街道蓝皮书

BLUE BOOK OF
SUB-DISTRICT OFFICE

北京街道发展报告 *No.1*
白纸坊篇

THE DEVELOPMENT OF BEIJING'S SUB-DISTRICT OFFICES No.1:
BAIZHIFANG CHAPTER

主　　编／连玉明
执行主编／朱颖慧

社会科学文献出版社
SOCIAL SCIENCES ACADEMIC PRESS (CHINA)

图书在版编目（CIP）数据

北京街道发展报告. No.1. 白纸坊篇 / 连玉明主编
. -- 北京：社会科学文献出版社，2016.8
（街道蓝皮书）
ISBN 978 - 7 - 5097 - 9200 - 1

Ⅰ.①北…　Ⅱ.①连…　Ⅲ.①城市道路 - 城市建设 -
研究报告 - 西城区　Ⅳ.①D669.3

中国版本图书馆 CIP 数据核字（2016）第 119027 号

街道蓝皮书
北京街道发展报告 No.1　白纸坊篇

主　　编 / 连玉明
执行主编 / 朱颖慧

出 版 人 / 谢寿光
项目统筹 / 邓泳红　郑庆寰
责任编辑 / 宋　静

出　　版 / 社会科学文献出版社·皮书出版分社（010）59367127
　　　　　　地址：北京市北三环中路甲 29 号院华龙大厦　邮编：100029
　　　　　　网址：www.ssap.com.cn
发　　行 / 市场营销中心（010）59367081　59367018
印　　装 / 三河市东方印刷有限公司

规　　格 / 开 本：787mm × 1092mm　1/16
　　　　　　印 张：18.5　字 数：247 千字
版　　次 / 2016 年 8 月第 1 版　2016 年 8 月第 1 次印刷
书　　号 / ISBN 978 - 7 - 5097 - 9200 - 1
定　　价 / 98.00 元

皮书序列号 / B - 2016 - 507

本书如有印装质量问题，请与读者服务中心（010 - 59367028）联系

街道蓝皮书编委会

《北京街道发展报告 No. 1 白纸坊篇》
编 写 组

总 策 划　艾 丽　　连玉明　　朱颖慧

主　　　编　连玉明

执 行 主 编　朱颖慧

副 主 编　焦 扬　赵 昆　金 锋　高继龙

核心研究人员　连玉明　朱颖慧　焦 扬　金 锋　高继龙

　　　　　　　张 涛　赵 昆　孟芳芳　朱永明　丁玉丰

　　　　　　　梁楠楠　田 润　朱盼盼　陈盈瑾　龙荣远

　　　　　　　吴 佳　姜思宇

主编简介

连玉明 著名城市专家，教授、博士，北京国际城市发展研究院院长，北京市人民政府专家咨询委员会委员，北京市社会科学界联合会副主席，北京市哲学社会科学京津冀协同发展研究基地理事长、首席专家，基于大数据的城市科学研究北京市重点实验室主任，大数据战略重点实验室主任，北京市社会发展研究中心理事长。

研究领域为城市学、决策学和社会学。近年来致力于大数据战略和生态文明理论及实践研究。主编《社会管理蓝皮书：中国社会管理创新报告》（2012/2013/2014）、《贵阳蓝皮书：贵阳城市创新发展报告》等专著60余部。主持编制了北京市西城区、朝阳区、门头沟区和贵州省贵阳市"十三五"社会治理专项规划。

摘　要

　　基层治则国家治。街道在城市和国家治理体系中处于基础性的地位。在北京市落实首都新定位、建设国际一流和谐宜居之都的历史进程中，西城区任务艰巨，使命光荣。近年来，西城区围绕做好"四个服务"，坚持"抓街道、街道抓"，深入推进区域发展转型和管理转型，不断深化街道社区管理体制改革，落实街道加强区域党建、统筹辖区治理、组织综合执法、指导社区建设等职能；15 个街道立足自身优势，融入发展大局，积极探索首都基层治理体系和治理能力现代化之路，其丰富实践为首都城市治理创新提供了鲜活的经验，具有重要的借鉴意义和理论价值。

　　《北京街道发展报告 No.1 白纸坊篇》以创新地区治理需要重点研究的 20 个问题为切入点，坚持理论探索与实践研究相结合，重点对城市老旧小区物业管理、城市基层的信访困境与治理、智能政务系统在街道社区的应用等主题展开理论研究。同时，立足白纸坊区域发展实际，对工作人口、社区居民对区域公共服务情况的评价进行问卷调查，对城市管理精细化、社工队伍建设、就业援助网络构建、居家养老服务等重点问题进行深入调查研究，梳理和总结以服务型党组织建设引领基层党建创新、现代城市治理方式创新、住房保障规范化管理创新、行政服务标准化建设创新等先进经验和做法。

　　在此基础上，本书认为，近年来白纸坊街道地区治理经历了从管理到治理、从精细化治理到精准化服务的发展历程，基于地区治理实际，围绕提升街道执行力、加强城市建设管理、构建公共服务体系、

挖掘地区文化资源价值、激发城市治理的社会活力五大主题，提出基层治理创新需要在条块职责进一步理顺、政府公信力进一步强化、加强街道工作机制和干部队伍建设、切实破除社区"机关化"现象、进一步提高社区规范化水平等方面有所突破。

Abstract

Well-governed localities give rise to a well-governed country Sub-district holds a foundational position in a city and country's governance system. In the historical process of implementing Beijing's new positioning as the nation's capital and building a world-class harmonious and livable city, Xicheng District takes on monumental tasks and glorious mission. In recent years, Xicheng District centering on the principles of "Four Services" and "Governing street, self-governance," has pressed ahead with regional development and management transformation, deepened reform on sub-district community management system, implemented Party construction and coordinated governance at the sub-district level, organized comprehensive law enforcement, and provided guidance to community construction. 15 sub-districts based on their own advantages have integrated into the grand development framework, proactively exploring the path of achieving the modernization of grassroots governance system and governance capacity, as its rich practice has provided fresh experience in urban governance innovation for Beijing. These experiences carry great value of reference and theoretic significance.

The Development of Beijing's Sub-district Offices No. 1: *Baizhifang Chapter* combining theoretic exploration with practical study undertakes research on old residential neighborhood property management, predicament and remedy of grassroots petition, and application of E-government system in the street neighborhood, digging into from 20 key topics about governance innovation. At the same time, based on development condition of the street, it conducts public service questionnaire survey on working

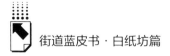

population and residents followed by in-depth research on refined urban management, construction of social worker force, forging of employment assistance network and home-based elderly care. It generalizes advanced experience and practices in grassroots Party construction innovation led by service-oriented Party organization, urban governance method innovation, housing security regulated management innovation, and government service standardization construction innovation.

On the basis, the report concludes that in the past few years Baizhifang sub-district has experienced the development process from management to governance and from refined governance to refined services; in light of local governance reality, it should focus on enhancing street's enforcing power, strengthening urban construction management, forging public service system, exploring street neighborhood's cultural resources value and leveraging social energy for urban governance, further streamline power and responsibility distribution, enhance government credibility, bolster the construction of sub-district's work mechanism and cadre force, put an end to "government department" phenomenon in the community, and seek breakthrough in enhancing regulation of the community.

目 录

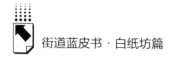
Ⅲ 理论报告

Ⅳ 调研报告

Ⅴ 案例报告

　皮书数据库阅读 **使用指南**

CONTENTS

Ⅲ   Theory Reports

Ⅳ   Survey Reports

V   Case Reports

代前言
提升基层治理能力的核心是做实街道、做强社区

田巨德*

一 街道是城市基层治理的倡导者、组织者和推动者

党的十八大和十八届三中全会着眼于维护最广大人民根本利益、最大限度增加和谐因素、增强社会发展活力，提出了创新社会治理体制的要求，这就要求政府在社会治理中承担主导作用。街道是城市治理的重要基础和依托，也是党和政府联系群众的桥梁。做好街道工作是国家治理体系与治理能力现代化的基础性工程，是推进首都城市治理现代化的重要内容。但据我们了解，街道作为区政府的派出机构，在实际工作中的职责边界并不清晰，责、权、利并不匹配，特别是在十八大以后面临"城市管理"向"城市治理"转型的新形势下，如何找准街道的工作定位，是一个非常迫切的现实问题。"治理"和"管理"一字之差，其意义发生了很大的变化。城市管理更多的是强调政府管理，行政部门和专业力量的管理；而城市治理主要是强调多元化的参与，把多种力量整合起来，共同参与城市的建设。从街道这个层次来看，从"管理"向"治理"转型，最核心的是街道的工作

* 田巨德，时任中共北京市西城区委白纸坊街道工作委员会书记。

应该更多地从"负责"向"主导"转型，在推动城市治理的过程中街道工委办事处主要应该起到一个倡导者、组织者和推动者的作用。倡导者，街道工委作为最基层的党组织，要广泛宣传十八届三中全会的战略部署，并把这一理论贯彻到最下面，贯彻到每一个单位、每一个群众中间去。组织者，城市治理从根本上还是要政府来主导和组织的，包括自治及各项工作都由政府来组织。推动者，在推动城市治理的过程中，会碰到各种问题和一些体制上的障碍，街道要发挥好综合协调的作用，推动这些问题的解决。而从社会治理的角度出发，社会治理的主体应该是社区，把社区做大、做实，社区这一基础强了，我们的网格做实了，社区的服务能力、资源整合能力和调动社会参与能力就增强了，实际上就是社会治理能力的提升。

因此，在城市治理中，我个人觉得社区是要做大、做强，而街道则应该是做精、做实。做实街道，关键是要推进街道的体制机制改革，"重心下移、职能下沉"，不断剥离不适合街道承担的专业管理职能，不断强化街道办事处的统筹协调职能，完善监督评价职能，根据精简、统一、效能、便民的原则，以及辖区面积和人口规模，调整内部机构设置，合理归并职能相近的科室，强化街道在综合管理和公共服务方面的执行力，把为老百姓服务作为工作的出发点和落脚点，贴近老百姓，从细节入手，真正关注老百姓所忧、所思、所想、所困的事情，解决实事，解决难题。比如，我们坚持以问题为导向，征求民众的意见，街道修建了四个市民中心，为老百姓提供了活动交流的场所。另外，美化街巷胡同，通过开展拆违、绿化、整治牌匾等工作优化南菜园街的"硬环境"，并同步推进"软环境"建设，打造了樱桃二条、樱桃三条精品胡同，挖掘樱桃二条、樱桃三条胡同的历史文化价值，展示樱桃园历史渊源及有关樱桃的诗画作品，营造浓郁独特的文化氛围。创建南菜园1号院精品小区，坚持"小区如何改，居民说了算"的原则，让群众成为管理的主体，完善"管建合一"的长效管理机制。我们抓住这些小事，从小事上推进工作，改进我们的工作做法，从小节上抓起，贴近百姓生活。

当然，我们仅仅是做了一些尝试。就管理体制而言，街道作为政府的派出机构，现在的科室越来越多，人也越来越多，职能也越来越多，一些职能是错位的，甚至是越位的。社区普遍存在服务能力弱、不接地气的问题，越来越办公化、行政化、机关化。如何解决职能部门越位的问题，怎么增强街道对区域的统筹协调能力和治理能力，把社区做强了，把网格做实了，是需要深入研究探索的重点。

二　区域化党建是强化街道治理能力的突破口

做实街道从行政管理体制改革方面有许多文章可做。强化党委领导职能，街道工委也有创新空间。党的领导是核心。强化街道基层的治理能力，首先要强化街道工委的治理能力。从我们的实践来看，街道工委工作最大的创新空间是区域化党建。随着社会流动性和开放性的日益增强，体制外的组织、人越来越多，我们党传统的组织体系、工作方式和保障机制与新时期基层党建形势不相适应的矛盾越来越突出，亟待通过区域化党建工作，把党的组织优势转化为社会治理服务的优势，让社区范围内的单位、个体等方方面面的代表都参与党的组织，以此为抓手，形成一个网状结构的党建工作体系，以区域化党建带动辖区各类单位、人群实现相互间的信息交换、资源共享，从而产生一种新的力量，让党的声音、党的领导体现在街道工作的方方面面，提高社会治理的效率。

区域化党建是一种格局、一种方法，也是一种力量。以区域化党建工作的创新打破传统的条块分割格局，提升街道资源整合和统筹协调能力，是发挥我们的政治优势推进基础治理体制改革的一个重要突破口。白纸坊街道提出，要实现区域化党建全覆盖，把街道的 18 个社区、两个非公组织和 5000 多名党员的作用发挥出来。我们的体会是区域化党建要做好"化""型""理"三个字的文章。要实现区域化的这个"化",需要切实解决有机融入、有机互动的问题,这方面我们在实践中还缺少有力的抓手,有很多进不去,即使进去了,积极性也不高,党员的作用、党员的意识还有很多提升的空间,"化"上还有差距。"型"更多的是体现一种系统、稳定、长效化的运行机制。我们的服务型党组织建设,除了"服务"两个字,还有一个"型"的问题。在这方面,我们感到也有很大的空间需要提升,载体和新提法有很多,大多数是一时的,必须建立长效的机制推进区域化党建。第三个是"理",我们一直讲的社会治理,核心应该是对社会中的人的治理,说到底是对人的管理和服务。这个"理"就是以人为本,依法治理。只有这样才能激发大家参与的积极性,这方面我们做了不少探索,但还有提升的空间。

三 社区自治的关键是政府放权

社区治理是行政管理服务和群众性自治的有机结合,具有明显的"共治"属性,是我国社区建设的重要方式和最终目标。目前,社区治理体系正在逐步完善,社区居委会的主体地位得到进一步明确,逐渐剥离社区居委会的行政事务,使其集中精力组织居民自治。我认为目前提的自治主要有两方面的问题,一个是顶层设计,另一个就是体系的问题。自治在基层应该如何来实施,如何在街道、社区、楼道形成一个体系,需要在顶层设计时就把这个问题规划好。如何把社区自治做实做细,把民主选举、民主决策、民主管理和民主监督的实践贯穿于社区建设的全过程和各方面?如何正确处理行政管理和社区自治的关系,解决好政社不分的问题?如何建立和形成呼应民生、体察民意、激发民智、凝聚民力的政治参与和诉求表达的运行机制,推进社区居民自治的机制化、法制化建设？如何在制度设计上防止政府的行政负担下移和管理权力上收，不断扩大和保障社区居民的基本权利？这些问题都需要做好顶层设计。

从我们基层来说，白纸坊街道社区自治工作的思路是自下而上建体系，从群众需求出发，以问题为导向，从楼院协定、小区自管到社区自治再到行业自律，从以事而聚的"停车协会"到以人而兴的"窗帘约定"，从小范围、具体事到大规模、制度化，从临时、随机到长期、有序，不断确立"众人之事众人办、社区事务大家管"的理念，不断完善制度、拓展内容、创新形式和深化细节，逐步形成纵横交错、上下结合的多层次、立体化、网络式自治格局，通过社区自治的制度创新和公众参与的民主锻炼，增强居民参与社区事务的积极性和主动性，夯实社会治理的基础。

社区自治是当前城市治理、社会治理的重大突破口，我们的实践是一种尝试，这个体系还要进一步地完善和健全。实际上，社区居民解决问题的过程就是一个自治的过程，就是自我教育、自我管理、自我自治的过程，也就是居民自治。要创新社区自治模式，我们的体会是关键要解决好"自"的问题，政府要放手、放权、放心，切实把解决问题的权力、资源交给社区，交给群众，让群众自己解决自己的问题，很多事情才能化解在社区，解决在社区。

现在，社区自治在实践中也有固定的模式，关于这方面的探讨很多，精细化管理就是其中的一个抓手。例如，我们这里的菜园街社区，就是一个用项目化活动来推动社区自治的典型案例。菜园街社区利用居民在自家阳台养花作为引导，从而培育出了多种不同的品种。之后推行第二个种蔬菜的项目，居民经过一段时间的精心照料，结出了黄瓜、柿子椒、西红柿等。居民通过养花和培育蔬菜不仅促进了交流、增进了情感、提高了生活质量，也增加了对美好生活的向往，这是一种社区自豪感。我们要提高的就是这种生活品质和社区文化，能够真正将党的领导惠及社区的每一个百姓，让他们积极地参与进来。我们街道还提出"一年整改一个胡同，一年整改一个老旧小区"，打造精品街道，不仅是对街道进行表面的装修维护，更是让街上的单位履行好自己的责任，让两侧居民的阳台美化起来，让老百姓自己爱护这条街，提高整个街道的生活品质。这些项目真正让百姓得到了实惠，同时也激发起他们的自治活力。

四 市民生活质量体现基层治理能力

把居民自治融入精细化管理，居民群众通过项目化的运作方式实现了有机参与，切实改变了社区的生活环境，让居民切实感受到生活品质的提升。这说明，"好"的城市治理，是真正能够给市民带来实惠、切实提高居民生活质量的治理；反过来，凡是城市环境品质高、社会秩序好、居民生活质量高的社区，社区治理能力也高。

城市环境品质、社会秩序关系市民生活质量，体现基层治理能力。白纸坊是西城区的南大门。南大门的责任是要让相邻区域居民和外地居民进入西城区眼前一亮，感觉到西城区的秩序良好，绿化环保工作到位，百姓精神面貌较好，街道房屋整齐干净，真正从细节体现西城的首善之区定位。

目前，白纸坊街道最大的难题是老旧小区的管理问题，也是街道的领导和老百姓最关心的问题。白纸坊地区老旧小区 138 个，其中20 世纪五六十年代的大屋脊建筑有 60 栋左右，小区产权复杂，公共设施不配套，环境差，生活不方便，同时还存在很大的消防安全隐患，物业管理成为最大的难题。针对老旧小区难题，我们坚持"按需求、分类别"推进的思路，"就地改造、适当疏解、逐步改善"，探索通过"街道投一点、产权单位掏一点、居民出一点"的方式，启动老旧小区改造，引入物业管理公司，提升老旧小区物业管理水平。

在具体操作中，我们探索出"三线两点"模式让居民直接参与改造及管理决策。所谓"两点"，就是两委一站和居民两个点；"三线"是指社区网格管理、居民代表大会、社区自治组织三条线连接两点，让居民参与老旧小区改造，找到了维护广大群众切身利益的最大公约数。一是充分发挥政府的主导作用，实现网格管理全覆盖，包片收集居民意见。2012 年，老旧小区改造工程启动，社区成立领导小组，社区党委书记任组长，制定社区网格管理制度，社区党委书记、主任负责全部小区的管理工作，各分管主任包片，每人负责一个居民片区，积极走访听取居民意见，及时上报。同时，社区采取每周一次的社区例会和特事专议的方式，定期收集各主任获得的信息，讨论改造过程中亟待调解的问题。在走访入户的过程中，党员干部们更是"进得去门，坐得下人，定得下神，聊得出味"。如南菜园 1 号院里，中心凉亭根据居民意愿改换了颜色，10 余组路灯按照居民意见照亮整个院落，雨水收集系统也在居民建议下变成更适合小区的排污管线，按照"小区怎么改，居民说了算"的思路，老旧小区改造成了精品院落。二是充分发挥居民代表大会的作用，让居民自我管理。除了社区主动听取居民意见外，居民也通过居民代表大会积极参与社区的管理。从改造规划开始，社区就多次召开居民代表大会，不仅有居民参加，还邀请街道办事处领导、设计方、施工方参与，多方商量协调。同时，社区发动楼门长、督导员多次入户，倾听居民心声，帮助居民解决问题，积极征得居民的理解和配合。据介绍，南菜园 1 号院改造方案包括围墙改建、路面翻修、楼面粉刷、绿化、便民设施安装等七大项目，通过与居民、产权单位、物业单位召开碰头会，收集、梳理居民建议的有 5 个。另外，自治组织发挥辅助作用，助力沟通协调。为了配合社区改造，双槐里社区成立环境督导队，督导员穿梭于社区，负责采集、反馈各种民情，及时了解各种隐患及不安全因素等，向社区居委会提出合理化建议，成功地推进了老旧小区的改造

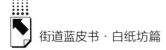

进程。这是我们改善居民生活质量、提升社区治理能力的一个具体案例。

治理的最终落脚点是改善居民生活质量；反过来也可以说，城市环境改观、市民生活质量改善应该也是衡量地区治理能力的核心指标。这个案例说明了几个问题。第一，治理要有目的。治理能力首先来源于其"合目的性"。公共治理要处理的问题必须是和参与者有直接利益关系的公共事务，只有这样才能激发参与者的参与热情。老旧小区问题就是这一类问题。第二，治理要有结构。结构是能力的基础。基层治理是一种公共管理行为，需要有一定的治理结构来保障参与者的权益。"三线两点"模式不仅明确了老旧小区治理的参与者结构，而且明确了相互之间的关系以及运作模式。这种结构使参与者很快找到自己的位置和发挥作用的方式，是基层治理的一个创新。第三，在目前情况下，行政推动是实现治理的重要力量。由"管理"向"治理"转型，不仅党和政府不习惯，群众也不习惯，这需要一个过程，需要在实践中学习。这就需要我们党和政府做自觉的倡导者、组织者和推动者。

总 报 告
General Report

B.1
四个服务新使命与白纸坊
地区治理再创新

摘　要：　在全面落实首都新定位的背景下，北京市委提出了
　　　　　"环境要优美、人口要调控、服务要优质、发展要持
　　　　　续"的新要求，为做好"四个服务"赋予了新的使
　　　　　命。白纸坊地区作为一个具有深厚文化底蕴的首都功
　　　　　能核心街区，落实首都新定位，需要进一步解放思想，
　　　　　创新举措，把基层治理体系和能力现代化建设提升到
　　　　　一个新的高度。本文系统回顾白纸坊街道从管理到治
　　　　　理、从精细化治理到精准化服务的发展历程，全面分
　　　　　析白纸坊地区治理面临的新机遇、新挑战和新要求，
　　　　　从白纸坊地区的治理实际出发，着眼于全面提升基层
　　　　　治理能力，提出了基层治理创新需要重点研究的20个
　　　　　关键问题，以期对破解超大城市基层治理的规律性问

题有所借鉴。

关键词： 精细化治理　精准化服务　基层治理现代化　白纸坊
街道

一　白纸坊地区历史沿革

白纸坊是北京城中唯一以"坊"命名的地方。元世祖时，忽必烈在此一带设官署，名白纸坊，生产朝廷用纸，当时辖域包括宣武门以西、以南地区，其地名一直沿用至今。明永乐元年（1403），治所在广宁门内西南角，设五牌二十一铺。清光绪三十一年（1905），北京城内设区，属外右四区。民国十八年（1929），属外四区。

1949年2月，白纸坊地区建立街政府、区人民政府，属北京市第十一区管辖。1950年改属第八区管辖。1952年9月属宣武区。1954年，宣武区成立21个街道办事处，白纸坊街道办事处是其中之一。1958年9月，调整街道区划，设8个街道办事处，白纸坊与郭家井、枣林前街、自新路办事处部分地区合并组成白纸坊街道办事处。1960年4月，成立政社合一的白纸坊人民公社。1962年政社分开。1968年3月，成立党政合一的白纸坊街道革命委员会。1979年初，撤销街道革命委员会，恢复白纸坊街道办事处。1979年8月，白纸坊生产服务合作联社成立。1979年11月，中共白纸坊街道委员会、白纸坊街道办事处、白纸坊生产服务合作联社组织机构分开。1990年，宣武区白纸坊街道办事处更名为宣武区人民政府白纸坊街道办事处。1996年，面积3平方千米，人口8.9万人，辖大小川淀、盆儿胡同、平渊西南里、镀锌丝厂等53个居（家）委会。

2010年6月28日，北京市调整行政区划，西城、宣武两区合并，白纸坊街道归新设立的西城区管辖，东起菜市口大街，西至西护城河，南起南护城河，北至南横西街、枣林前街。街道总面积3.11平方千米，辖18个社区居委会，户籍人口3.2万户9.3万人，暂住人口2.3万人。有主要大街12条、胡同76条；共有小区144个，其中老旧小区138个；有中央、市、区属各类企事业单位1720家，大中小学校13所，幼儿园、托儿所6个。下辖平原里、双槐里、右北大街、樱桃园、崇效寺、菜园街、建功北里、建功南里、新安中里、新安南里、右内西街、右内后身、光源里、半步桥、自新路、里仁街、万博苑和清芷园18个社区（见表1）。

由于历史渊源深厚，白纸坊地区纸文化和与纸有关的产业特色鲜明，有拥有近百年历史的北京印钞厂、古钱币博物馆，集聚了北京印钞有限公司、北京中融安全印务公司、经济日报报业集团、中国邮政集团公司邮票印制局、中国地图出版社等一批具有特色的印刷骨干企业，是北京市乃至全国重要的印刷业生产基地，形成了以货币、地图、邮票、发票等重要票据的设计、印刷和发行为主要内容的印刷产业体系。"白纸坊挎鼓"已列入北京市级非遗名录。

表1 白纸坊街道社区基本情况

单位：平方千米，人

社区	面积	常住人口	特点
平原里社区	0.33	14875	
双槐里社区	0.42	5779	回迁楼、单位宿舍混合
右北大街社区	0.30	37777	单位宿舍、楼房、平房混合
樱桃园社区	0.20	8329	楼房
崇效寺社区	0.40	10645	楼房、平房混合
菜园街社区	0.04	7034	简易楼、平房混合
建功北里社区	0.73	8074	楼房
建功南里社区	0.27	7000	平房院、回迁小区、商品楼混合
新安中里社区	0.15	6789	

社区	面积	常住人口	特点
新安南里社区	0.25	5710	楼房、平房混合
右内西街社区	0.31	8126	单位宿舍
右内后身社区	0.22	6100	楼房、平房混合
光源里社区	0.10	7560	楼房、平房混合
半步桥社区	0.12	6309	新旧楼房混合
自新路社区	0.44	7323	单位新旧小区混合
里仁街社区	0.11	5100	商品房、单位新老小区混合
万博苑社区	0.03	2000	商品住宅小区
清芷园社区	0.17	10792	混合型社区

二 从精细化到精准化：白纸坊地区治理新进展

近年来，白纸坊街道立足地区实际，围绕中心工作创新治理方式，坚持系统治理、源头治理、依法治理和综合治理，统筹推进城市环境建设、民生服务保障、社会治理、基层党建等各方面的工作，治理基础进一步夯实，服务管理能力不断提升。

（一）深化精细化城市治理，高标准提升环境品质

白纸坊街道坚持把建设高品质城市环境与群众路线教育实践活动相结合，与抗震加固等重点项目建设相结合，与拆违、灭脏"六大战役"等重点整治行动相结合，在完善城市精细化管理机制、巩固环境整治效果和抓细节、抓常态上下功夫，取得了良好的效果。

1. 建设四大精品工程——精细化管理示范街区建设取得突破

一是创建南菜园街精细化管理示范街。投资 76 万元，完成绿地平整 2554 平方米，苗木补植移栽 3000 株，草坪修缮 950 平方米，墙面粉刷 50 平方米，绿地挡墙 45 米等。建立了"四会一组织"的精

细化管理机制，"四会"是定期召开科站队所联席会、沿街单位企业座谈会、沿街商户议事会、职能部门协调会；"一组织"是建立单位、商户、社区共同参与的"门前三包"自治组织。开展联合执法，拆除 4 处 72 平方米违法建筑，整治露天烧烤 15 起，拆除违规设置广告牌匾 10 处，与 40 余家商户签订了"门前三包"责任书，完成责任牌上墙明示。

二是创建樱桃二条、樱桃三条精品胡同。突出白纸坊地区文化特色，展示樱桃园历史渊源、白纸坊腰鼓文化等。投资 100 万元，完成墙体粉刷 1200 平方米，建设文化墙 1420 平方米，设置展板 34 块，进行牌匾整治 22 处，地面平整 300 平方米，整治废品站 1 处，修缮平房院落 12 个。目前，精品胡同项目已基本竣工。

三是创建南菜园 1 号院精品小区。坚持"小区如何改，居民说了算"的工作思路，召开了 3 次居民代表会，就小区改造方案征求了居民的意见。投资 500 万元，完成楼道内粉刷 8800 平方米、围墙改造 340 延米、门窗改造 126 处，安装可视对讲系统 320 套、监控摄像机 9 台，新建自行车棚 2 处、半地下室顶棚改造 200 延米，完成屋面防水 220 平方米、室外路面翻修 2400 平方米，翻修各类井口 95 座，新增照明设备 30 套，绿化栽植 27 株等。目前，精品小区工程已竣工。

2. 打好六大重点"战役"——城市环境和城市病治理取得重要突破

以保障 APEC 峰会和国庆 65 周年为主线，打响"拆违、灭脏、清障、治污、治乱、撤市"六大"战役"。

一是坚决拆除影响市容市貌的、市场周边的用于生产、出租、经营的违建；逐步拆除"楼上楼""房上房"违建。同时，结合 15 栋老旧楼房抗震加固和清洁能源改造工程，拆除影响施工的违法建筑和废弃煤棚，为各项工程保驾护航。全年拆除违法建筑 273 处、12159.94 平方米，账内违建全部拆除，制止新生违建 66 处。以"拆

建同步、清美同进"为工作方针，合理利用拆违空地，设置停车位45个，新修自行车棚2处，增设便民休闲座椅3处、棋牌室4处、健身器材2处、便民晾衣架3处，疏散流动人口1300余人、无照流动商户640余家。

二是将"城市清洁日"与"文明城区"测评相结合，清理卫生死角，提高公共设施管理水平。全年处理城市环境各类督办问题64个，清理脏乱点10批共73处，发动社区清除小广告6000余张，清理无主渣土垃圾410余车，保障大街小巷的环境规范有序。

三是加强对地下管线、道路和无障碍设施的管理养护，疏通、拓展便道和公共空间。投资6万元，更换白纸坊南里污水管线35米，疏通阻塞管线70米，修建污水井5座；翻修、拓宽、硬化道路23处1400平方米，清理"僵尸车"33辆，挪移、清理废弃自行车、三轮车1700余辆，引入专业停车管理公司，规范陶然亭地铁站自行车停放秩序。

四是加大对中小餐馆厨余垃圾、油烟排放的检查力度，完成辖区内800余辆老旧机动车、10余辆黄标车的调查摸底工作，严厉查处建筑垃圾道路遗撒、违规运输渣土行为，督促施工单位按规定正确设置围挡。

五是加大力度治理平原里、里仁街、右内西街等重点区域底商违法建设、无照占道经营现象，拆除违规广告牌匾，安装摄像头，设置围挡，加装防护设施，查处露天烧烤等违规行为。

六是打好"撤市战役"。2014年初，顺利撤销通恒万龙市场，顺利推进天陶市场撤销工作。

3. 推进两大关键项目——棚户区改造取得突破性进展

棚户区改造是一项关系群众福祉的重大民心工程，是对广大群众改善居住条件、提高生活质量期盼的关切和回应。2014年，白纸坊街道光源里和菜园街两片老旧平房区列入棚户区改造计划。光源里项目总建筑面积为 8.5 万平方米，共涉及 2036 户。菜园街项目总建筑面积为 17.1 万平方米，共涉及 3375 户。为了打好这场棚改攻坚战，让人民群众的居住条件更好，周边环境更美，不辜负广大群众的期盼和信任，白纸坊地区重点棚户区改造项目指挥部成立了临时党委，临时党委下设办公室和总指挥部办公室党支部、菜园街及枣林南里指挥部党支部、光源里指挥部党支部，临时党委书记由西城区区委书记王宁兼任，加强对白纸坊地区棚户区改造工作的组织领导，在白纸坊地区棚户区改造工作中充分发挥党组织的领导核心作用和党员的先锋模范作用，带领地区广大人民群众积极参与棚户区改造，确保白纸坊地区棚户区改造工程圆满完成。临时党委向所有居住、生活和工作在白纸坊棚改区的党员发出了"五个比一比""五带头五不做"的倡议书。"五个比一比"具体就是，要求党员比一比党性，看谁更能做到坚持原则，心系群众；比一比团结，看谁更能做到团结协调，互帮互促；比一比奉献，看谁更能做到不怕困难，敢于吃苦；比一比能力，看谁更能做到攻坚克难，协调各方；比一比担当，看谁更能做到不辱使命，冲锋在前。"五带头五不做"则是倡议党员带头做好正面宣传，不做造谣传谣之人；带头配合棚改工作，不做党性不强之人；带头帮助周围群众，不做损人利己之人；带头化解身边矛盾，不做激化矛盾之人；带头进行预签约，不做"钉子户"。作为西城区历年来最大的棚户区改造项目，白纸坊棚户区改造项目有着极其重要的示范作用，临时党委的成立，对动员和带领广大人民群众积极参与棚户区改造，把这项民生工作高标准、高质量地完成好具有重要意义。

4. 破解一大管理难题——老旧小区物业管理取得重要突破

白纸坊地区老旧小区多，小区物业分为五类：一类为商业开发、物业管理规范的小区，共 16 个，有住宅楼 58 栋，建筑面积 141.26 万平方米，占街道楼房总住宅面积的 36.3%；二类为产权单位明晰、有物业管理的小区，共 41 个，有住宅楼 174 栋，建筑面积 125.57 万平方米，占街道楼房总住宅面积的 32.3%；三类为产权单位明晰、物业管理不到位或缺失的小区，共 55 个，有住宅楼 148 栋，建筑面积 98.85 万平方米，占街道楼房总住宅面积的 25.4%；四类为多产权单位、无物业管理的小区，共 12 个，有住宅楼 53 栋，建筑面积 21.39 万平方米，占街道楼房总住宅面积的 5.5%；五类为无物业管理的平房区，共 11 个。针对居民反映的问题，街道专门设立了特色科室——物业指导科，努力化解物业管理工作中存在的各种矛盾，指导物业公司进行治理和改善，解决了华龙美钰小区停车、泰然居业委会改选等问题；针对老旧小区物业管理难题，坚持"按需求、分类别"推进的思路，探索通过"街道投一点、产权单位掏一点、居民出一点"的方式，引入物业管理公司，提升老旧小区物业管理水平。

（二）推进精细化社会治理，高水平建设和谐社区

1. 进一步深化全响应网格化社会服务管理系统建设

一是进一步完善全响应网格化社会服务管理体系，以社区网格为单元，依托现代信息技术，整合力量、优化流程、落实责任，以 12345 非紧急救助平台、城市管理运行平台、社区事件上报平台、全响应热线平台等为支撑，建立"精细化管理、多元化参与、科学化运转"的工作体系和运行机制，全面推进街道全响应网格化社会服务管理工作。

二是进一步完善全响应的各项信息系统，推进社区公益金管理系统、惠民服务系统、社区办事服务平台的使用，完成街道协同办公平台、无线关怀居家养老服务系统、社区网络规范化信息系统等的建设。

三是进一步注入服务内涵。以社区有服务需求的空巢老人、残障人士为首要服务对象，以志愿者定期上门服务为主要方式，重点发挥党员骨干、积极分子、居民代表、楼门院长的模范带头作用，结合网

格化管理，根据服务需求，积极推进"邻里守望，综合包户"工作。通过多种形式开展"四有服务"，让居民服务对象感受到社会大家庭的关爱和温暖。目前社区已经同有需要的家庭结对199对，邻里互助各项活动正朝着预定的目标和方向健康发展。

2. 以提升能力为重点培育和发展社区社会组织

一是街道社会组织孵化基地助推社会组织发展。为推进街道社会组织健康有序发展，结合2014年西城区社会建设与社会治理体制改革重点任务，筹建了白纸坊街道社会组织孵化基地，基地突出"公益性、专业性、示范性"特色，积极培育、扶持、孵化社会组织，通过规范的孵化运作，发挥"孵化培育、整合资源、提升能力、合作交流、展示风采"的功能。目前，街道已备案的各类社区社会组织106个，总人数为12698人，其中，公益性社会组织数量所占比例排在全区前列，为35%以上。

二是购买服务助推社会组织发展。2014年，结合街道区域化整体发展要求，社区积极动员社区各社会组织申报市、区、街各级政府购买的服务项目，利用社会资源开展组团服务，有效调整社会组织结构，在努力培育打造品牌化、规模化社会组织的同时，探索社会组织项目管理长效机制。

三是专业社工助推社区社会组织发展。开展专业社工助推社区社会组织发展（1＋1）行动，通过社区、社工、社会组织"三社联动"的方式，街道培育了建功南里社区的暖心志愿服务队和菜园街社区的开心农庄两个社区社会组织，为探索以"三社联动"为形式培育和发展社区社会组织及服务管理的工作模式提供了宝贵经验。

3. 以试点参与式协商为重点进一步深化社区自治

根据西城区民政局制定的《关于在社区治理中推行参与式协商基层民主自治模式试点工作的实施方案》，结合街道实际，选定建功南里社区作为街道参与式协商试点社区，建功南里社区被确立为试点后，立即协商探讨试点工作开展模式，搭建社区议事平台，着力完善各项服务机制，努力提高社区治理能力和居民自治水平。参与式协商试点工作开展以来，共召开了3次协商会议，参与式协商试点工作行动小组收集到的建议和意见共14条，经过"社区议事厅"解决的大大小小事情共11件，居民的满意度达到98%，在社区内已经具有一定的影响力，社区各方各司其职，密切协作，形成整体合力，解决了很多社区管理和建设中存在的问题。

4. 以制度建设夯实街道安全管理基础

建立健全街道领导班子成员安全生产"党政同责，一岗双责"制度，下发了《白纸坊街道安全生产监管"党政同责，一岗双责"暂行规定》，明确了处级以上领导的安全生产监管责任。调整了以办事处主任为组长的地区安全生产工作领导小组，完善了各工作部门的职责。书记办公会、主任办公会专题研究安全生产重点工作。街道党政主要领导在重大节日和重点时期采取"四不两直"的方式重点检查工地、地下空间、危化行业、人员密集场所等。加强对有关部门安全生产综合考核，并将考核结果纳入街道绩效考核内容。对社区安全生产工作实行一票否决制。建立联席会议制度，搭建综合执法平台。充分发挥地区安委会职能，整合地区安全监管力量，搭建隐患排查综合治理工作平台，通过每月例会和专项问题分析研究会的形式，把安全生产监管中遇到的问题在平台上汇总、沟通、解决。加大隐患排查治理力度，建立、完善"职责明确、机制健全、标准清晰、政企互动、社会参与、保障有力"的隐患排查治理体系，进一步落实企业主体责任，全面开展隐患排查治理工作。积极开展建筑施工、特种设备、地下空间、消防、人员密集场所等方面的安全生产检查。制定、完善举报投诉管理制度，加大查处复杂疑难案件力度，对关于安全生产的举报做到件件有落实、有反馈。

5. 以人口调控为中心进一步完善社会安全工作机制

通过开展清理群租房、地下空间，拆除违章建筑和撤市等专项整治工作，在确保按期完成人口疏解目标的同时构建长效安全保障机制。

一是集中力量，边排查、边宣传、边自纠、边治理，以市、区级挂账治理小区为重点，采取约谈群租房主和房屋中介、入户宣传、强制拆除等措施，开展地下空间整治和群租房治理工作。共拆除隔断间340多间，劝退居住人员526人；拆除清退地下空间5处，清退居住人员570多人。

二是建立长效管理机制，防止问题反弹，巩固整治成果。充分发挥全响应工作网格化平台的作用，设立举报工作机制；依托派出所充分发挥流管员队伍的作用，建立日常管理机制；充分发挥物业、产权单位、居委会和居民的监督作用，健全社会参与管理机制。

三是完善社会面安全工作机制。形成处级领导包社区、科室包网格的"两下两包"工作机制，在两节两会、国庆、APEC会议等维稳敏感期，启动处级领导带实班制度、科室联系社区制度、应急小分队备勤制度，全面落实社会面防控工作，定岗定人，重点部位实施死看死守，圆满完成了各项重大活动期间的安全服务保障工作。

（三）推行精准化民生服务，全方位保障和改善民生

在社会需求多元化、个性化日益强化的今天，白纸坊地区坚持民需导向，进一步加大民生和社会保障投入力度，进一步强化民生保障和公共服务的投放精度，努力构建精准化的民生服务体系，实现全方位保障、全人群覆盖、全领域发展。

1. 完善精准化社会救助体系

以大民政理念为指导，建立完善的社会救助统筹协调机制。对分散在各部门和科室的政策性救助资源进行有效整合，统筹最低生活保

障、临时救助、医疗救助、特困儿童救助、教育救助以及失独家庭、慈善等各种救助的资金，建立起"一门受理、协同办理"的综合救助机制，对于各类急难事项采取一定的工作措施，确保救助准确、及时、有效；落实"四房合一"的保障性住房工作政策，完成限价房、经济适用房核查摇号选房和公租房复核选房工作，结合"解民难"工作，主动帮困、解困，积极与上级部门沟通，解决特困户住房问题。这些工作使白纸坊地区弱势群体在最困难的情况下得到了政府的有力支持和帮助，感受到党和政府的温暖，有力地缓和了社会矛盾，弱化了纠纷因素，弘扬了社会主旋律。群众满意度持续提升，社会救助工作确实发挥了社会稳定器的功能。

2. 完善精准化为老服务体系

一是进一步完善养老保障机制。加快老年服务设施建设，通过社区服务中心，在街道范围内建立起以"家庭养老为基础、社区服务为依托、社会养老为补充"的养老机制，为老年人提供多选择、高质量的服务，创建有特色的社区为老服务项目。

二是打造居家养老网络服务平台。建立一支专业的居家养老服务队伍，逐步建立完善的激励和管理机制。

三是积极探索"家庭互助式"养老新方法，在邻里之间开展为老服务。采取志愿者包户、邻里互助等方式，开展邻里义务为老活动，帮助老年人特别是高龄、残疾老年人解决日间生活照料问题。

四是健全老年人精神慰藉体系。充分利用市民中心、居家养老中心，聘请心理咨询师开展健康大讲堂，建立市民咨询服务热线，加强社区老年活动场所和老年文体队伍建设，开展丰富多彩的老年文体活动和社会公益活动，积极完善文化养老体系，丰富老年人的精神文化生活。

3. 完善精准化志愿服务体系

大力推进志愿者服务工作向常态化、专业化、规范化、品牌化方向发展。2014年，新增居家养老（助残）服务商9家，基本满足了老年人、残疾人的服务需求，同时加强对服务商的管理监督，进一步规范居家养老的各项服务内容，为老年人提供更加优质、更加贴心的服务。街道养老管理服务中心长年为白纸坊地区老人提供包括棋牌娱乐、图书阅览、心理关爱、健康理疗、小餐桌、健康保健讲座、午间休息等服务项目，进一步提升为老服务能力。建成集养老照料中心、敬老院于一体的养老机构，改建完成后照料中心的标准床位增加到138张，建筑面积增加到2100平方米。认真做好残疾人社会保障工作，为残疾人发放各类补助补贴，分类做好残疾人康复服务工作，为354名残疾人机动轮椅车车主发放燃油补贴，为25人申报、免费配置辅助器具，为26户申报了无障碍家庭改造。为街道管理的7305名社会化退休人员做好档案管理、办理退休医疗保险手续、办理清洁能源自采暖补贴等管理服务工作。

4. 完善精准化就业和社会保障体系

一是坚持企业联盟制度，街道、企业携手保障失业人员充分就业、稳定就业，走访跟踪用人单位200多家，为有就业意愿的困难求职人员提供精准化职业指导服务，全年组织10余次就业专场招聘会，促进80%以上人员实现就业。做好一个创新、两个建立、三项服务，确保高校毕业生充分、稳定、体面就业，为街道高校毕业生进行群体指导、一对一个性化指导。

二是做好计生服务工作。开展第四届家庭人口文化节，采取集中活动与分散活动、街道层面与社区层面相结合的形式，组织开展了团体家庭广播操展示、家庭趣味运动会、失独家庭人口文化"一日游"、计生家庭人口文化知识竞赛等活动。同时依托幸福家园搭建失独家庭及社区居民活动平台，开展孕前优生讲座等丰富多彩的活动。坚持以服务促管理，将流动人口计划生育服务工作落到实处，培育了南来顺饭庄、右安商务大厦、鸿禧大清花3个规范场所，稳定有序地推进流动人口计生协会建设。

三是做好劳动和社会保障工作。进一步加大对辖区内建筑施工工地法律、法规的宣传力度，全面落实"无拖欠工资"工作。完成了平原里社区63家用人单位"劳动用工规范一条街工程"，并以点带面地对全地区200余家用人单位进行日常巡查，为构建和谐稳定的白纸坊劳动关系奠定了坚实的基础。

5. 完善精准化防灾减灾体系

2014年，白纸坊街道作为西城区防灾减灾试点街道，综合减灾示范区建设取得重要进展，防灾减灾能力迅速提升。

一是建立了街道、社区综合防灾减灾工作领导协调机制，明确领导协调小组召集人和成员职责，确保灾害发生时有效应对。制定城市社区综合防灾减灾工作的实施办法，加强对防灾减灾宣传教育、公共设施装备、应急避难场所等方面的制度建设，编制街道、社区综合防灾减灾应急救助预案，将救灾资金纳入街道工作预算，推进综合防灾减灾法制建设。

二是白纸坊街道会同北京市减灾基金会共同开展隐患排查，广泛发动居民，进行防灾减灾教育，提高减灾意识，带领居民积极参与风险点的识别，排查电路安全隐患，防火办组织居民和辖区单位消除安全隐患，针对老旧小区和危楼改造提出整改意见，通过隐患排查共查处多处风险点，依据风险点绘制风险图。组织居民熟悉逃生路线，举行逃生演练和公益大讲堂活动。

三是建立应急救援队伍和灾害信息员队伍两支防灾减灾应急救援队伍。整合辖区资源，建立由工作人员、灾害信息员、专业应急队、综合性应急救援队、应急志愿者队伍以及其他防灾减灾力量构成的综合防灾减灾应急队伍，在每个社区建立应急救援队，建立街道防灾减灾救援队伍与各社区专职灾害信息员队伍，明确其在防灾减灾、救灾工作中的信息报告任务，同时鼓励群众报告信息，有力地提高了辖区第一时间应对自然灾害的处置能力。

（四）加强规范化社区建设，社会建设基础更加扎实

1. 以六型社区建设为抓手进一步夯实社区建设基础

一是抓好试点。以右北大街社区和万博苑社区两个社区为试点，突出重点、打造亮点、树立典型。对照《北京市六型社区指导标准细则》逐条核实，梳理统计创建工作中存在的困难和问题，制定可行方案，进行整改完善。注重激发社区居民的积极性、参与热情，形成全民参与、全员动员、全面提升的创建局面。

二是抓好工作交流和结对帮扶。街道建立六型社区创建协调工作推进会制度，定期召开各试点社区工作进展通气会，汇报前期工作，部署阶段安排，并将前两年创建成功的 7 个社区与新确定试点社区联对，以成功经验与典型做法推进创建工作。

三是按照六型社区的标准加大社区基础设施建设。为自新路、建功南里、右内西街、建功北里、新安南里、新安中里 6 个社区居委会的办公用房进行了装修改造。结合市民中心的建设为半步桥社区、万博苑社区各解决了 150 平方米新办公服务用房。为 18 个社区和警务工作站更新了空调和办公用具。同时加大社区出租房屋收回工作力度，采取领导包社区包任务、科室多联动多检查、社区勤入户勤协商的方法，开展出租房屋清退工作，将收回的 5 处出租房屋改造成社区老年活动室、党员活动室等公益性活动场所。

2. 以强化培训为重点推进社区工作者队伍职业化、专业化建设

一是组织公开招聘社区工作者（简称"杜工"），充实街道社工队伍。按照全区的统一部署，街道在西城区公开招聘社区工作者工作中，通过笔试、面试，从 178 名报名者中招录了 55 名社区工作者，其中，男性社工 13 名，35 岁以下社工 38 名，90 后社工 3 名，本科以上学历社工 24 名，党员 4 名，为第九届换届选举储备了人才。

二是深化社工专业技能培训，着力打造全科社工。街道组织社工

参加西城区社工委、民政局多期专业培训，全力支持社工参加社会工作者职业水平证书考试，73 名参考者有 34 人获得初级证书，39 人获得中级证书，社工队伍职业化水平明显提高。

三是提供社工展示舞台，提高社工职业认同感和满意度。组织社区工作者参加"和谐社会 幸福人生"公益活动和社工能力提升系列活动，通过"最美社工"评选、"我的社工一日"社工日记大赛、社工案例大赛等活动，增强社区工作者的身份认同和工作认同，不断提升其专业能力，展示社区工作者风采。

3. 以创新社区文化活动引领社会文明风尚

一是积极培育社区文化文娱队伍。成立了 3 支学校腰鼓队，目前街道共有 30 多支文化文娱队伍。举办了白纸坊街道 2014 年夏日文化广场活动，此次活动在全区夏日文化广场评比中取得第一名的好成绩。成功举办了第六届"白纸坊杯"健身腰鼓邀请赛，通过开展赛事活动，丰富了群众的业余文体生活，引领和倡导文明、健康、和谐的社会风尚。

二是发挥市民中心平台作用，构筑为民服务阵地。全年在市民中心活动的共有 20 多支文化文娱队伍，服务近 4 万人次，内容涉及合唱、京剧、评剧、秧歌、交谊舞、民族舞、腰鼓、时装、管乐、民乐等 20 多个项目，放映专场电影 20 场，举办健康大讲堂 23 次，举行"坊间茶会"议事活动 36 次，社区教育学校课程 42 次，专家进社区讲座培训 38 次，举办社区展览展示 8 次、公益演出 39 次。

三是组建街道文明劝导队。根据西城区相关部门要求，街道组建了自新路、建功南里两支市民劝导队，两支队伍围绕居民乱停车、乱扔乱放垃圾杂物、随意丢弃废旧电池、践踏绿地、爱犬随地大小便等不文明行为，制定劝导工作方案，以党员志愿者为骨干，组织发动群众成立"市民劝导队"，针对不文明行为开展积极的劝导活动，通过劝说引导的方式开展志愿服务，用和谐的方式和真情的沟通劝导广大居民文明生活。

（五）完善区域化党建格局，基层党组织服务能力明显提高

2014年，白纸坊街道工委以20个直属党组织为核心，以加强基层服务型党组织建设为主线，结合街道党建工作和社会服务管理工作实际，充分调动驻街单位党组织、全体党员、居民群众的积极性，努力构建条块结合、资源共享、优势互补、共驻共建的城市区域化党建工作格局。

1. 以党建协调会为纽带，建立社区事务共建共治机制

在街道成立党建协调会的基础上，街道18个社区党组织分别成立了社区党建协调分会，分会主任由社区党组织书记担任，成员由党员社工、民警、城管、居民、驻街单位工作人员组成，涵盖辖区物业管理公司、企事业单位、非公有制企业等多家单位。分会定期召开会议，共同协商社区事务，解决社区党员群众反映的热点问题，开展多样化的便民、利民活动。党建协调会的建立，使辖区单位参与社区建设、服务居民的意识不断增强，由社区主动牵着走逐步转变为单位主动找项目，地区资源得到有效利用。

2. 以活动项目为载体，建立在职党员服务居民机制

自2014年4月初在职党员回社区报到工作启动以来，街道共有86家单位4168名在职党员到社区报到，另有150名在其他城区工作但居住在街道的在职党员以个人形式回所居住的社区报到。为加强在职党员与社区居民的联系和沟通，街道工委组织开展"党心凝聚民心，实干成就梦想"主题活动，围绕治安巡逻、环境治理、助老帮困、便民服务、健康讲座、法律咨询、心理疏导等策划了几十项服务项目，鼓励在职党员将服务群众的行为由党组织定期搞活动转变为日

常自觉服务，为报到单位印制了"单位党组织服务群众联系手册"，为在职党员印制了"党员服务群众联系手册"，及时记录服务项目和内容。

3. 以服务型党组织建设为平台，不断拓展社区服务功能

菜园街社区党委在社区成立了五彩梦志愿服务队，从思想疏导、解难帮困、邻里互助、普及知识入手，从广度与深度上不断延伸服务内容。建功南里社区党委结合社区老年人多的实际情况，与辖区城南居饭店合作，为老年人开办"老年饭桌"，解决他们做饭难的问题。樱桃园社区党委认真开展"邻里互助 守望幸福"综合包户志愿服务行动，组织社区党员与高龄、困难、孤寡老人结对子，建立25对帮扶小组。清芷园社区党委建立了由78家企业组成的辖区新经济组织共建联谊会，构建了涵盖餐饮、购物、美容美发、保健、家政、医药、教育服务、休闲健身、金融服务等领域的"一刻钟便民服务圈"。

4. 以楼宇党建为突破口推进非公领域党建

白纸坊非公领域党建做到了"三有"，一是有组织，街道社会工作党委作为非公企业党建的主要责任主体发挥了核心作用，组建了47个非公有制企业党支部，有力地扩大了基层党建覆盖面。二是有抓手，社会工作党委派遣10名党建指导员，定期走访辖区内各企业，调查摸底企业基本情况，科学设置党的基层组织。建立商务楼宇QQ群、开通微博、开设微博党课，用新兴的信息交流方式激发党建工作活力和吸引力。三是有活动，以"圆心行动——凝心聚力打造非公企业活力工程"为主题，以商务楼宇社会服务管理中心为圆心，辐射辖区两新组织、楼宇企业，开展"手拉手心贴心面对面，温暖服务进楼宇"系列主题服务活动，以服务为根本，切实解决楼宇企业、员工最关心的问题。

三 白纸坊地区治理面临的新挑战、新机遇和新要求

（一）三大背景下白纸坊地区治理创新面临的新挑战

对于首都基层治理而言，关键是要把基层治理体系与能力建设放在三个大的背景下来谋划。

一是新态势的背景。过去那种一日千里、高蹈独步的快速发展态势没有了，过去传统的、习惯的工作方法不灵了，新的态势正在逐步生成并在社会经济文化等各个领域发挥着重要的作用，必须认识新态势、面对新态势、适应新态势、把握新态势，牢牢把握改革攻坚期的主动权，守住底线，防范风险。

二是新定位的背景。习近平总书记在考察北京结束时的讲话，对北京的发展具有里程碑意义。习近平总书记提出，首都要瞄准全国政治中心、文化中心、国际交往中心、科技创新中心的战略定位，坚持和强化首都核心功能，努力建成国际一流的和谐宜居之都。首都社会治理要围绕"四个中心"建设，环境要更加优美，服务要更加优质，发展要更加可持续，人口、资源、环境要更加协调。

三是新环境的背景。从外部环境来讲，近期乃至以后相当长时间内，京津冀协同发展将是首都发展的最重要外部环境。京津冀协同发展很早就有人倡导，在习近平总书记2014年初考察并讲话以后，逐步上升为国家行为。外部环境的变化，使我们可以在京津冀协同发展这样一个大的空间范围和政策框架下研究首都的社会治理问题。在这样一个背景下，面对多层次、多样化、多元化的社会结构和社会需求，党和政府的治理能力要跟得上形势的变化，基层治理结构也要与变化了的社会现实相适应，首都基层治理能力建设就更加具有紧迫性。

在这样的背景下，白纸坊地区治理创新面临许多新的挑战。

一是社会结构复杂化的挑战。伴随着改革开放，中国大中城市社会结构发生了深刻变化，主要表现在人口结构、家庭结构、就业结构和社会阶层诸多方面。从人口和家庭结构来看，随着地区老龄化程度不断加深，地区已进入全面应对人口老龄化的关键时期，养老成为社会关注热点。同时，由于城市婚恋价值观日益多元化、城乡人口流动加剧和计划生育，家庭类型呈现多元化，大量丁克家庭、空巢家庭、单身家庭、失独家庭导致的养老的风险、家庭生存和发展的风险影响着人们的生活品质。从社会阶层来看，经过30多年的发展，社会阶层之间的界限开始形成，既有高档办公区和住宅区，也有老旧平房区，富人与穷人的区隔明显，不同阶层的消费分层明显，社会阶层逐步向定型化方向发展，从收入、消费到生活方式，差距过大的社会结构对社会的和谐稳定形成威胁。从社会需求结构看，随着社会生产力的发展和物质生活水平的提高，人们的社会需求开始呈现个性化的特征，人们不再满足于单一的生活模式和消费模式，也不再满足于一种被安排的生活，表现出很强的自主性需求，人们开始关注自身的发展，开始关注和重视自身的权利，希望能够有知情、表达、参与、监督的权利，人们的维权意识与维权方式也在发生重大变化，从个体维权到集体维权，从底线维权到发展维权，正在成为一种新趋势。

二是社会价值多元化的挑战。改革开放30多年来，中国经济社会发展取得了举世瞩目的成就，人民生活水平快速提高，社会的经济成分、组织形式、分配形式、就业形式都日益多样化，社会转型、社会变迁的速度不断加快，人们的生活方式、交往方式和价值观都发生了很大变化，各种文化、思想、观念相互交融，过去单一、封闭的思想文化领域呈现日益多元化的趋势。白纸坊驻区机构数量众多，人口密度大，居民就业几乎覆盖了所有的社会阶层，利益关系错综复杂，人们的价值理念、思想观念也在不断地改变，社会价值多元化的趋势越来越明显。多元化、碎片化的价值观，如果没有一种核心价值观来引领的话，就有可能成为社会潜在的不稳定因素，给社会治理乃至整个社会和谐带来巨大挑战。

三是治理方式面临法治化挑战。党的十八大做出加快建设社会主义法治国家的战略部署，十八届中央委员会第四次全体会议提出了全面推进依法治国若干重大问题。全面推进依法治国，将对政府依法行政提出更高的要求。基层政府作为社会管理的第一线，同时也是群众矛盾纠纷解决、意见收集解答的第一线。基层治理的法治化关系到全面推进依法治国的贯彻和落实，也直接关系到中央此次全面推进依法治国在人民群众心目中的信心和权威。按照落实首都新定位的要求，白纸坊地区功能疏解与人口调控任重道远。在功能疏解与人口调控过程中，一方面，由于我国法治化建设滞后，社会治理领域存在大量的无法可依、有法难依的现象，在街道、社区层面做好功能疏解与人口调控工作，需要在依法依规的基础上进一步引入协商共治机制；另一方面，白纸坊地区是老城区，由于历史原因，在体制转轨、社会转型的过程中，积累了大量几十年甚至上百年的历史遗留问题，这些问题的解决也需要在法律框架内充分发挥社会自治的功能。如何把依法治区与充分发挥社会自治功能结合起来推动中心工作，是新形势下社会治理方式创新面临的新挑战。

四是社会生活面临数字化挑战。大数据时代以创新为特征的知识经济迅速兴起。通过对数据的全面感知、收集、分析与共享，大数据技术的创新与发展，不仅提供了一种认识世界的全新方法与视角，更重要的是，大数据也在改变世界，改变生活、工作方式，解构、拆构和重构现有的社会秩序。社会生活的快速数字化给社会治理提出了新的挑战。一方面，对地区治理大数据利用的相关能力仍然比较弱，缺乏对地区治理大数据进行分析的能力，缺乏根据大数据形成地区治理需求的意识和能力，缺乏以对地区治理大数据的深度挖掘和系统分析为基础的合理预测能力，相关人才十分缺乏，机制不健全。另一方面，地区治理大数据共享障碍多。地区治理的相关数据掌握在不同的部门、机构中，缺乏数据之间互联互通，缺乏数据共享的理念，缺乏数据共享机制的责任主体，缺乏数据共享的法规和制度，缺乏数据共享的统一标准和规范，缺乏合理的财政预算，实现完全共享仍然面临着诸多体制机制障碍。

（二）有序疏解非首都功能，为创新基层治理提供新机遇

有序疏解北京非首都功能是京津冀协同发展的关键环节和重中之重，对于解决首都发展长期积累的深层次矛盾和问题，创新首都社会治理方式，优化提升首都核心功能，探索人口密集地区优化开发模式，走出一条具有中国特色解决"大城市病"的路子，具有重要意义。

长期以来，北京市人口数量的过度膨胀造成一系列社会问题。截至 2014 年底，北京市常住人口已达 2151.6 万人，已突破 2020 年 1800 万人左右的城市总体规划控制目标，其中，东城、西城、朝阳、海淀、丰台、石景山六区集聚了 1276.3 万人。今后一个时期，北京人口仍会保持增长态势，控制新增人口的压力非常大。人口数量过度膨胀、人口分布密度过大导致了一系列经济社会问题，引起了社会广泛关注。交通拥堵日益严重，2014 年末北京机动车保有量为 559.1 万辆，工作日早晚高峰路网平均时速低于 28 公里，人均通勤时间居全国首位。房价持续高涨，城六区新建和二手房成交均价都超过 4 万元/平方米，工薪收入群体难以承受。社会管理难度大，"蚁族""北漂"等特殊群体大量集聚，部分外来人口长期不能融入城市，城乡结合部治安隐患突出，给首都社会治理和城市管理带来巨大压力。

党的十八大以来，北京市委、市政府认真贯彻十八大和十八届三中全会精神，将贯彻落实中央精神同北京实际紧密结合在一起，以解决制约首都可持续发展的重大问题和群众关心的热点难点问题为导

向，在创新社会治理体系方面提出四个重点①。

一是改进社会治理方式。坚持系统治理、依法治理、综合治理和源头治理的理念，加强党委领导，发挥政府主导作用，鼓励和支持社会各方面参与，健全人民团体、社会组织、企事业单位参与社会治理的机制，完善社会建设领导体制和工作体系，实现政府治理和社会自我调节、居民自治良性互动。

二是激发社会组织活力。完善社会组织直接登记制度，改革社会组织评估、年检、考核制度，完善枢纽型社会组织工作体系，加快实施政社分开，创新培育孵化平台，完善政府购买服务机制，推动社会组织承担更多公共服务职能。

三是创新预防和化解社会矛盾的体制。提出健全群众权益保障机制、完善公共决策社会参与机制、健全重大决策社会稳定风险评估机制等重要措施，推动行政复议体制改革，推动信访工作改革，建立涉法涉诉信访依法终结制度等，实行网上受理信访制度，健全及时就地解决群众合理诉求机制。

四是健全公共安全体系。强调建立健全党政同责、一岗双责、齐抓共管的责任体系，严格安全准入标准，积极推进安全生产的法治化、标准化、信息化、社会化建设，强化安全生产考核，夯实安全生产基础，建立隐患排查治理体系和安全预防控制体系。

疏解非首都功能为北京市进一步聚焦过度膨胀的人口数量，创新社会治理方式，采取更加积极的调控措施解决人口问题提供了良好的政策条件，能够有效降低北京市特别是城六区人口密度，优化城市人口结构和空间结构，为创新社会治理方式、提升社会治理能力提供了新的机遇。

---

① 2014年1月13日，中国共产党北京市第十一届委员会第四次全体会议通过了《中共北京市委关于认真学习贯彻党的十八届三中全会精神全面深化改革的决定》。

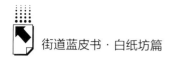

（三）落实首都新定位为基层治理创新提出了新要求

"十二五"以来，北京市坚持以人为本、服务为先，围绕全面建成小康社会总目标，坚持问题导向，以解决关乎社会和谐的突出问题为突破口，积极完善社会服务体系，创新社会治理体制机制，广泛动员社会参与，最大限度地激发社会活力，增加和谐因素，减少不和谐因素，努力构建具有时代特征、中国特色、首都特点的社会建设体系，在建设国际一流、和谐宜居之都的道路上迈出了重要步伐。

2014年2月，习近平总书记在考察北京时提出，首都要瞄准全国政治中心、文化中心、国际交往中心、科技创新中心的战略定位，坚持和强化首都核心功能，讲政治、顾大局，努力打造中国先进文化之都、国际活动集聚之都和世界高端人才集聚之都，努力建成国际一流的和谐宜居之都。

这一新定位的提出，为首都基层治理创新提出了新的要求。

一是要有首都意识。学习贯彻习近平总书记重要讲话精神，落实"四个中心"定位，首先要在首都工作的特殊重要性上有新认识，创造一流的业绩，在全国发挥表率作用，把北京这座城市建设好、发展好、管理好。

二是要有首善标准。在基层治理实践中自觉把握首都战略定位，自觉考虑到首都的影响和示范作用，坚持按照首都战略定位科学地规划建设社会治理体系，提升社会治理能力。

三是要坚决遏制人口无序过快增长的势头。提高自觉控制人口无序过快增长的意识，痛下决心，综合施策，主动作为，深入研究人口调控的措施办法，把控制中心城人口过快增长作为人口调控工作的重中之重，抓好以业控人、以房管人、以证管人，推动中心城人口向新城、小城镇和周边地区疏解。

四是要建立健全具有首都特点的基层治理体系。正确处理"硬"

和"软"的关系，既要打造硬环境，重视各项建设，坚持国际一流标准，以创造历史、追求艺术的高度负责精神，打造首都精品力作；更要培育软实力，把加强城市管理放在更加重要的位置，以严格、依法和科学的管理，为辖区群众创造美好的生活、工作环境。

五是在维护首都基层安全稳定上要有新作为。坚持下先手棋、打主动仗，从源头上预防和减少矛盾纠纷，在重大的政治原则和大是大非面前，旗帜鲜明，敢于发声，始终绷紧反恐防暴这根"弦"，严密防范暴力恐怖事件。

首都基层治理是国家治理体系与治理能力现代化的重要内容。2014 年，习近平总书记在视察北京工作时明确指出，北京的治理是国家治理体系和治理能力现代化的重要内容。要站在五位一体的新高度，站在全面建成小康社会、全面推进改革、全面推进依法治国这样的新高度，站在国家治理体系和国家治理能力现代化的新高度来认识、把握和推进首都的基层治理。当前，国际国内形势正在发生深刻变化，经济和社会生活中的一些矛盾比较突出，首都已经进入经济发展方式转变的攻坚阶段、实施城市精细化管理阶段、加强社会服务管理创新阶段、推动文化大发展大繁荣阶段和高度重视人与自然和谐发展阶段，要在经济、政治、文化、社会和生态文明建设上更加有所作为，要依靠法治来协调社会关系，化解社会矛盾，维护社会稳定，加强社会治安综合治理，创造良好的社会治安环境。

四　创新地区治理需要重点研究20个问题

"四个服务"是中央对首都工作的基本要求。1983 年 7 月，在中共中央对北京城市建设总体规划方案的批复中，首次提出了首都"四个服务"的职能定位。2005 年，北京修编城市总体规划，在国务院对北京城市总体规划的批复中，对做好"四个服务"提出了更加明确的要求，即为中央党、政、军领导机关的工作服务，为国家的国际交往服务，为科技和教育发展服务，为改善人民群众生活服务。2014 年 2 月，习近平总书记视察北京，要求北京努力建设国际一流的和谐宜居之都，特别是对首都的环境建设提出了很高的要求。为贯彻习近平总书记讲话精神，落实"四个中心"新定位，北京市委书记郭金龙专门听取了西城区工作汇报，提出了"环境要优美、人口要调控、服务要优质、发展要持续"的新要求，为北京市做好"四个服务"赋予了新的使命，同时也为白纸坊地区治理创新指明了方向。围绕这一要求，白纸坊地区还需要进一步以问题为导向，进一步深化改革，进一步创新体制机制，把基层治理体系和能力现代化建设提升到一个新的高度。具体而言，是对照十八届三中全会《中共中央关于全面深化改革若干重大问题的决定》（简称《决定》）和落实首都新定位的要求，围绕进一步提升街道社区执行力、进一步加强城市建设管理的统筹、进一步完善公共服务体系、进一步挖掘地区文化资源的价值、进一步激发城市治理的社会活力五大主题，解决好 20 个关键问题。

（一）条块职责如何进一步理顺

当前，尽管街道被赋予的统筹辖区发展的职能正在逐步强化，但街道属地职责与部门专业职责仍需要进一步理顺，街道协调辖区科站队所联合执法的能力需要进一步增强，专业职能部门责任需要进一步强化，街道与部门的考核互评机制需要有效落实。基层执法力量存在不足，需要进一步充实和加强。

（二）政府公信力如何进一步强化

公信力的塑造需要依法、依规、公开、公正，但目前存在的问题是：一方面，社会发展速度快，不少管理领域法律法规建设没有及时跟上，政府管理依据不足，不同部门之间管理依据有相互矛盾的地方，基层工作无所适从；另一方面，面对一些工作难点，仍然缺乏有效应对办法，如目前在以公司为主体的拆迁模式下，政府在谈判外，就如何协调各方利益、如何体现决策力与执行力、如何推进拆迁进度等，仍然没有找到一条有效的解决路径。不少拆迁项目拖延时间太长，人为造成很多矛盾。

（三）如何加强街道工作机制和干部队伍建设

目前，街道干部普遍反映工作量大，加班停休多，倒休很难实现，而且干部以惩戒措施为主，缺乏正向激励机制。究其原因，主要是因为街道干部属地责任重，安全稳定、环境管理等方面的不确定性工作多，上级或职能部门临时性任务多、检查评比多、会议多，街道干部疲于应付。如何进一步规范职能部门向街道转移工作责任，建立街道与专业职能部门之间事前通气、事中联动、责任共负的工作机制，进一步加强和完善街道干部队伍建设，仍需要深入研究。

（四）如何切实破除社区"机关化"现象

从社区居委会的工作内容来看，居委会承担了大量的政府职能，政社不分的现象大量存在；对社区工作者而言，招聘来的大部分社工不住在本社区，缺乏群众工作经验，缺乏晋升通道和激励机制，工资待遇相对较低，对年轻人缺乏吸引力，社工队伍不稳定。如何科学界定和切实厘清居委会的政府权力与基层群众自治组织的关系，减少政府下派到居委会的工作任务，为基层群众自治组织的负担"瘦身"，深入推进政社分开、政社互动，强化社工队伍建设，提高社区服务居民能力，需要深入研究、系统解决。

（五）如何进一步提高社区规范化水平

目前，社区服务站建设水平在各街道、社区参差不齐，需要进一步完善。社区基础设施配置仍需要加强，尽管白纸坊街道的社区配套用房总体上达到 350 平方米的标准，但 18 个社区办公场所中，属于购置的有清芷园和新安中里两个，占 11.11%；属于租用的有菜园街、崇效寺等 16 个，占 89.89%。由于社区办公场所属于租赁性质的较多，办公用房分散、办公场所基础建设滞后，在办公服务用房的功能化、信息化、资源化等方面，基础设施建设显得尤为薄弱，不利于服务群众。同时，应进一步加强培训各类社区协管员、社区事务助理并逐步将其纳入社区工作者规范化管理范围。

（六）如何把项目建设与行政管理体制改革结合起来统筹推进

目前，一些城市建设的综合项目由于各部门分头推进，部门之间信息沟通不畅、统筹力度不够，推进缓慢；政策管理中也存在多部门制定政策、多头补助资金的问题；环境建设的不少项目前期调研不足，立项、招投标工作衔接不上，手续办理时间过长。其中一个重要原因是体制上缺乏综合协同机制，特别是作为街道属地责任的主要主体，街道与各有关部门之间无法建立常态化的信息沟通机制、工作协同机制，在城市建设上很难发挥统筹作用。这需要在深化城市管理体制改革中加以解决。

（七）如何把环境整治与基础设施建设结合起来统筹推进

优美的环境需要完善的城市基础设施支撑。白纸坊地区城市基础设施建设薄弱。

一是超期服役现象严重。有些楼房是 20 世纪五六十年代建造的，早已超过当初设计使用年限，现在已经远远不能满足人们的居住需要，例如，存在房屋老旧、街道狭窄、电线老化、路面破损等基础设施薄弱问题。

二是房屋屋顶破损，水暖管线不同程度的腐蚀，甚至没有电热气暖等基础设施，严重影响居民的生活。

三是绿化面积较小，档次低。

四是居民体育健身和文化活动空间较小或者缺失。这些问题是产生环境问题的重要根源，需要统筹考虑环境管理与环境建设的关系，多做补短板、破瓶颈的实事。

（八）如何将创新老旧小区物业管理与棚户区改造结合起来统筹推进

白纸坊地区老旧小区管理问题较为突出。白纸坊地区 1999 年前建成的老旧小区包括成套住宅楼区、独立的简易楼区及平房区，共 138 个，其中 90 个为成套住宅楼区，14 个是简易楼区（其中 8 个简易楼区为包含在成套住宅楼区中的老旧小区），42 个为平房区，老旧小区普遍存在的问题主要有公共设施老化或缺失、公共安全存在较大隐患、产权不明晰导致管理缺位、违法建设现象比较严重、物业管理体制不顺畅等。白纸坊地区共有 7 个棚户区，目前光源里和菜园街两个棚户区已经列入改造计划，但还有 5 个棚户区、近 1 万人口没有被列入改造计划。如果能够把老旧小区统筹纳入西城区或北京市棚户区改造计划，将从根本上提升居民生活质量。

（九）公共服务如何覆盖工作人口

白纸坊地区大型单位多，工作人口较多，公共服务需求强烈。但目前西城区街道、社区提供公共服务的对象一般是户籍人口，有一部分也涉及居住在辖区的外来人口，但很少能够覆盖到工作在本区、户口和居住都不在辖区的人口。公共服务无法覆盖工作人口，城市治理也就很难动员驻区单位共同进行深度参与。

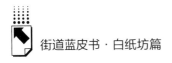

（十）政府如何提供居民真正需要的服务

尽管"访听解"已经成为西城政府与群众联系的制度性通道，但居民到底需要哪些服务，怎样提供这些服务，政府服务怎样才能更贴近居民需求，仍然是需要探讨的问题。对于老旧小区而言，特别是功能定位、发展方向、开发时序不太明确的平房区、棚户区、危改区，教育、文化、卫生等公共服务设施普遍不足，规划建设滞后。这些问题如何解决，需要结合功能区建设和人口疏散规划科学谋划，把近期需求与远期发展、局部利益与整体利益结合起来，从优化城市功能的角度来统筹考虑。

（十一）公共服务中如何明确街道的职责边界

按照北京市社区基本公共服务指导目录，社区基本公共服务包括10大类60项，覆盖各类人群。其中哪些由部门提供，哪些由街道、社区提供（直接提供或通过购买服务提供），提供到什么程度，哪些是需要在政府支持下撬动市场资源来提供，哪些应该纯粹由市场提供，各个责任主体的职责边界并不十分清晰，这些问题既需要管理者明确，也应该让老百姓知道，否则供需都会错位。比如，在养老公寓的建设和经营中如何切割政府与市场？养老、家政、医疗专业护理人员的培训、监管如何加强和规范？这些问题需要在十八届三中全会《决定》的框架下通过进一步解放思想、深化改革来解决。

（十二）如何强化街道统筹力度，把环境管理纳入规范化、制度化轨道

优良的城市环境既关系到首都形象，也是人民群众最关心的民生问题之一，是政府应该提供的一项基本公共服务。现在的问题是，不少环境问题与我们的管理体制不顺有很大关系，比如，商业门店占道

经营屡教不改，工商部门无法吊销其营业执照；饭店油污直排造成下水道堵塞，环保、工商、城管各部门对其处罚的标准和依据不一致；商务部门对早餐车、蔬菜点、蔬菜直销车的审批与城市管理部门缺乏沟通；等等。诸如此类的问题使政府的行政管理缺乏合力，城市环境的痼疾无法根除，如何摒弃随机性、运动式、化妆型的整治方式，进一步加大属地统筹的力度，加强相关职能部门之间的管理协同，构建规范化、制度化的长效机制，是需要深入研究的重要问题。

（十三）如何发挥历史文化优势，在建设全国文化中心和推动京津冀协同发展中起到文化引领作用

白纸坊地区具有深厚的历史文化底蕴。"白纸坊两头翘，狮子挎鼓莲花落"，这句俗语精确地概括了白纸坊的文化特色。"白纸坊太狮"诞生于清乾隆五年，几经兴衰，经过抢救性的挖掘、整理和申报，于2008年被列入第二批国家级非物质文化遗产名录。"白纸坊挎鼓"是北京地区最古老的香会之一，距今已有500多年的历史，曾经受过明清两朝的皇封，被御赐为"神胆"。现在"白纸坊挎鼓"已被列入北京市级非遗名录。白纸坊地区还有着特色鲜明的纸文化和红楼文化。辖区内有拥有近百年历史的北京印钞厂、古钱币博物馆等。大观园景区已经成为北京市旅游线路中不可或缺的一个景点，2009年在此举行的新红楼选秀活动再次引发了大家对红楼文化的关注。这些特色文化元素需要进一步在首都国家文化中心建设中找到位置。

（十四）如何让群众文化成为凝聚社区居民家园意识的精神符号

白纸坊地区有一批著名的社区文化品牌，街道连续4年举办了"白纸坊杯"腰鼓邀请赛。尤其是2012年的比赛是与北京市体育局、西城区体育局联合举办的，此次比赛无论是专业程度还是参赛范围均

达到市级赛事的标准，已然成为京城较有影响的赛会。白纸坊街道秧歌队曾经走出国门，在澳大利亚悉尼、法国巴黎和韩国首尔进行过精彩的演出。易拉罐健身秧歌是辖区居民的创新项目，它以易拉罐作为道具，编排动作后，成了大众喜爱的舞蹈，被北京市文化局、北京市老龄工作委员会命名为北京八大新秧歌之一。街道连续13年举办高雅艺术进社区活动，邀请国家级演出团体走进社区，以演奏、演唱、讲解等多种通俗易懂的形式走近普通百姓，被评为北京市群众文化活动"十大创新"项目之一。

（十五）如何整合地区资源进一步提升地区文化的层级

白纸坊地区国家级知名文化企业和机构汇聚。北京印钞有限公司（原北京印钞厂）始建于1908年，是中国历史上第一家采用雕刻钢版凹印工艺印制纸币的官办印钞企业，也是中国最早印制邮票的企业。中国邮政集团公司邮票印制局于1994年组建，成立于1959年的北京邮票厂同时并入，是国家唯一设计、印制、储运邮票的专业生产企业。另外，白纸坊地区还集聚了经济日报报业集团、中国地图出版社和中国铁道出版社等一批国家级文化机构。这些文化企业、机构是北京作为全国文化中心的重要载体。白纸坊地区如何借助这些机构的资源和影响力提升地区文化的层级与水平，在北京国家文化中心建设中占有自己的一席之地，是一个需要深入研究的重要课题。

（十六）如何实现城市社会的"再组织化"

市场经济条件下单位化社会体制逐步瓦解，"单位人"回归社会，大量进城务工人员、失业失学青少年、自由职业者及公司白领游离于社会组织、社会支持和社会福利体系外，使政府的管理服务无从着手，增加了不稳定因素，弱化了社会活力和社会动员能力。如何在新的基础上实现社会的"再组织化"，使"社会人"在新的组织中获得社会安全、规避社会风险、实现社会价值，是需要深入研究的一个重大理论和实践问题。

（十七）流动人口如何融入城市

白纸坊地区位于西城和丰台交界地带，常住人口密度大，外来人口多。辖区内有"七小门店"776家，商市场24处，出租地下空间32处，无照游商、店外经营、乱堆物料、私搭乱建等现象突出，低端业态呈线状集中，流动人口集聚，由此引发一系列环境、交通、治安、秩序问题，给管理带来压力。在特大城市户籍制度改革无法突破、流动人口管理服务缺乏法律法规支持的情况下，正视流动人口大量存在的现实，把流动人口纳入社会管理、社会服务和社会福利体系，创造条件让流动人口真正融入城市，关系到首都社会安全稳定和健康发展。

（十八）城市管理服务精细化水平如何进一步提高

目前，西城区的城市管理服务已经由区、街道、居委会三级进一步延伸到区、街道、居委会、网格四个层面，网格中既有"眼"（电子监控摄像头），也有"腿"（一格多员的管理责任人），网格化在地区安全稳定、城市环境管理等方面起到十分重要的作用。但要进一步提高精细化水平，还需要给网格注入"魂"，把"死网格"变"活"，真正让居住在"格"内的居民动起来，自觉维护"格"内环境，与来自政府的管理形成互动。

（十九）如何把区域化党建机制落到实处

为了整合社会资源，提高地区组织化水平，在街道、社区、网格三个层面均建立与辖区党组织、党员共建的"大党委"组织体系，将辖区社会单位参与地区治理深化到决策、执行和监督三个方面，用区域化党建在政府与社会之间搭起一座沟通、协作、共建的桥梁。这

一机制的真正实现需要进一步夯实基础，需要进一步提高辖区社会的组织化程度，需要进一步拓宽"新新组织"的覆盖面，辖区社会单位及两新组织参与辖区治理的形式、机制、方法，还需要在体制、政策层面上做进一步的深化研究。

（二十）城市治理如何坚持人民主体地位

坚持人民的主体地位，核心是实现"民有、民治、民享"，治理体系体现人民的意志、维护人民的利益，真正为老百姓办事。公共决策如何向公民开放？公民参与如何制度化？民主监督如何真正实现？这些问题需要深入研究。比如，可以从切实维护群众利益入手，针对妇女儿童、农民工、老年人、残疾人等弱势群体的合法权益屡遭侵害的现实，深化研究在街道建立健全专业维权中心，以群众最关心、最直接、最现实的利益问题为切入点，以常规化、制度化的维权工作机制为群众撑起法律的保护伞。

参考文献

《中共中央关于全面深化改革若干重大问题的决定》，2013年11月12日。

《中共北京市委关于认真学习贯彻党的十八届三中全会精神全面深化改革的决定》，《北京日报》2014年1月22日。

李立国：《在推进社区治理中维护基层社会和谐稳定》，《求是》2014年第1期。

北京市西城区白纸坊街道：《白纸坊街道工委办事处年度工作总结》（2011～2014）。

北京市西城区白纸坊街道：《白纸坊街道办事处各科室年度工作总结》（2011～2014）。

数 据 报 告

Data Reports

B.2

白纸坊街道基于工作人口的地区
公共服务问卷调查报告

摘　要：　作为地区治理的一支重要力量，工作在辖区但居住和户口均不在辖区的工作人口，与街道、社区及居住人口的互动程度，其公共服务需求的满足程度，直接关系到工作人口对地区公共事务的参与程度，关系到地区治理体系与治理能力的建设。本次调研全面了解了白纸坊街道公共服务发展状况及存在的问题，以问卷调查的形式，围绕社区服务机构认知度、社区服务参与度、地区生活便利度、社区公共服务满意度和社区公共服务需求度五方面，全面了解工作人口对辖区公共服务的真实需求。本文通过梳理分析问卷调查成果，为促进白纸坊街道公共服务体系建设提供数据支撑及对策建议。

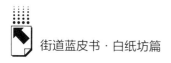

关键词： 公共服务 工作人口 需求满意度 白纸坊街道

随着社会的发展、政府职能的转变，街道管理部门在履行社会管理和公共服务职能上不断探索、改革，逐步形成了比较全面、覆盖工作人口的公共服务供给与管理模式。为了更加详细地了解目前白纸坊街道存在的问题和公共服务的具体情况，能够给相关部门提供一些参考依据，更好地服务于广大市民，开展了此次问卷调查。本报告所涉及的调查对象是白纸坊街道驻区单位的工作人员。调查时间为2015年1月。共发放问卷360份，回收314份，其中有效问卷314份，有效回收率为87.2%。

一　调查样本情况

调查对象中，男女比例约为1:1.46。年龄为36～45岁、26～35岁和46～55岁的所占比重最大，分别占到总调研人数的31.5%、25.7%和23.2%。职业分布情况，机关事业单位职工占比最高（26.3%）。户籍情况，北京市户籍占比最高（51.4%），其中西城区户籍比例为23.5%。受教育程度为大专或本科的人群所占比例最高，为55.9%。家庭组成结构方面，52.1%的家庭是三口之家，所占比例最高。从家庭收入上看，26个被调查对象的家庭人均月收入低于1560元，占被调查对象总数的8.6%；家庭人均月收入为1560～3400元的被调查对象数量最多，比例为43.0%；其次是人均月收入为3400～5000元的被调查对象，比例为22.2%。

表1 调查样本基本情况统计

单位：份

性别	男			女		
	124			182		
年龄	25 岁及以下	26～35 岁	36～45 岁	46～55 岁	56～65 岁	65 岁以上
	25	80	98	72	22	14
户籍	本市户籍	本区户籍	居住证	暂住证	居住半年以上但未办理居住证	外籍
	160	73	5	72	1	1
职业	公司白领	机关事业单位职工	公务员	其他		
	25	77	16	175		
学历	硕士及以上	大专或本科	高中或中专			
	13	160	113			
家庭人数	四口以上	四口	三口	两口	一口	
	41	38	151	44	16	
家庭人均月收入	1560 元以下	1560～3400 元	3400～5000 元	5000～10000 元	10000～20000 元	20000 元以上
	26	130	67	54	24	1
本社区居住时间	3 年以上		1～3 年		1 年以下	
	184		61		48	

注：回收问卷中，全部题目漏答率在 15% 及以下，判定为有效问卷。由于题目漏答，表中对各属性的汇总统计数存在不一致并且小于有效问卷数的情况。

二 社区服务机构认知度

（一）街道办事处认知度：82.1% 的人表示"知道"

对于白纸坊街道办事处，被调查对象的认知度较高，82.1% 的受访者表示"知道"办事处地址，11.5% 的受访者表示"知道大体位置，但没去过"，但也有 6.4% 的受访者表示"不知道"办事处地址。

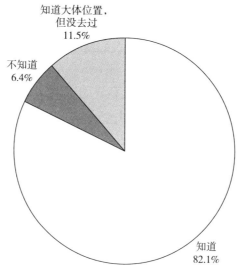

图 1　白纸坊街道办事处认知度

（二）社区居委会认知度：88.0% 的人表示"知道办公地点"

对于社区居委会的认知度要略高于街道办事处，表示"知道办公地点"的受访者占比达 88.0%。但是对居委会更加详细的内容了解情况的人数有所减少，其中，表示"了解服务项目"的受访者占比为 48.1%，表示"知道领导姓名"的受访者占比为 44.2%，表示"参加过活动"的受访者占比为 49.7%。此外，仍有 2.9% 的受访者表示"以上都不知道"。

（三）社区认同度：71.7% 的人表示会以社区为荣

社会学家普遍认为，社区认同感是影响社区存在和发展的重要因素。调查问卷以"您会以您单位所在的这个社区为荣并经常向朋友或亲人提起和夸耀吗？"这一问题来了解受访者对于社区的认同度。结果显示，23.1% 的受访者表示"会"，48.6% 的受访者表示"有时候会"，28.3% 的受访者表示"不会"。

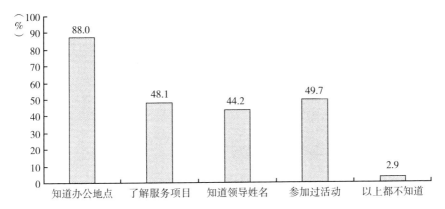

图2　白纸坊街道社区居委会认知度

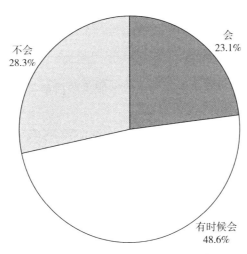

图3　白纸坊街道社区认同度

三　社区服务参与度

（一）社区服务项目参与度：法律服务参与度最高

居民的积极参与是社区建设健康发展的动力源泉。调查显示，对于社区服务项目参与度，参与"法律服务"的受访者达33.3%，所占比例最高。其次是参与"图书阅览"及"棋牌娱乐"的，受访者分别占20.6%和19.3%。但需要注意的是，表示"都未参与"的受访者占比高达29.4%，由此可见，社区服务项目的提供者对于驻区单位工作人员之间的接触存在较大的提升空间。

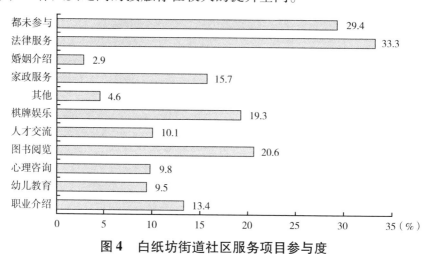

图4 白纸坊街道社区服务项目参与度

（二）社区文化活动参与度：76.3%的人曾参与

对于白纸坊街道社区文化活动参与度，20.8%的受访者表示"经常参加"，55.5%的受访者表示"偶尔参加"，23.7%的受访者表

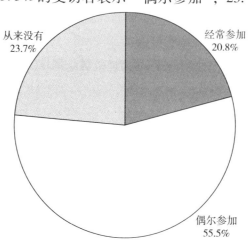

图5 白纸坊街道社区文化活动参与度

示"从来没有"。其中，建功南里社区、新安中里社区表示"经常参加"的比例最多，分别达到44.0%和35.0%；而樱桃园社区的参与程度最低，从来没有参加过社区文化活动的比例占到53.0%。

表2　白纸坊各社区文化活动参与度

单位:%

社区	社区文化活动参与比例		
	经常参加	偶尔参加	从来没有
半步桥社区	5	75	20
菜园街社区	28	56	17
崇效寺社区	29	59	12
光源里社区	10	85	5
建功北里社区	16	37	47
建功南里社区	44	44	11
里仁街社区	22	72	6
平原里社区	20	30	50
清芷园社区	15	69	15
双槐里社区	14	79	7
万博苑社区	5	58	37
新安南里社区	13	44	44
新安中里社区	35	53	12
樱桃园社区	13	33	53
右北大街社区	30	70	0
右内后身社区	33	22	44
右内西街社区	26	56	19
自新路社区	29	53	18

（三）社区公益事业参与度：绿化、公益培训、治安居前三位

对于社区公益事业参与度，参与"绿化"的受访者占比达35.2%，所占比例最高。其次，参与"公益培训"和"治安"比例相当，受访者占比分别为33.9%和33.6%。除"APEC会议志愿者"（受访者占比达13.2%）外，其他社会公益事业的参与水平均在20%以上。

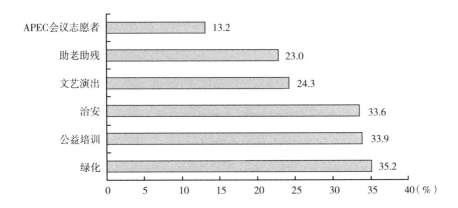

图6 白纸坊街道社区公益事业参与度

四 地区生活便利度

（一）停车资源情况：32.8%的受访者认为停车条件很不好，严重影响工作

随着经济的不断发展，社区内的停车难问题日益凸显。对于停车资源的调查结果显示，只有11.6%的受访者表示"很好，没有"，32.8%的受访者表示"很不好，严重影响工作"。其中，建功北里社区反映出来的问题最为突出，认为停车条件很不好的比例达到11.8%。

（二）交通便利度：50.5%的受访者从公交车或地铁下车后走到单位时间不超过10分钟

调查问卷从"最后一公里"换乘情况对公共交通便利程度做了了解，其中，31.4%的受访者可以步行"5～10分钟"到达，仍有25.7%的受访者表示需要步行"15分钟以上"才能到达单位。

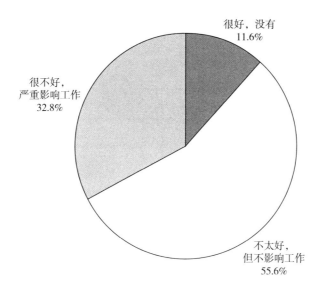

图7 白纸坊街道的周围停车条件

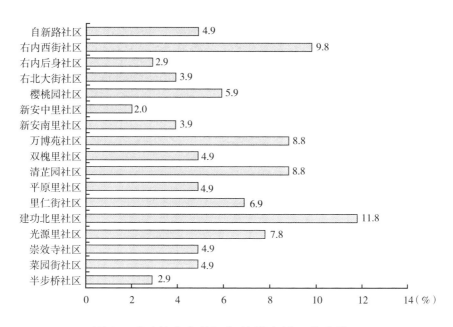

图8 反映停车条件不好的样本社区分布情况

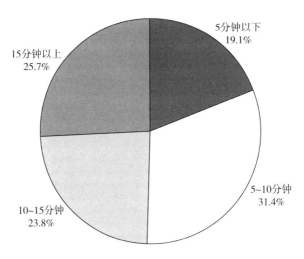

图9　白纸坊街道的交通便利度

（三）早餐便利度：44.5％的受访者能较方便地找到正规早餐点

调查显示，对于白纸坊街道早餐便利度，44.5％的受访者表示"稍有不便，多走几步能找到"，36.0％的受访者表示"有流动的摊

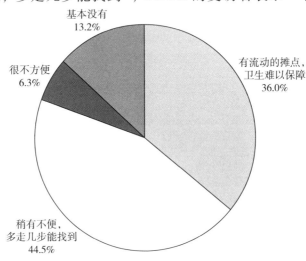

图10　白纸坊街道的早餐便利度

点，卫生难以保障"，6.3%的受访者表示"很不方便"，另外13.2%的受访者认为"基本没有"相对正规的早餐点。

五 社区公共服务满意度

（一）社会保障服务：医疗保险满意度最高

关于社会保障服务项目，"医疗保险"和"养老服务"的满意度较高。调查显示，40.7%的受访者对"医疗保险"较为满意，而34.3%的受访者对"养老服务"较为满意。此外，仍有6.4%的受访者选择了"都不满意"。

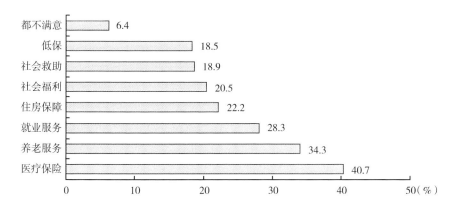

图11 白纸坊街道社会保障服务情况

（二）医疗卫生服务：49.0%的受访者表示"就医方便"

在关于医疗卫生服务的调查中，受访者最为认可的是"价格合理"。数据显示，50.3%的人认为白纸坊街道的医疗卫生服务优势是"价格合理"，其次是"就医方便"，选择比例达49.0%。此外，仅7.9%的人表示"都不满意"。

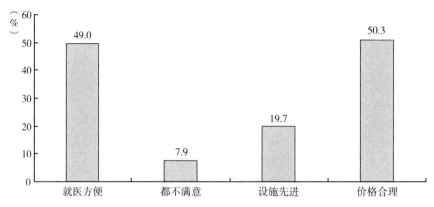

图 12　白纸坊街道医疗卫生服务满意度

（三）公共安全：64.7%的受访者对社会治安表示满意

在公共安全方面，有 64.7% 的受访者表示对"社会治安"服务情况比较满意。除此之外，36.9% 的人表示对"流动人口管理"服务满意，32.4% 的人表示对"突发事件处理"满意。

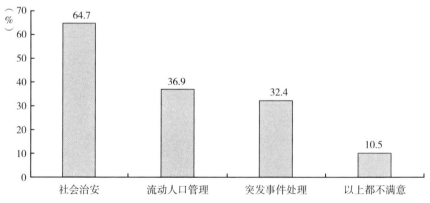

图 13　白纸坊街道公共安全情况满意度

（四）城市管理：60.0%的受访者认为城市管理存在的主要问题是违章停车

在城市管理方面，调查显示，60.0% 的受访者认为城市管理存在的主要问题是"违章停车"，42.3%的受访者认为是"私搭乱建"，认为是"绿化不够"和"街巷保洁"的人数占比分别为34.7%和25.7%。

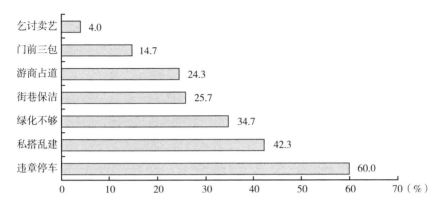

图14 白纸坊街道城市管理情况

（五）市政公用事业：仅20.3%的受访者对城市规划布局满意

在市政公用事业方面，受访者对于供电、供水等项目的满意度较高。同时，有三个项目的满意度低于30%，分别是：25.5%的人对"市容市貌"满意，20.3%的人对城市"规划布局"满意，19.6%的人对"信息化水平"满意。此外，还有2.3%的人表示"都不满意"。

（六）消防安全情况：51.3%的受访者认为防火设施很好，会安全逃生

在消防安全方面，调查显示，51.3%的人表示"防火设施很好，会安全逃生"，39.8%的人表示"防火设施一般，火势不太大的情况下可以逃生"。另外，8.9%的人表示"防火设施不好，逃生机会不多"。进一步从社区分布来看，受访者认为"防火设施很好，会安全逃生"最靠前的社区分别是樱桃园社区、半步桥社区以及新安中里社区。

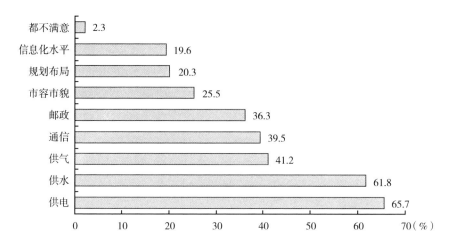

图15　白纸坊街道市政公用事业情况满意度

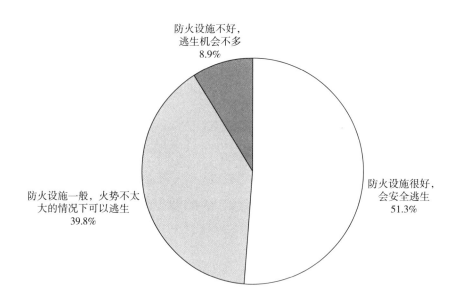

图16　白纸坊街道消防安全情况满意度

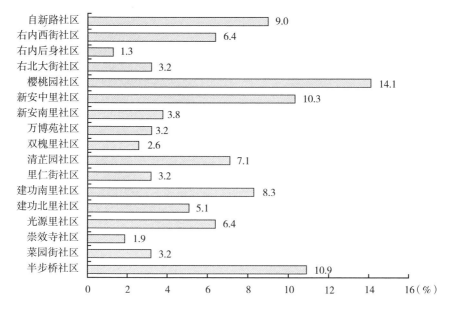

图17　白纸坊街道各社区防火条件统计

六　社区公共服务需求度

（一）硬件设施需求：47.5％的受访者需要体育健身点

社区服务能否满足社区居民的不同要求是衡量其好坏的标准之一。在社区硬件设施需求方面，47.5％的人表示社区最缺乏的是"体育健身点"，39.1％的人表示社区最缺乏的是"文化活动室"，30.8％的人表示缺乏"图书室"。

（二）服务项目需求：文化娱乐、医疗保健和法律援助位列前三

在服务项目需求方面，调查显示，31.9％的受访者表示最需要的

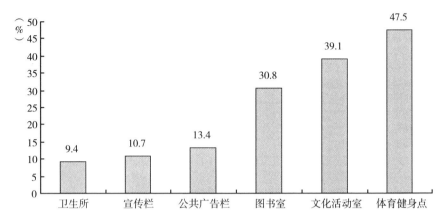

图18　白纸坊街道硬件设施需求情况

是"文化娱乐"服务，其次是"医疗保健"和"法律援助"，需求比例分别为30.9%和29.3%。

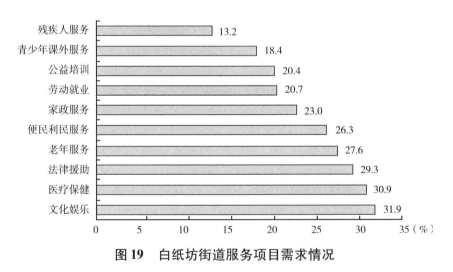

图19　白纸坊街道服务项目需求情况

（三）服务缺口情况：违禁占道停车、旧楼房的拆迁是存在的最大问题

在服务项目需求方面，除了上述社区服务项目影响白纸坊街道居

民外，还有很多问题困扰着白纸坊街道居民。根据对受访者意见的归纳，违禁占道停车现象严重、旧楼房拆迁、社区绿化不到位等问题成为公共服务中存在的其他最受关注的问题。其中，对于旧楼房拆迁的问题反映最为强烈的是菜园街社区。

七　基本数据结论和对策建议

（一）数据结论

基于对白纸坊街道驻区单位工作人员的调查，围绕社区服务机构认知度、社区服务参与度、地区生活便利度、社区公共服务满意度和社区公共服务需求度五大方面进行公共服务的供需现状分析，得出以下数据结论。

1. 社区认同度较高，有一定的互动基础

驻区单位工作人员对社区管理服务机构的认知度较高，82.1%的受访者表示"知道街道办事处地址"，88.0%的受访者知道居委会的办公地点，71.7%的人表示会以社区为荣。

2. 社区服务参与度不高，参与面较窄，社会参与有较大的提升空间

在社区服务项目中，参与"法律服务"的受访者达33.3%，所占比例最高，29.4%的受访者从未参与过社区服务项目。对于社区文化活动参与度，23.7%的受访者表示"从来没有"参加过社区文化活动。驻区单位对于社区公益事业的平均参与率在27%左右，比例较低。

3. 社区生活便利度较高，但存在突出问题

停车难问题突出，有32.8%的受访者表示已经严重影响工作。与停车难问题相对应，60.0%的受访者认为城市管理存在的主要问题

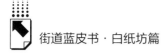

是违章停车。关于城市市政公用事业的调查显示，仅 20.3% 的受访者对城市规划布局满意。

4. 公共服务体系健全，满意度相对较高

对于社会保障服务项目，医疗保险和养老服务的满意度较高。49.0% 的受访者表示白纸坊街道的医疗卫生服务优势是就医方便，64.7% 的人表示对社会治安情况比较满意；51.3% 的受访者表示"防火设施很好，会安全逃生"。其中，樱桃园社区、半步桥社区、新安中里社区的消防设施最能得到受访者的认可。

5. 对公共服务硬件设施的改善需求较为突出

受访者对体育健身设施需求较高，47.5% 的人表示社区最缺乏的是体育建设点。服务项目需求方面最需要的是文化娱乐服务。违禁占道停车现象严重、旧楼房拆迁、社区绿化不到位等问题成为公共服务中存在的其他最受关注的问题。

（二）对策建议

从数据分析结果看出，白纸坊街道文化娱乐服务项目需求大，公共文体设施建设有待加强，应把加快公共服务体系建设作为促进和谐社会建设的重要手段，整合资源建立起与群众基本需求相适应的公共文化服务体系，全面提升人民群众的生活品质。

一方面，立足白纸坊街道的实际情况，完善社区内公共体育基础体系，打造和谐的社区居民健身圈。白纸坊街道体育公共管理面临的主要是群众日益增长的体育需求与体育服务以及相关产品不足之间的矛盾。基于这一现实，白纸坊街道相关部门应发挥其体育公共服务供应主体作用：一是多种渠道扩大健身场地，解决健身场地不足问题。体育场地设施已经成为社区公共体育服务体系发展的最大障碍，这也是受访者提出的社区公共体育服务供给中存在的主要问题。优化整合社区周边的资源，例如，老旧的健身场地、周边公园、广场、学校体育馆、单位体育馆等，通过整修和积极引导开放的方式做到资源共享，逐步缓解居民健身难的问题。二是加强对街道社区相关人员的专业知识培训，加大对周边居民体育知识的宣传力度，培养居民养成良好的健身习惯，从而促进全民健身的发展。

另一方面，通过不断完善公共文化设施建设和服务体系建设，来满足人们日益增长的多元化需求。社区的公共文化建设能够为社区居民和广大群众提供高品质的生活，同时也是我国构建和谐社会的一项重要措施。在建设公共文化服务设施的过程中，既要注重场所的布局，扩大辐射的范围，也要提高这些设施的利用率，确保社区文化的高效开展。针对居民的不同偏好和需求，拓宽居民充分表达意见的渠道，最大限度地发挥公共文化产品的导向功能。

B.3
白纸坊街道基于社区居民的地区公共服务问卷调查报告

摘　要：　社区公共服务的供给不仅关系着基层民生的改善，而且影响到社区民心的凝聚和社会和谐的建设。本报告利用问卷调查的方式全面了解北京市西城区白纸坊街道社区公共服务的供给与需求情况，通过数据分析把握辖区公共服务存在的问题，并结合实际提出建议对策，以期为白纸坊街道所辖社区公共服务的可持续发展提供参考。

关键词：　公共服务　便民服务　需求分析　白纸坊街道

随着我国现代化进程的加快和社会的全面转型，"单位制"逐步向"社区制"过渡，社区逐渐成为中国最基础的社会服务管理单元。居民对社区公共服务有了更高、更新的需求。本报告随机选取北京市西城区白纸坊街道的辖区居民作为样本，发放360份问卷进行调研，调查分析了白纸坊街道所辖社区公共服务中存在的突出问题，回收356份，其中有效问卷356份，有效回收率为98.8%。

一　调查样本情况

调查对象中，男女比例约为1∶1.45。年龄在65岁以上和46～

55 岁的所占比重最大，分别占到受调查对象人数的 24.4% 和 20.1%。调查对象以在职职工为主（78.8%）。户籍以本市户籍为主（51.3%），42.6% 的人是本区户籍。受教育程度为大专或本科的人群所占比例最高，为 40.5%。家庭组成结构方面，44.5% 的家庭是三口之家，所占比例最高。从家庭收入上看，有 50 个人的家庭人均月收入低于 1560 元，占受调查对象总数的 14.6%；家庭人均月收入为 1560~3400 元的被调查居民数量最多，比例为 38.9%；其次是人均月收入为 3400~5000 元的被调查居民，比例为 22.8%。受调查对象居住在白纸坊街道辖区的时间超过三年的比例为 91.7%。

表 1　调查样本基本情况

单位：份

性别	男			女		
	145			210		
年龄	25 岁及以下	26~35 岁	36~45 岁	46~55 岁	56~65 岁	65 岁以上
	12	57	63	70	62	85
户籍	本市户籍	本区户籍	居住证	暂住证	居住半年以上，但未办理任何居住证件	外籍
	177	147	12	7	1	1
职业	在职职工	个体工商户	公司白领	机关事业单位职工	商业服务业员工	自由业者
	275	10	4	11	5	17
	私营企业主	专业技术人员	公务员	下岗失业人员	其他	
	5	4	1	12	5	
学历	硕士及以上	大专或本科	高中或中专	初中	小学及以下	
	12	139	133	53	6	

续表

家庭人数	四口以上	四口	三口	两口	一口	
	68	61	153	53	9	
家庭人均月收入	650 元以下	650～1560 元	1560～3400 元	3400～5000 元	5000～10000 元	10000 元以上
	13	37	133	78	69	12
本社区居住时间	三年以上		一年到三年		一年以下	
	275		22		3	

注：回收问卷中，全部题目漏答率在15%及以下，判定为有效问卷。由于题目漏答，表中对各属性的汇总统计数存在不一致并且小于有效问卷数的情况。

二 社区服务满意度：总体满意度达53.2%

1. 社区服务的总体满意度：53.2%的受访者表示满意

对于社区公共服务的总体满意度，53.2%的受访者选择"好"，39.7%的受访者认为"一般"，4.4%的受访者认为"不好"，还有2.7%的受访者表示"不清楚"。

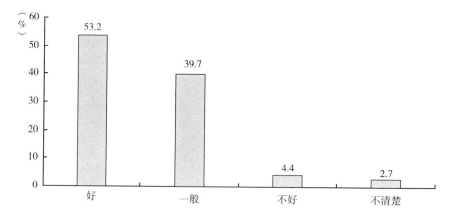

图1　白纸坊街道社区公共服务需求人员总体满意度构成

2.分社区服务满意度：半步桥社区、新安南里社区和清芷园社区满意度最高

在白纸坊街道 18 个社区中，满意度位居前三的是半步桥社区、新安南里社区、清芷园社区，其居民认为社区服务好的比例分别为100%、89%、83%。

进一步分析 13 项细分服务内容的满意度评价，加权汇总之后的社区排序：排名前三的是半步桥社区、清芷园社区、新安南里社区，得分均超过 4.1 分。

汇总以上两项可以看出，半步桥社区、清芷园社区和新安南里社区同时进入前 3，是 18 个社区中居民满意度最好的社区。而双槐里社区和平原里社区在两项排位中均靠后。

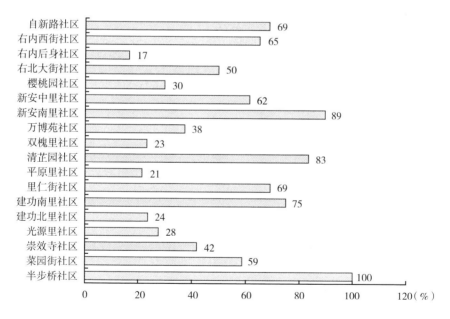

图2　白纸坊街道18个社区的公共服务满意度排名

3.社区居民对居委会服务最满意

调查显示，白纸坊街道 18 个社区公共服务内容评价中，调查对

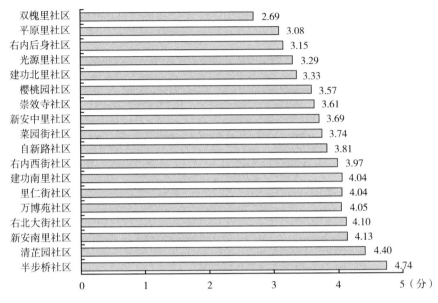

图3　白纸坊街道18个社区13项细分项目评价得分

象对社区的"居委会服务"最满意，均值为4.42。对"停车条件"评价最低，均值为2.88。

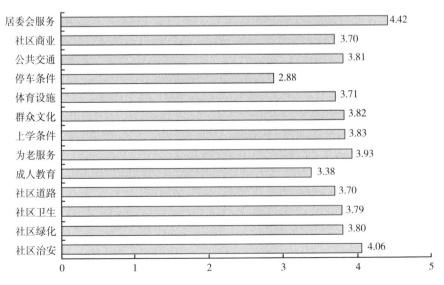

图4　白纸坊街道社区公共服务内容评价情况

三 社区存在的问题：停车不方便最受关注

"居民停车不方便"是社区居民最关注的问题。在社区存在问题的20个选项中，90.4%的居民认为白纸坊街道的社区应在"居民停车不方便"的问题上加大工作力度。紧随其后的严重问题依次是"健身活动场所和设施不足"（53.4%）、"公共文化场所缺乏"（52.1%）、"托儿所、入学难"（46.2%）以及"社区环境脏乱差"（40.8%）。

此外，统计每个社区排名前三的问题分布，较为一致的结论是，17个社区均将"居民停车不方便"列为社区问题的首位。

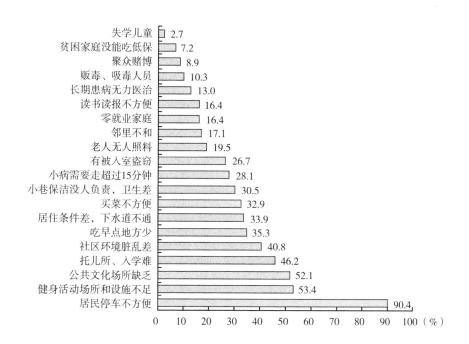

图5 白纸坊街道社区居民反映的主要问题

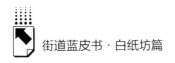
四 受访者家庭问题：住房紧张最为严重

对受访者家庭自身而言，"住房紧张"是最突出的问题。49.0%的人认为"住房紧张"，希望改善住房条件，所占比例最高。其他进入前5位的问题分别是"养老不便"（25.5%）、"缺乏公共活动场所"（25.5%）、"缺少健身锻炼"（21.7%）和"就学不便"（21.4%）。

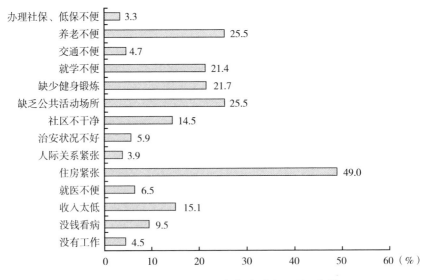

图6 白纸坊街道社区受访者家庭问题调查情况

五 社区服务匹配度分析：物业服务需求度最高

调查显示，居民对社区公共服务的需求意向较为一致，"物业"（71.3%）、"养老服务"（58.8%）、"法律咨询"（36.4%）、"幼儿园"（35.5%）、"家庭医生"（35.2%）是获选数量最多的5个项目。

在社区可以提供的服务项目中，选择比例最高的是"法律咨询"（70.9%），其他排在前五位的分别是"物业"（67.9%）、"就业指导"（59.0%）、"养老服务"（59.0%）和"社区医疗"（54.5%）。

而关于服务项目的供需配比方面，"幼儿园""代缴水、电、天然气费""孩子放学接送托管""病人看护""家庭医生""托儿所"均处于缺口的状态。相比较看，"幼儿园"要高于其他几项，成为缺口最大的项目。

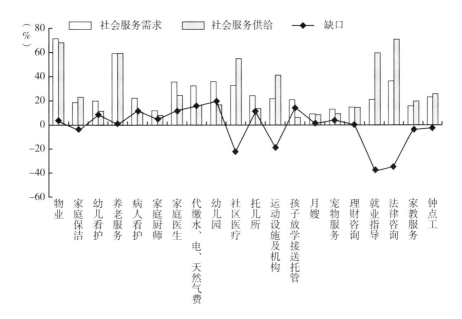

图7　白纸坊街道社区公共服务项目供需对比

此外，除了前面列出的标准选项外，调查问卷还设置了让被调查者可以自主填写的重点问题，经过关键词归并之后，老年服务和危房改造等问题也被多次提及。

六　社区养老：居家养老仍为主导模式

1. 居家养老仍是社区养老模式的主导

随着中国老龄化社会的到来，养老问题成为人们热议的话题。其中，传统家庭养老的形式在我国有着悠久的历史，根基深厚。调查结

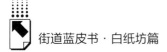

果显示，受访者选择"居家养老"的比例是 63.1%，其次是选择"老年公寓"的为 33.3%，选择"敬老院"的最低，为 12.5%。

2. 养老服务项目需求最多的是紧急救助呼叫系统

调查显示，白纸坊街道社区受访者对养老项目需求最多的是"紧急救助呼叫系统"，需求比例为 68.4%。其次是"老年食堂"和"家庭医生"，需求比例分别是 63.0% 和 56.0%。其他的依次是"基本体检"（44.6%）、"专人指导"（33.4%）和"家庭保姆"（27.1%）。

3. 重点群体养老项目需求分布

社区养老直接对象是年龄大于 55 岁的人群，他们对养老项目具有较高的关注度。调查显示，这个年龄段的重点群体对养老模式的需求主要是"居家养老"，比例为 68.4%。重点群体选择"老年公寓"的比例达 27.1%，低于全体样本。

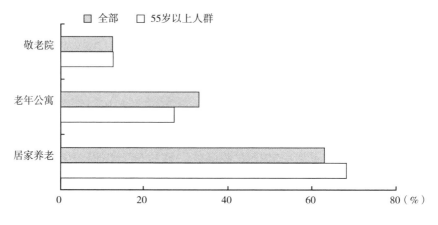

图 8　养老模式需求情况

重点群体在养老项目需求上，除"紧急救助呼叫系统"、"老年食堂"和"基本体检"外，其他均低于全部样本；此外，在 6 个养老项目需求中，重点群体与全部样本群体对"紧急救助呼叫系统"的关注程度都很高。

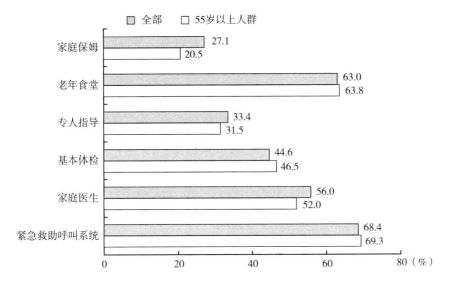

图9 养老项目需求分布

七 基本数据结论与对策建议

（一）数据结论

1. 公共服务满意度总体较高，但发展不平衡

53.2%的受访者对于白纸坊街道社区公共服务表示满意，只有4.4%的受访者表示不满意。也就是说，九成以上的居民对社区公共服务总体上是满意的。其中，对居委会服务的满意度最高，半步桥社区、新安南里社区和清芷园社区是居民满意度最好的三个社区。但部分社区由于基础条件较差，与半步桥等先进社区的满意度相比有一定差距。

2. 停车条件差是社区居民反映最突出的问题

在社区存在的主要问题方面，停车不方便、健身活动场所和设施不足、公共文化场所缺乏问题最受关注，其中 90.4% 的居民关注停车不方便的问题。在白纸坊街道 18 个社区中，17 个社区均将"居民停车不方便"列为社区问题的首位。

3. 社区居民对于改善住房条件的愿望最强烈

对于受访者家庭自身而言，"住房紧张"是最突出的问题。相对于"养老"（25.5%）、"公共活动场所"（25.5%）、"健身锻炼"（21.7%）和"就学"（21.4%）等需求，有近半数的受访者（49.0%）认为"住房紧张"问题最突出，希望改善住房条件。

4. 居民对物业服务的需求度最高

在对社区公共服务需求进行调研时，有七成以上的受访者选择了"物业"（71.3%），其次是"养老服务"（58.8%）、"法律咨询"（36.4%）、"幼儿园"（35.5%）、"家庭医生"（35.2%）。从服务项目的供需配比方面看，"幼儿园"是缺口较大的领域。这集中体现了老旧小区较多社区的公共服务特点。

5. 居家养老仍是养老模式的主导，但要重视社区和机构养老

超过六成的受访者选择"居家养老"（63.1%），但也有 1/3 的受访者选择"老年公寓"（33.3%），还有一部分选择"敬老院"养老。这与北京市"9064"①的格局有很大的不同。这种情况说明，白纸坊地区老旧小区多、居民住房困难的问题比较突出，养老模式的选择也要适应这一特殊情况，进一步加大社区养老和机构养老设施的建设。

（二）对策建议

以社区需求为导向定位社区公共服务性质。社区公共服务属性的

---

① 所谓"9064"养老模式，即90%的老年人在社会化服务协助下通过家庭照顾养老，6%的老人通过政府购买社区照顾服务养老，4%的老年人入住养老服务机构集中养老。北京市2009年发布的《关于加快养老服务机构发展的意见》中提出过"9064"的设想。

定位对社区公共服务的发展方向起着决定性的作用。社区公共服务要一改以往"自上而下"的服务方式，要从居民的需求出发"自下而上"地解决问题。社区居民是社区公共服务的主要对象、主要目标，居民的需求决定着社区公共服务的内容、方式和重点。调查数据显示，白纸坊街道居民最大的问题依次是住房紧张、养老不便、缺乏公共活动场所。而居民最希望提供的社区公共服务集中在停车不方便、健身活动场所和设施不足、公共文化场所缺乏。社区公共服务应从社区的需要入手，并坚持其福利性发展方向。

建立多元化社区公共服务供给模式。以需求为导向，建立社区公共服务的多元化供给模式是解决目前社区服务供给不足、服务质量不高等难题的有效途径。公共服务产品应由国家、企事业单位和个人共同提供，其中社会保障、公共安全、医疗卫生等应由国家直接生产或者出资购买；公共交通、老年人服务等可以在国家给予优惠政策的前提下由企事业单位和个人提供。对于一些专业性的服务，采用志愿者的服务机制，并引导和发展社区社会组织参与公共服务，根据居民的需求提供服务，提高供给效率。

重视对空巢或独居老人的关爱，加强公共养老基础设施的建设。受访者中年龄大于 55 岁并且家庭人口数小于等于 2 的，共计 140 人（户），占到全部受访者的 38.8%。这说明，白纸坊地区空巢或独居老人在老年人口中所占比例较高。这些人中 96.8% 的人在本社区的居住时间在三年以上，近半数的人人均月收入为 1560 ~ 3400 元。结合受访者对养老项目中"紧急救助呼叫系统"（68.4%）、"老年食堂"（63.0%）、"家庭医生"（56.0%）和"养老公寓"（33.3%）的需求，说明在居家养老、社区养老的基础上，白纸坊地区养老服务应适当突破"9064"的格局，增加机构养老的比例，加大公共养老基础设施的建设。

理 论 报 告
Theory Reports

B.4

公共治理视野的城市老旧
小区物业管理研究

—— 以北京市西城区白纸坊街道为例

摘　要：　作为计划经济时期和计划经济向社会主义市场经济过
渡期我国城市住宅的一种重要形态，老旧小区承载着
社会经济转型的历史包袱，其物业管理在某种程度上
具有公共用品的性质，属于准物业管理，与商品房小
区专业化、规范化和市场化的物业管理有着明显的差
别。政府作为公共管理的主体，应该是改革成本和历
史包袱的主要承载主体，在治理老旧小区生活环境、
提升老旧小区居民生活质量方面负有责任；而产权单
位和居民作为小区物业管理的受益方同样负有天然的
责任。因此，老旧小区准物业管理本质上是政府、居

民、企业或机构共同参与的一个公共治理过程。本报告以北京市西城区白纸坊街道实行准物业管理的实践为例，从公共治理的角度对老旧小区管理进行剖析，提出进一步提升老旧小区物业管理水平的若干建议。

关键词： 公共治理　老旧小区　物业管理　白纸坊街道

城市老旧住宅小区是中国特色城市化进程中一个非常特殊的产物。作为计划经济时期和计划经济向社会主义市场经济过渡期我国城市住宅的一种重要形态，老旧小区建成时间久、存量规模大、涉及群体多、规划设计落后、配套设施欠账多，已经成为当前城市治理中矛盾突出、社会关注度极高的重点领域。如何从理论上梳理老旧小区物业管理的脉络，厘清政府、市场及居民的管理责任，在实践上找准各方介入的切入点，完善治理体系，有效提升老旧小区居民的生活质量，成为推动实现城市治理现代化的重要课题。

一　公共治理的核心是公共用品（服务）的供给

（一）公共用品的生产与供给

社会用品（服务）一般因供给对象而分为三种类型：一是纯公共用品，二是纯私人用品，三是介于公共用品与私人用品之间的混合品（准公共用品）。不同的用品有不同的供给主体，也有不同的供给方式。纯公共用品是指那些具有非竞争性和非排他性的、为整个社会所共同消费的用品与劳务。这些用品在消费上属于利益共享的用品，任何人都不能独占，由众多的消费者共同享用。纯公共用品一般由政府提供。私人用品有明确、法定的使用边界，具有完全的竞争性和排他性。在私有制社会私人用品一般由市场供给。混合型的公共用品就是所谓准公共用品，在公共用品和私人用品之间，兼具公共用品和私人用品属性的用品。准公共用品也是"公共用品"，但与"纯公共用品"相比，这种"公共性"是有特定的范围与限度的。在一定的限度内，对该用品的消费具有非竞争性和非排他性，超过这个限度与范围的消费则是竞争性和排他性的。

公共用品的生产和供给主体应该是多元的。事实上，对所有人类有意义的纯公共用品非常有限，世界上绝大部分公共用品是相对的，相对于一国、一省、一市、一区、一街道、一社区、一小区或一栋楼，公共用品的消费范围越小，局限性越大，排他性、竞争性越强，每一个个体对生产、提供这种公共用品的责任也就越大，参与提供的方式也就越直接。

在现代市场经济条件下，公共用品的生产和供给一般有三种方式，一是"公共生产＋公共提供"。由公共部门生产出公共用品（包括物品和劳务），再由公共部门向社会免费提供。政府行政部门为社会提供的公共劳务或服务主要采用"公共生产＋公共提供"的方式来供给。二是"私人生产＋公共提供"。公共提供的公共用品先由私人部门生产出来，由政府购入后向社会提供。例如，国家电视台播放的公益电影、广告可以由私人制片商拍摄，由政府购买播放。三是"混合生产＋混合提供"。有些准公共用品既可以由公共部门直接生产，也可以由私人部门生产，然后政府以补贴等方式承担公共义务，以低价或一定的价格标准向社会收费提供，例如，自来水、医疗用品、道路桥梁等。

（二）公共用品供给模式的变迁

从上述分析可以看出，公共用品的生产与供给并不是一个单纯的排他性选择，它更强调的是多元化主体和手段的协调与优化配置。围绕公共用品的供给，协调政府、市场、社会的关系，优化配置各方资源，实现供给效率最优化，是公共治理模式选择的根本。

从历史上看，公共治理模式经历了一个由早期单纯的政府供给逐步走向合作供给的过程，主要有三种供给模式。

一是传统的政府供给模式。18 世纪以来，经过 100 多年的发展，西方发达资本主义国家逐步走上了福利国家的道路，政府被称为"超级保姆"，公共用品基本上是由政府独家提供。第二次世界大战以后，由于政府职能无限扩张，机构臃肿，效率低下，政府预算赤字和债务迅速增长，这种单纯由政府提供公共用品的方式逐步遭到公众和学术界的质疑。面对政府"失灵"现象，新公共管理理论开出的药方是，在维护政府主体的基础上引入市场机制，弥补政府供给模式的不足，发挥市场机制的作用，提高公共用品的使用效率[①]。但是市场在面对公共事务时，由于其天然的逐利本性与公共用品特性存在冲突，会出现失灵，仍然无法有效调配资源。

二是社会自主供给模式。新公共管理理论在政府供给主体不变的框架下研究公共用品供给的市场机制，无法解决市场失灵的问题。制度分析学派把研究视角由政府转移到社会中来，探索社会机制在公共用品供给中的作用，研究"相互依赖的委托人如何才能把自己组织起来，进行自主治理，从而能够在所有人都面对搭便车、规避责任或其他机会主义行为诱惑的情况下，取得持久的共同收益"，从而实现一种"无政府的供给"[②]。这种模式把社会组织作为一种供给主体来与政府一起参与公共用品的供给，寄希望于通过社会的协商、合作形

---

① 蓝志勇、陈国权：《当代西方公共管理前沿理论述评》，《公共管理学报》2007 年第 7 期。

② 〔美〕詹姆斯·罗西瑙：《没有政府的治理》，江西人民出版社，2001。

成一种约束机制和行为规范，以社区自治的模式来提供更接近公益的公共用品，构建一种多中心的治理结构。

三是多元合作的供给模式。作为一种理想化的社会协调模式，社会自主供给模式在国家主导的社会环境中很难具有实践意义。伴随着治理实践的深入，多中心治理的供给模式开始进入人们的视野。多中心理论强调公共用品供给中多个决策中心的重要性。该理论主张在公共用品供给中，把政府、社会和市场都作为对等的供给主体来看待，充分发挥三种机制的作用，通过对公共资源的调配，实现公共部门和私人部门的合作供给，保证治理的最佳效果。

（三）公共治理的基本特征

实际上，公共用品的多元合作供给模式就是一种公共治理的模式。这种模式要求融合政府、市场和社会三种机制的优点，把国家－社会、政府－市场、公共部门－私营部门等各种主体和手段有效地整合在一个体系内，构建一种多层次、网络化和动态的合作供给框架，保证公共用品供给的最优结果。因此，公共治理的基本内涵包括：协商式的管理过程，多元主义的合法性保障，制度保障治理的秩序，以网络增强适应性和弹性，打破二元划分、以善治为结果（见表1）。其具有"四化"特点。

表1　公共治理的内涵

分项	内涵
协商式的管理过程	治理包含物质的生产与服务传递，与管理密切联系，传统治理的管理活动是掌舵，而新治理理论的管理活动既包含掌舵，又包含协调、谈判与合作等复杂管理。在治理过程中，政府作为参与者之一，也许不再充当领航者的角色，与其他伙伴构成平等的伙伴关系

续表

分项	内涵
多元主义的合法性保障	多元包含治理主体的多元化、权力的多中心化两层含义。治理不是政府"唱独角戏"的模式,而是社会组织广泛参与,从国际层面到社区组织层面、从官方(政府)到非官方(私人与非营利组织)。治理与分权相互联系,没有分权就很难形成治理。主体的多元化易形成多个权力中心,多个权力中心的竞争,有助于克服权力垄断所带来的弊端,增强治理的合法性
制度保障治理的秩序	治理的过程是一个集体行动过程,参与者必须在制度约束的框架内行事。与传统制度不同的是,治理框架下包含大量的非正式制度,政府组织、私人部门以及半官方组织最后所达到的协议既可以是书面的,也可以是口头的;既可以是法律文件,也可以是不完全的契约;既可以是严谨的条款,也可以是松散的关系
以网络增强适应性和弹性	网络性是指行动者之间以及不同行动者所组成的组织之间,打破了传统的垂直与水平的关系,形成了错综复杂的网状结构,网络中各节点互动频繁,共同适应外部环境的变化,形成一种权变式的管理
打破二元划分,以善治为结果	治理打破了传统的二元划分方法,公共部门与私人之间的边界变得模糊,彼此在行动体系中形成伙伴关系;政府与社会之间相互整合,合作性的政策制定,参与式决策越来越普遍;市场与层级之间的差异在消失,网络结合了市场与层级之间的优势,弥补了前两者的失灵。"不管白猫黑猫,抓住老鼠就是好猫。"打破二元划分解除了部门间、层级间和主体间的限制,为实现效率和公平的善治铺平了道路

第一,多元化的治理主体。公共治理是一种公共管理机构体系,包括政府和多种公私机构等,除了政府是公共治理的主体外,其他国际组织、公民社会组织、私人部门和公民个人都可以成为多元主体中的一员。公共治理已不再是传统的二分法的构成方式,更多的是强调政府与其他社会组织的合作关系,在社会公共服务和社会公共事务管理方面存在多个主体,全面发挥作用。

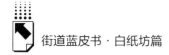

第二，多中心网络化的治理结构。公共治理的主体呈现网络化分布，主体有多个权力中心，政府的权力主导作用已越来越弱化。治理主要通过确立合作、伙伴、协调关系，形成共同的实现目标，通过上下互动的管理过程，对公共事务进行管理，以建立有市场原则和公共利益的合作关系。公共治理是网络式的多元互动模式，而非单一的、自上而下的运作过程，其权力运作和管理机制所依靠的不是强制性的政府权威，而是合作式的治理网络，它的运作逻辑以双方友好谈判为基础，着重互动与协作。

第三，合作化的治理机制。公共治理的实现机制已不再单纯依靠政府的规制权威，更多的是依靠多元主体间的互惠与诚信。在治理过程中，公共治理越来越重视吸纳相关专家学者、关心公共事务的组织与个人以及利益相关方等的参与与互动，以逐步形成良性合作的价值观念，建立友好合作的伙伴关系，通过多元主体间的相互协作实现对公共事务的治理。

第四，多样化的治理手段、方法。公共治理是通过一些传统的法律、政治规制性手段、市场机制调节的经济手段、灵活多样的创新性社会文化教育手段对社会公共事务进行综合管理。它区别于传统的政府管理模式，在政府与非政府组织、公共机构与私人组织之间，通过诚信合作，共同承担权力主体权益，运用多元化的管理方式，实现共同利益最大化。

二 基于公共治理的老旧小区准物业管理

（一）城市老旧小区管理具有准公共性

老旧小区是指建设标准较低、设施设备落后、功能配套不全、没有建立长效管理机制、经过一段时间使用已无法满足现在居民生活需要的小区。北京市的界定标准是"1990年（含）以前建成的、建设标准不高、设施设备落后、功能配套不全、没有建立长效管理机制的老旧小区（含单栋住宅楼）"①，部分20世纪90年代后建成的落后的小区也属于老小区的范畴。

一般而言，在配套齐全、物业产权边界明确的商品房小区，其物业管理属于为特定群体服务的私人用品（服务）范畴，应该由市场或特定受益人群自己供给。对于老旧小区，由于种种原因，小区配套的公共设施先天不足，公共管理由于过渡期的特殊情况而后天失调。以白纸坊街道为例，主要体现在以下几个方面。

第一，老旧小区公共设施普遍老化或缺失。一是超期服役现象严重。有些楼房是20世纪五六十年代建造的，早已超过当初设计使用年限，现在已经远远不能满足人们的居住需要。例如，自新路社区永乐里1号楼已经出现了地基下沉的现象。许多简易楼的上下水和公共卫生间设施比较简陋，而且没有厨房，外墙只有24厘米厚，有的还是空斗墙，保温效果很差。二是房屋屋顶破损，水暖管线不同程度的腐蚀，甚至没有电热气暖等基础设施，严重影响居民的生活。以双槐里社区为例，该小区共有楼房16栋，住户1438户，其中私房887户，公房551户（非政府直管公房），管房面积78240平方米。这些楼房屋顶、屋面渗漏严重，上下水管线破损槽朽严重，爆裂、堵塞等现象频繁发生。仅2008年做防水面积为2121平方米，更新上下水管线21处300多米。三是绿化面积较小，档次低。例如，宏建南里小区、南横西街92号院、造纸厂小区等老旧小区面积小，基本没有绿地。在有绿地的小区中，绿地面积不大、档次比较低的现象普遍存在。四是居民体育健身和文化活动空间较小或者缺失。例如，菜园街

---

① 《北京市人民政府关于印发北京市老旧小区综合整治工作实施意见的通知》（京政发〔2012〕3号）。

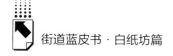
社区平房较多，房屋之间的距离很近，没有空间配备健身和文化器材设施。

第二，老旧小区公共安全存在较大隐患。一是消防设施设计标准低，绝大部分老旧小区缺乏专用消防泵和消防控制柜，加上物业管理的缺失，消防设施自然损坏、人为破坏和被盗现象严重，消防安全隐患很多。二是随着私家车的日益增多，大部分社区机动车停车位数量不能满足居民需要，出现了停车大量占用便道和消防通道的现象，既影响居民出行，又存在严重的安全隐患。三是很多简易楼房和平房没有暖气，冬季主要用炉火或电暖器取暖，煤气中毒、电器火灾隐患也相当严重。

第三，产权不明晰导致管理缺位。老旧小区的住房普遍存在产权形式多样化的特点。住房产权的形式主要有全产权商品房、回迁房、房改售房、居民承租房、农转居的承租房等。住房主要有房管局管理的公产房，各市政设施部门、邮局、银行、区属商业单位所有的房产，中央、市属、区属单位产权的房产，居民个人产权房以及托管房等。由于企业改制、机构改革以及住房制度改革等，老旧小区的房屋产权状况异常复杂。有的一栋楼就有多家产权单位，一部分老旧小区的产权单位已经破产或转制，在转制过程中又没有明确约定所管理的房屋后期如何进行管理，目前也没有相关的法律规定对上述房屋的产权问题做出明确规定。因此，这些房屋处在无人管理的状态，只能由社区居委会进行管理，而社区居委会是居民自治组织，没有行政权，只能维持小区的基本环境卫生。

分析这些问题产生的原因，一是历史因素，老旧小区大多数建成于国家住房分配制度商品化的改革之前。老旧小区是按照当时的规划与设计标准建筑施工的，主要是解决居住无房的问题，对于居住的质量、生活的品质等问题关注较少，配套标准极低。

二是制度因素，比如，老旧小区在建设完成时没有预留相应的维修费用或由于年代久远维修费用已经用完，小区需要维修时费用不能到位。

三是体制因素，近年来，随着直管公房经营管理体制改革和单位后勤社会化改革，其中部分老旧小区已经"转制"，委托物业进行专业管理。但物业管理是完全的市场化模式，老旧小区基础设施老化，历史欠账太多，加之收费困难，物业公司一般不愿意进驻。因此，老旧小区问题是社会大环境的产物，在本质上属于社会公共事务，具有一定的公共属性，政府在解决老旧小区物业管理问题上负有不容推卸的责任。

（二）老旧小区不具备实施商业化物业管理的条件

老旧小区的问题具有某种公共性的特质，那么是不是就意味着政府是老旧小区物业服务的唯一提供者呢？回答是否定的。从公共治理的角度来看，政府是纯公共用品的提供主体，在老旧小区问题上，政府只负责解决历史性、制度性、政策性问题，当这些问题解决以后，作为居民小区，商业化的物业管理才是最终的、可持续的出路。

实行物业管理是城市治理现代化和提升居民生活质量的必然要求。物业管理是伴随着国家房地产产业、住宅产业的逐步兴起而发展起来的一种新型服务业。随着人们生活水平的提高，人们对居住环境、生活质量、安全防护等的要求也越来越高，在新旧住宅中推行物业管理制度是现代城市管理的必然趋势。但是，物业管理公司作为一个独立的法人实体和市场主体，追求的第一目标是利益最大化，所提供的物业服务是一种商业行为，要秉承等价交换和质价相符的原则签订法律合同，所有的服务标准和内容都要严格按照合同约定的条款进行。在处理老旧小区公共设施维护方面，单纯商业化的物业管理和服务目前还不能解决实际问题。原因有如下几点。

第一，老旧小区物业基础差，公共设施和公共服务欠账多，不具备实施商业化物业管理的条件。如前所述，既然老旧小区的问题具有准公共性的特质，那么对老旧小区的管理绝对不能只是单纯地依靠市场化、商业化的物业管理模式进行。

第二，老旧小区居民不愿意"花钱买服务"。多年来，居民受计划经济体制的影响，习惯了固有的住房福利制度，无偿享受服务的传统观念根深蒂固，认为房管所或产权单位的房产管理部门无偿提供物业管理理所应当，对于付费的物业管理不习惯、不认可，甚至拒绝交费或由单位承担。根据房改房的相关政策，白纸坊老旧小区的物业管理收费项目共有13项，房屋使用人只需要缴纳保安费和卫生费这两项费用每年共84元即可，尽管如此，许多物业公司仍然无法足额收缴。

第三，老旧小区物业体制复杂，不同体制的多头物业管理并存。由于住房产权呈现多样化特点，同一个小区内不同产权的物业有不同的管理模式，主要有"房管局直管公房"物业管理公司、"单位自管房"物业管理公司，还有居委会或家委会、社区管理单位、商业网点单位、市政设施单位等物业管理形式。不同体制的物业管理形态很难靠商业化物业管理来实现整合。

第四，老旧小区违法建设现象比较严重。如白纸坊北里小区，始建于20世纪60年代，多为三层筒子楼，楼房周边全是居民搭建的煤棚，后又改建为房屋，用于自住或出租，环境十分脏乱。再如，育新街监管局的平房区以及光源里、半步桥胡同里的平房多有扩建和加盖二层行为，这一现象在简易楼房区和平房区较为普遍。商业化物业管理机制无法处理类似问题。

第五，现有物业管理体制不顺畅。很多老旧小区的物业管理公司是由原来单位的房管部门转制形成的，知识、技术和管理方法的不专业，对现代化的物业管理观念理解不深，导致提供的服务不到位。还有很多开发商遗留的问题都转嫁到物业公司身上，物业无能为力，导致物业和业主关系紧张，自然难以提供优质的服务。

（三）准物业管理是老旧小区公共治理的现实模式

如前所述，在老旧小区治理问题上，政府不可能大包大揽，市场化的物业管理条件不成熟，从公共治理的三大主体来看，社会的介入是最佳选择。在实践中，以社区为主体，在政府的支持下，整合社会、市场和居民的力量，引入物业管理的手段对老旧小区实行准物业管理，以北京市门头沟区大峪街道月季园一区为例，2012 年街道投资对小区进行了节能、绿化、停车、路面、管线、安全和服务等基础设施改造，在此基础上试点推行了老旧小区准物业管理"四六三"模式，即"四级负责、六有标准、三位一体"。

"四级负责"是建立由街道准物业管理领导小组、街道地区物业、社区准物业管理事务所、社区物业管理委员会组成的准物业管理领导机构。其中，街道准物业管理领导小组负责全面统筹社区准物业管理工作。街道地区物业（社区服务中心）牵头负责为社区聘请专业对口服务公司，提供全方位的准物业化服务。准物业管理事务所（社区服务站）负责监督管理停车问题、公共环境保洁、绿化养护、治安防范、设施维修、个性化需求服务。物业管理委员会负责对专业公司及人员工作进行监督。"六有标准"是结合居民最现实、最迫切、最关心的社区物业管理问题，确定老旧小区准物业管理"六有标准"，即"有停车管理、有治安防范、有公共环境保洁、有绿化养护、有公共设施维修、有个性化需求服务"。"三位一体"是通过"外包＋自治＋平台"为小区找好新管家。管理项目外包，停车管理、治安防范和绿化养护项目外包给专业公司提供规范管理；服务项目自治，公共环境保洁项目通过社区公益性岗位人员负责管理，社区制定服务标准，选用责任心较强的人员进行保洁工作；专业项目平台支撑，通过政府 61696156 为民服务热线的合作企业，为居民提供维修、维护等专业项目服务，借助政府热线对合作企业进行监督和评价，保证服务资源和服务质量。

通过"四级负责"机制和"外包＋自治＋平台"的管理模式，形成了层层监管、层层落实的工作格局，有效保证了准物业规范管理和服务质量，提升了居民的认可度，也调动了社区居民的参与热情，社区环境、绿化、治安和停车管理工作水平有了较大提升，小区环境整洁、停车有序、设施完善、居民满意。

在这个案例中，政府（街道办事处）扮演了小区基础设施改造投资、组织建立物业管理机构、制定管理标准并加以监管的角色；社区作为小区准物业管理的主体，承担着业主委员会和物业管理组织的双重职能，具体组织物业管理活动，选聘服务项目承包商等；小区业主通过社区来参与对小区的管理。这种模式满足了老旧小区居民的服务需求，解决了老旧小区的实际问题，体现了公共事务公共治理的理念，是提升老旧小区管理水平的一个现实选择。

三 白纸坊街道实施老旧小区准物业
管理的实践探索

（一）白纸坊街道住宅小区特点

截至 2014 年 4 月，白纸坊街道辖区共有住宅小区 135 个，其中楼房住宅区 124 个，住宅楼 435 栋，建筑面积约为 388.64 万平方米。街道的住宅小区大多规模比较小，建筑面积在 5 万平方米以上的小区数量为 20 个①，占楼房住宅区的 16.1%；1990 年前建造的老旧小区

---

① 5 万平方米以上的住宅小区：万博苑、华龙美钰、万和世家、恬心家园、圣都大厦都市晴园、樱桃园小区、天缘公寓、荣宁园、中华家园、建功南里小区、未来家园、清芷园、新安中里小区、右内西街甲 2 号院、右内西街甲 10 号院、平原里小区、平原里 21 号楼、信建里小区、双槐里小区、里仁街 6 号院。

75 个，占楼房住宅区的 60.8%。

按照物业管理形式，135 个住宅小区分为以下五类。

一类为商业开发、物业企业管理规范的小区，共 16 个，住宅楼 58 栋，建筑面积 141.26 万平方米，占街道楼房总住宅面积的 36.3%；二类为产权单位明晰、有物业管理的小区，共 41 个，住宅楼 174 栋，建筑面积 125.57 万平方米，占街道楼房总住宅面积的 32.3%；三类为产权单位明晰、物业管理不到位或缺失的小区，共 55 个，住宅楼 148 栋，建筑面积 98.85 万平方米，占街道楼房总住宅面积的 25.4%；四类为多产权单位、无物业管理的小区，共 12 个，住宅楼 53 栋，建筑面积 21.39 万平方米，占街道楼房总住宅面积的 5.5%；五类为平房区，共 11 个。

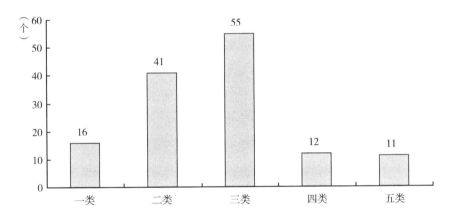

图 1　白纸坊街道小区分类

总体上看，白纸坊街道住宅小区具有以下几个特点。

一是大部分住宅小区建成较早。白纸坊街道 1990 年前建设的住宅小区共有 75 个，占总数的 60.8%，这些老旧小区存在很多的物业管理问题，能否解决这些问题是提高街道物业管理整体水平的关键。

表2 按建设年代划分的楼房住宅小区

单位：个

类别＼年代	2000年以后	20世纪90年代	20世纪80年代	20世纪70年代	20世纪60年代	20世纪50年代	合计
一类	12	4	0	0	0	0	16
二类	7	15	5	7	1	6	41
三类	1	9	15	10	5	15	55
四类	0	1	5	2	3	1	12
合计	20	29	25	19	9	22	124

注：此表只统计楼房，第五类的平房区不计入此表。

二是住宅小区规模普遍较小。白纸坊街道5万平方米以下楼房住宅小区104个，占83.9%；5万平方米以上、10万平方米以下楼房住宅小区15个，占12.1%；10万平方米以上、15万平方米以下楼房住宅小区3个，占2.4%；15万平方米以上楼房住宅小区2个[①]，占1.6%。

三是物业服务覆盖率较小。白纸坊街道辖区范围内住宅物业服务管理企业40家，一级企业8家，二级企业9家，三级企业23家，共管理项目57个，占楼房住宅小区的46.0%。

表3 各等级物业服务企业数量、管理项目、面积情况

企业等级	企业数量（家）	企业占比（%）	管理项目（个）	项目占比（%）	建筑数量（栋）	管理面积占比（%）
一级企业	8	20.0	13	10.4	49	9.1
二级企业	9	22.5	11	8.8	60	28.8
三级企业	23	57.5	33	26.4	123	31.1

另外，由北京宣房投资管理公司三分部管理的住宅小区15个，61栋楼，管理面积占7.3%；由单一产权单位管理的住宅小区40个，

① 即清芷园小区、平原里小区。

87 栋楼，管理面积占 18.1%；由多产权单位管理的住宅小区 12 个，53 栋楼，管理面积占 5.5%。

（二）白纸坊街道物业管理存在的主要问题

据对辖区 16 家一类小区物业企业的调查结果，物业企业的生存状况普遍不容乐观，绝大多数企业都处于勉强维持生存或者小幅亏损需由其他项目补贴的状态（见表 4）。一些物业企业已小幅进行裁员维持生存，甚至有少部分企业已流露出撤管的想法。造成这种状态的原因也是多方面的，既有企业自身存在的问题，也有相关管理部门对此类企业重视程度不够的问题，主要包括以下几个方面。

表 4 　一类小区物业企业运营情况

序号	项目名称	物业公司	所属社区	物业费收缴率	运营状况	是否设立业委会	突出问题
1	华龙美钰	北京喜莱达物业管理有限公司第一分公司	万博苑	未收	亏损	否	希望成立业委会
2	万博苑	北京京汉物业管理有限公司	万博苑	89%	微利	是	希望完成业委会换届
3	清芷园	北京三原清芷园物业管理有限公司	清芷园	80%	微利	否	希望解决第三方调解问题
4	远雄大观	北京三原清芷园物业管理有限公司	里仁街	40%	严重亏损	否	运营艰难，有撤管意愿
5	万和世家	均豪物业	右北大街	95%	微利	否	希望解决二期和一期联通开门的问题
6	樱桃园小区	北京陶然康宁物业管理有限责任公司	樱桃园	80%	盈亏平衡	否	希望加强对业主的宣传工作

续表

序号	项目名称	物业公司	所属社区	物业费收缴率	运营状况	是否设立业委会	突出问题
7	恬心家园	北京图澜物业管理有限公司	崇效寺	55%	亏损	否	希望解决周边废品收购站扰民问题
8	圣都大厦/都市晴园	北京都市阳光物业管理有限公司	新安中里	60%	亏损	否	希望政府出资给安装信报箱
9	未来家园	北京宣辉物业责任有限公司	里仁街	40%	严重亏损	否	公司已欠薪近1年,希望帮助解决业主缴费率低的问题
10	北京市公安局半步桥公租房	北京高腾物业管理有限责任公司	里仁街	单位负担	微利	否	希望政府给配置垃圾分类回收设备
11	泰然居	泰然居物业服务有限公司	自新路	80%	亏损	是	希望解决业委会印章更换问题
12	中加大厦	北京迪宇物业管理有限责任公司	建功南里	65%	亏损	否	希望解决项目工业用电转为民用用电问题
13	天缘公寓	北京市天创兴旺物业管理有限公司	建功南里	99%	盈亏平衡	否	希望协助解决电梯超负荷的安全隐患
14	荣宁园	北京盈和物业管理有限责任公司	建功南里	80%	亏损	否	希望解决第三方调解问题

序号	项目名称	物业公司	所属社区	物业费收缴率	运营状况	是否设立业委会	突出问题
15	中华家园	大宅物业	建功南里	85%	盈亏平衡	否	希望加强对业主的宣传工作
16	建功南里	华润置地（北京）物业管理有限责任公司	建功南里	75%	亏损	否	希望政府出资协助治理社区环境

一是行业政策缺失，缺乏必要的价格调整机制。北京市物业收费标准自《北京市普通居住小区物业管理服务收费暂行办法》（京价（房）字〔1997〕第196号）颁布以来，在近20年中一直没有进行过修订。而在这近20年期间，物业企业的各项成本却在快速增长，无论是设备维护费用还是人员工资都使物业公司逐步变得入不敷出、捉襟见肘。

二是物业费收缴难度大，存在部分业主欠费现象。多数小区均存在部分业主欠缴物业费用的现象，物业公司对此类现象也没有太好的解决办法，只能采取反复催缴和做业主思想工作的方式来解决，但效果甚微。如启用司法程序进行追讨，对于物业企业来讲将会面临时间长、成本高、效果差的问题，所以，多数企业只能采取控制内部成本、裁减人员、压缩预算开支的方式，结果导致服务质量下降，业主满意度下降，欠缴率继续提升，最终导致恶性循环。

三是业委会建设不完善，物业与业主缺乏沟通平台。小区管理委员会或业主委员会是物业公司、居委会外的另一个主体，代表业主的利益，反映业主意愿和要求，并监督物业管理公司运作。白纸坊街道16个物业项目中，按要求备案注册的仅有泰然居业主委员会，万博苑小区原业主委员会到期，其余14个项目均因各种原因在现阶段无法成立业主委员会。在成立业主委员会的项目中，业委会的管理情况多少均存在一定问题，未能充分起到管理和制约物业公司的作用；而未能成立业委会的项目，仅有少部分项目由居委会代表居民与物业公司进行沟通及管理，其他大部分项目都是物业公司逐一与业主沟通。目前这种情况导致物业公司与业主的沟通效率极为低下，业主群体很难形成一致性的意见，尤其是在涉及物业费用收取、调整及动用大修基金时这种情况就显得更为明显。业主组织难以到位的主要原因是业主参与公共事务的意识淡薄，业主自我组织能力不强，再加上业主组织没有薪酬吸引力，大多数情况下业主不愿意参与业委会，成立自治组织的积极性不高，如华龙美钰小区，开发商、物业方面均希望成立业主委员会，但业主中没有牵头人发起申请。另外，作为居民与物业沟通的体制性机制——居委会，与物业也缺乏协调机制。社区居委会是基层群众自治性组织，是党和政府联系社区居民群众的桥梁；而物业作为市场化运作的企业，包括数量众多的私企，在物业问题上，这二者缺乏沟通协调机制。

四是物业服务管理水平不均衡。白纸坊街道辖区内物业公司、产权单位、多产权单位、多种物业管理形式并存，管理水平差异性较大。万博苑、万和世家等小区物业服务内容多样，小区管理秩序井然，业主与物业关系融洽；信建里、平原里、双槐里等小区物业管理则相对较差，小区环境、卫生、停车、治安等方面矛盾突出，物业费收缴率低，业主与物业关系紧张。出现物业服务管理水平不均衡这一问题的原因，一方面是物业服务企业管理水平低，物业企业规模普遍偏小、从业人员素质低、管理服务能力弱，以"有治安防范、有维护维修、有绿化保洁、有停车管理"[①]四有为标准，目前大部分小区

[①] 北京市社会办会同住建委等部门制定并印发的《关于开展老旧小区自我服务管理试点工作的意见》中在"社区自治式服务管理模式"中提到"由街道办事处（乡镇政府）牵头，结合老旧小区综合整治工作，指导小区服务管理组织或社区居委会以'有安全防范、有绿化保洁、有维修维护、有停车管理'（四有）为基本目标，创新小区基本物业服务机制"。

只有最基本的保洁、维修服务，且在服务项目、服务质量、服务态度等方面的水平参差不齐，很难满足业主的需求，矛盾纠纷频发；另一方面是老旧小区本身物业基础差，60.8%的房屋在20年以上，陆续进入维修期，房屋硬件条件不好，再加上出租、群租房屋等乱象，物业费缴纳率低，物业管理成本不断上升，业主与物业之间的矛盾日益恶化，陷入恶性循环发展之中。

五是业主的物业消费意识淡薄。计划经济时代政府对房屋管理的"大包大揽"，使得老旧小区的业主在物业消费上缺乏市场化消费观念。物业管理服务是不可分割的公共服务商品，它具有"整体提供、集体消费"的特殊性，整个小区物业是业主共有的财产，需要业主共同去维护，抱着"各人自扫门前雪，莫管他人瓦上霜"的利己心理，长远来看是不利于小区物业管理的。

（三）多元主体共同推动老旧小区物业管理

从白纸坊街道的实际情况出发，针对物业管理存在的问题，街道以老旧小区准物业管理为重点，积极探索多元主体共同参与的物业管理新模式。

1. 加大政府财政投入，提升小区环境品质

街道积极争取资金，加大投入力度，改善老旧小区的基础设施，按计划有步骤地推进老旧小区综合整治。重点工程包括：推进城中村边角地整治工程和房改危改项目；对三条环境较差的胡同进行全面整治；对白广路东里小区进行升级改造；对仍然使用煤炉取暖的部分小区实行"煤改气"改造；临时电改正式电，彻底解决居民用电安全问题和超负荷导致的频繁断电问题；为40幢左右未通天然气的楼房通天然气；进行步道和自行车棚改造，方便居民出行的同时减少自行车的丢失；雨污分流，解决居民雨天出行不便的问题；铺设和修缮坑洼不平的地面，畅通小区内的道路，改善居民出行条件；新建公厕，

改善部分平房区的公厕条件；拆除居民反映强烈的违章建设；清理消防通道和便道上的杂物，改变各种车辆无序停放、随意占用便道的现象，解除消防安全隐患；清洗粉饰建筑物外立面。对37个老旧小区内的172户居民300多间平房进行翻建或修缮，对部分楼道进行内墙粉饰，修整破损楼梯，逐步把楼道中混乱的各种线路，包括有线电视、电话和网络线路进行合理规整，同时美化楼道；重新整修楼道中的窗户，并安装纱窗；清理楼道内乱摆放的杂物；安装、调试声控灯，保障居民特别是老年居民的出行安全。

2. 完善多元治理机制，提升小区"造血"功能

整治工作完成以后，街道办事处转移工作重心，进一步发挥物业管理协会、街道、社区和业主委员会的作用，将前期政府"输血"功能转变为引导小区提升自己的"造血"功能。街道物业指导科作为指导、监督、协调辖区物业管理工作的部门，积极推动建立居委会与物业的定期互动交流机制，将化解物业矛盾的关口前移，使小区物业问题得到及时发现、及时协调、及时解决。在管理模式上，采取灵活多样的后续管理模式。对有一定规模、配套设施又相对独立的老旧小区，指导和组织业主组建业主委员会，由业主委员会来选聘物业企业进行规范的物业管理服务。对那些暂时不具备实行物业企业服务条件的小区，则主要采取准物业管理的模式，由社区居委会作为主体，代表社区居民与专业服务企业签订委托管理和服务合同，或者将社区待业、失业人员组织起来进行自我管理、自我服务，对小区进行相对规范的维修、保洁、绿化服务。

3. 强化培训督查监管，提升物业服务质量

加大培训力度，提高物业企业服务水平。在情况清、底数明的基础上，街道要加强与物业管理企业、产权单位的协调沟通，加大对辖区物业管理项目负责人的培训力度，扩大培训范围和层次。按照"有治安防范、有维护维修、有绿化保洁、有停车管理"的要求，积极编

制老旧小区准物业管理指导手册，进一步明确和细化老旧小区准物业管理的标准。街道要加大督查、指导、宣传、考核力度，建立物业企业信用档案，推行物业管理阳光财务制度，公开物业费收支情况，强化督查，推动企业通过练内功树立诚信服务理念。实行分类管理，推行可供业主选择的菜单式服务，提高物业服务质量。完善街道、居委会、物业、居民沟通交流互动机制和平台，保障多元主体间沟通渠道畅通。

4. 培植小区自治能力，提高业主履职水平

一是强化业主物业消费意识。政府部门加大宣传力度，利用讲座、培训、宣传栏、报纸等形式进行物业政策法规的宣传，引导业主认识到买房是一个持续消费的过程；充分发挥物业管理行业协会的桥梁作用，引导业主形成正确的物业消费意识；物业企业利用多种形式进行广泛宣传，培养业主的"优质优价、等价有偿、价低服务差、价高服务好"和"出多少价钱，享受多少服务"的市场经济消费理念。通过多方协同努力，引导居民正确的物业消费观。

二是促进业主委员会自治。白纸坊街道 2012 年底成立物业指导科，从行政管理上对业主委员会的成立和管理加强指导，编印"白纸坊街道物业便民指导手册"及业主大会成立的一次性告知单，对业主了解、筹备业委会起到帮助作用；物业指导科从业主委员会申请，组建筹备组，召开首次业主大会，备案每一个环节，并进行指导和监督，保障业主委员会成立的合法性和有效性，从实际操作上对业主委员会做到分步指导；强化业务培训，通过组织专题培训就有关政策法规、业务知识进行培训，提升业主委员会参与人员的物业管理知识水平，完善业主委员会内部自我管理、自我约束机制，提高业主委员会的履职能力。

四　深化老旧小区准物业管理的若干建议

实践证明，发挥政府、市场、社会和居民（业主）四方积极性，

运用公共治理思维对老旧小区实行准物业管理，是目前提升老旧小区管理水平、有效改善老旧小区居民生活质量的现实途径。但准物业管理是以政府"输血"、社区主管、业主参与为特色，解决的是社会经济转型期特殊的城市住宅形态的特殊问题，是由无物业管理或不规范的物业管理到规范的专业化、市场化物业管理的一种过渡形态。随着市场经济的深入发展，实施专业化、正规化的商业性物业管理是城市居住小区管理的必然趋势，是持续维护居住小区环境、提升居民生活质量的根本保证。正是基于这样的考虑，结合白纸坊街道的实际，提出以下几条建议。

（一）"输血"与"造血"相结合，逐步建立可持续的小区建设投入机制

对老旧小区基础设施进行改造是实施准物业管理的重要基础和切入点，但改造的资金缺口往往较大，少则十几万元，多则几十万元，甚至上百万元，必须建立稳定的资金投入机制。对于年代久远、破旧不堪又无法实现成片开发的老旧小区，例如，一些严重老化的平房院、简易楼，建议北京市、西城区两级政府能够加大资金和政策倾斜，在统一规划、实地调研、广泛征求居民意见的前提下，根据改造项目的多少和改造等级的不同，拿出专项资金，该拆迁的拆迁，能改造的改造，有计划地逐步实施整治。但在整治完成以后，要逐步建立由政府"输血"为主向小区"造血"为主的持续投入机制，根据每个小区的不同情况，进行测算，确定政府、产权单位、居民三方投资的比例，并存入相应账户，专款专用，以保证小区正常的改造维修和管理。

（二）"主导"与"主持"相结合，逐步建立市场化的小区物业管理机制

当前老旧小区准物业管理工作取得了一定的效果，但也暴露了一

些问题。首先是政府主导下由社区组织物业管理的做法本身难以为继，需要耗费大量的人力和时间来进行组织，自身工作效率不高。其次是不同小区的情况不一，特点不同，导致物业需求也不相同，很难用同一套做法在各小区进行有效推广。最后，由于一个老旧小区试点动辄需要上百万元，甚至上千万元的资金投入，让街道感受到了财政压力，而且在第一个年度完成工作的老旧小区试点，在第二个年度仍需要持续的财政投资，这使得街道在资金层面上也面临着很大的困难。

解决上述难题，关键是要明确政府部门的自身定位。在老旧小区物业管理工作中，政府部门应该跳出"主导"小区管理的"管理人"思维，转而成为"主持"其他管理主体进行物业管理的"经纪人"身份。换句话说，政府部门在物业管理工作中扮演的应该是信息平台建设者和用品设计者的身份，而不是资源提供者。要实现身份的转换，首先应当做好辖区内老旧小区准物业需求基础性调研工作，明确每个老旧小区的物业需求点，并将其进行细化归类；其次，根据老旧小区的物业需求设计解决方案，解决方案可以分不同等级，不同等级之间费用也不一致，便于后续市场化机制引导消费；再次，寻找可以提供物业服务的企业，优先考虑在本地区具有物业管理经验的企业，明确企业的物业服务辐射半径，按合同约定服务的内容及酬劳；最后，按照设计的内容由签约的物业服务企业实施，在初期可以由政府来负担老旧小区最低等级的物业服务费用，既保证老旧小区得到最基础的物业服务，又使企业不做亏本买卖，保证物业企业的正常运营。在后期，根据每个物业小区的不同需求，可由居委会组织小区代表共同决定小区的物业服务是否需要升级，并由居民提供升级服务所需费用，逐步引导居民形成"花钱买服务"的消费理念。这样既可以使物业服务作为用品走向市场化的正轨，又可以使提供优质服务的企业获得利润，还能使好的经验做法在有同类需求的小区中得到快速推广，真正做到一举多得。

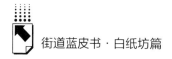

（三）"管理"与"监督"相结合，建立社会化的第三方物业评估管理平台

第三方物业评估工作在近年来的物业管理工作中发挥着越来越重要的作用。当业主与物业产生纠纷需要协调、小区物业费标准需要调整、社区需要动用专项维修资金时，都需要第三方物业评估公司出具评估报告进行专业评估。但无论是业主还是物业公司找到的第三方评估公司，公司大小、专业性强弱都很难得到对方的认可，究其原因，主要是其立场很难真正做到可信赖的"第三方"。白纸坊街道办事处拟与北京市物业服务评估监理协会合作，建立挂靠在街道的第三方物业评估企业库。今后凡是在辖区范围内需要进行物业评估的项目及事项，一律由评估企业库随机选取，并全程进行公证，充分发挥物业评估的第三方价值，从源头上化解物业管理矛盾。

此外，把依"策"治理与依法治理相结合，进一步完善相关法规，强化制度约束，也是老旧小区准物业管理改革深化的一个重要方向。与新建小区成熟、健全的法律法规不同，对老旧小区综合整治及后续管理，各地基本上是靠地方政策，没有具体的法律规章和管理办法。在老旧小区整治、管理的过程中，不仅需要落实整治的大额资金，也需要治理历史"积淀负债"，面临着各种阻力与困难，加大了政府的工作量和工作难度。因此，应该针对目前北京市老旧小区管理整治的现状和问题，尽快出台有针对性的法律法规，促进老旧小区社会化、市场化、专业化管理机制的建立，切实维护广大业主的合法权益。只有强化法律和政策约束，才能确保老旧小区整治工作的顺利进行，才能巩固整治成果，扩大老旧小区整治工作的社会效益。

参考文献

林希孟：《如何在旧居住小区内推行物业管理》，《课题研究报告与论文选编（1995~2000年）》，2000。

刘志宇：《物业管理的难点和卖点》，《课题研究报告与论文选编（1995~2000年）》，2000。

周红：《物业管理存在的问题及立法思考》，《中国民商法实务论坛论文集》，2002。

薛源：《区分所有建筑物自治管理组织制度研究》，对外经济贸易大学硕士学位论文，2005。

张虎祥：《社区治理与权力秩序的重构》，上海大学博士学位论文，2005。

李永然：《物业管理法律问题研究》，中国政法大学硕士学位论文，2005。

谭俊华：《物业管理中若干法律问题的研究》，天津工业大学硕士学位论文，2000。

王罗杰：《我国物业管理中的若干法律问题探讨》，华东政法学院硕士学位论文，2001。

邓丽：《我国物业管理公司的盈利障碍及其对策研究》，西南石油学院硕士学位论文，2004。

B.5
城市基层的信访困境与治理方向

——关于白纸坊街道一个22年长期上访人的个案研究

摘　要：　社会转型期也是矛盾冲突的多发期。作为我国解决社会冲突的一种特殊的制度安排，信访在沟通信息、权利救济以及价值选择方面均有一定的现实理由，但作为信访事件属地责任的主要承担者，城市基层的权能与责任不相符合，导致城市基层在具体的信访事件处理中处于十分难堪的无力、无奈状态。本报告借用冲突理论的框架，挖掘信访制度的功能价值，结合白纸坊街道一个长期上访人的案例，分析城市基层的信访悖论，指出在依法治国、依法执政、依法行政的框架下，实现信访功能、范围、规则、程序和依据的法治化，是信访制度改革完善的根本出路。

关键词：　法治思维　信访悖论　属地管理　白纸坊街道

一　冲突理论框架下的信访职能

群众上访，中华人民共和国《信访条例》称为信访，主要是指"公民、法人或者其他组织采用书信、电子邮件、传真、电话、走访等形式，向各级人民政府、县级以上人民政府工作部门反映情况，提出建议、意见或者投诉请求，依法由有关行政机关处理的活动"①，是信访人通过各种方式反映诉求和有关行政机关依法处理的互动过程，是国家"保持各级人民政府同人民群众的密切联系，保护信访人的合法权益"的一种制度安排，也是司法途径之外一种特殊的替代性纠纷解决机制。

（一）冲突理论——信访研究的一个框架

冲突与冲突解决是政治学研究的重要课题。可以说，一切社会的历史都是冲突的历史，而一切社会的进步也是在不断的冲突与冲突的解决中实现的。对于政治冲突的研究，当代西方存在三个理论派别②。

第一个是观念学派，他们强调人类政治行为的意识基础，认为信仰、概念、规则、目标和价值是行动的动力，并与社会形成互动。那些特殊的冲突行为（比如，恐怖活动）总是能在观念形态中找到依据。

第二个是行为学派，他们认为所有社会政治现象都可以归结为个人行为或者受特殊因素影响的结果。很多人认为个人或群体的攻击行为是人类进化的起源。例如，灵长类动物利用攻击性手段获得隐蔽所、食物和保护。

第三个是关系学派，他们强调个人、群体乃至国家彼此之间的交易，认为人类在人与人的互动与交换中开展实践活动，而相互交换总会有双方不一致的地方，因而涉及一定程度的冲突。他们认为，政治冲突可以说是一种对话。

事实上，包括行政上访在内的许多政治冲突，都会不同程度地涉及观念、行为与关系这三个方面。因此，从观念、行为与关系三个方面去审视政治冲突，既是西方政治学研究政治冲突的三种流派，也可以作为我们研究行政上访的一个理论框架。

---

① 中华人民共和国《信访条例》第二条。
② 胡元梓：《当代西方政治冲突解决理论研究述评》，《中国人民大学学报》2009 年第 2 期。

（二）沟通信息——信访的民意表达功能

上访既是广大群众越过最基层的国家机关到上级机关反映自身情况并且急于解决问题的一种方法，也是政府了解民意的一个重要途径；既可以释放社会情绪、促进社会沟通，也有控制社会矛盾、防范社会风险的功能，在促成个体自由和全面发展方面具有重要作用。

信访制度本身是党的群众路线的体现。早在新中国成立前，中共中央就有专门处理群众来信来访的机构①。1950 年 11 月 30 日，毛泽东主席批示，要把信访"看成是共产党和人民政府加强和人民联系的一种方法，不要采取掉以轻心置之不理的官僚主义的态度"。据此，1951 年中央人民政府政务院发布了《关于处理人民来信和接见人民工作的决定》，标志着中国信访制度的确立，同时也表明，密切同人民群众的联系是各级信访工作的根本宗旨和任务。

民意表达是公民的一项基本权利。信访的核心是一种民意表达，是公民的一项基本权利。在代议制政治之下，政府是人民授权的代理人，公共权力的合法性来源于多数公民的同意。民意表达作为保证社会成员参与政治决策的重要方式，是政治民主的一个不可分割的组成部分。只有在真实的民意表达基础上形成的公共政策才是合法的。因此，民意表达顺畅，表达机制有效，表达方式充分，都是政治民主程度的重要指标。世界上多数国家都把公民民意表达的权利写入宪法。据荷兰学者亨利·范·马尔赛文的研究②，截至 1976 年，全世界纳入统计的 142 部成文宪法，有八成以上规定了公民"发表意见"的自由。

畅通的民意表达是党和政府进行公共决策获取真实信息的捷径。

---

① 刁杰成编著《人民信访史略》，北京经济学院出版社，1996。
② 〔荷〕亨利·范·马尔赛文等：《成文宪法的比较研究》，华夏出版社，1987，第 149 页。

如果没有畅通的民意表达空间，党和政府就无法及时掌握民众的真实诉求，无法发现真正的矛盾和问题，因而也就很难制定出正确的政策。从我国政治系统的运行模式来看，各级党代表、人大代表、政协委员是体制内实现民意表达的主要人员。有学者针对党代表认可度，于 2007～2008 年在湖南、湖北、四川、广西、贵州、广东、海南、浙江、安徽、江西、天津、辽宁、内蒙古、山东、新疆 15 个省（直辖市、自治区）的 27 个地区进行调查，在收回的典型地区 5800 份有效问卷（其中中共党员 4538 名，占 78.2%）中，被调查党员有 1/3（33.3%）不知道本选区党代表是谁，有近六成（59.7%）的人认为党代表无法代表自己利益愿望和要求[①]。75.9% 的党内外群众认为党代表"从没征询并反映过"自己的意见，80.9% 的调研对象认为党代表"从没帮助"过自己。在回答"人们在社会生活中遇到困难时主要请求谁提供帮助"时，只有 1.5% 的人找"党代表"，4.2% 的人找"人大代表"，5.8% 的人找"工会、共青团、妇联等群团组织人员"，1.0% 的人找"政协委员"。因此，调查结果显示，在现实政治生活中，政党、人民代表、政协委员这些传统的民意表达渠道事实上很难发挥应有的作用。在这种情况下，公民通过信访渠道直接向有关权力机关表达意愿，或者通过媒体甚至通过非法手段表达意愿就成为可能甚至必然的选择。

（三）权利救济——信访的冲突解决功能

人生活在社会中，人与人、人与社会之间的冲突不可避免。人们在不断的冲突中探索冲突的解决机制，推动着人类社会的进步。现实社会中存在多种多样的冲突解决方式。当公民面临实际冲突的时候，

---

① 罗忠恒、毛政相：《党代表社会认可度现状、成因与对策》，《中国延安干部学院学报》2010 年第 3 期。

他们一般会选择什么样的冲突解决方式呢？根据程金华等人2005年对国内28个省份进行的专题调查（见表1），针对行政冲突，现阶段71.6%的中国公民仍然选择通过"国家冲突解决机制"来寻求解决，其中约1/3诉诸（准）司法渠道，2/3以上则是通过党政渠道。这说明，诉诸国家机关来解决行政冲突是现阶段中国公民的普遍选择，而通过党政渠道则是解决冲突的首选。

表1　中国公民冲突解决途径选择

单位：%

	解决机制		具体途径	在实际冲突所有解决行动中的百分比	在虚拟冲突所有解决行动中的百分比
行政冲突	不行动		忍了	21.4	11.8
	国家冲突解决机制	党政渠道	找该机关领导解决	16.0	14.4
			找上级领导解决	22.0	25.1
		（准）司法渠道	集体上访	11.0	2.3
			行政复议或诉讼	22.6	41.3
			找媒体投诉	3.8	4.2
	民间冲突解决机制		其他	3.1	1.0
民事冲突	不行动		忍了	23.9	10.7
	民间冲突解决机制		找对方单位解决	7.2	10.7
			找熟人解决	27.7	21.2
			找媒体投诉	1.1	1.7
			其他	7.1	1.8
	国家冲突解决机制		找政府部门/村组织调解	18.5	22.7
			法律途径	14.6	31.3

注：表中数据是胡元梓根据程金华《中国行政纠纷解决的制度选择》（《中国社会科学》2009年第6期）与程金华、吴晓刚《社会阶层与民事纠纷的解决：转型时期中国的社会分化与法制发展》（《社会学研究》2010年第2期）整理。

资料来源：胡元梓：《中国民众何以偏好信访——以冲突解决理论为视角》，《华中师范大学学报》（人文社会科学版）2011年第3期。

原因有以下几点。

第一，目前我国司法机构（准）解决冲突的成效有限。根据郭星华等人 2004 年对农村法律意识与法律行为的实证研究，有六成以上的冲突通过上访（政府部门）得到满意的解决，而通过诉讼（司法途径）得到满意解决的不足四成[1]。有的学者把这种现象解释为司法部门的不作为[2]，但长期以来权大于法的现实对冲突解决形成的路径依赖应该也是一个重要原因。

第二，我国的信访制度本身就具有冲突解决功能。冯仕政研究了从 1951 年到 21 世纪我国信访制度的形成与功能的演变（见表 2）[3]，大致可以说，改革开放前信访工作的主要功能是群众路线指导下实现民意表达的社会动员功能。改革开放以后随着个人利益的凸显，国家信访工作逐步向冲突化解取向调整。"文化大革命"结束后，面对全面拨乱反正的新形势和大面积出现的信访高潮，1978 年底召开第二次全国信访工作会议，将维护"安定团结"列为信访工作的目标之一；1982 年 2 月 28 日，第三次全国信访工作会议审议修改《党政机关信访工作暂行条例（草案）》，推进信访体制的专业化；1995 年，颁布《信访条例》（2005 年修订）；2007 年，出台中共中央国务院《关于进一步加强新时期信访工作的意见》，县级及以上党政机关设立独立的信访工作机构，作为专司处理信访人与行政司法机构冲突的职能部门，信访制度解决社会性冲突的功能进一步凸显。

---

① 郭星华、王平：《中国农村的纠纷与解决途径——关于中国农村法律意识与法律行为的实证研究》，《江苏社会科学》2004 年第 2 期。

② 朱景文：《中国法治道路的探索：以纠纷解决的正规化和非正规化为视角》，《法学》2009 年第 7 期。

③ 冯仕政：《国家政权建设与新中国信访制度的形成及演变》，《社会学研究》2012 年第 4 期。

表2　新中国成立以来国家信访制度的演进

		1951～1978 年	1978～2009 年	2000 年至今
信访主要矛盾	国家选择	社会动员	冲突化解	冲突化解
		A　→	B　→	C
	社会选择	利益诉求	利益诉求	利益诉求→政治参与
信访制度建设	国家作为矛盾的主要方面主导着信访制度建设,但受到社会选择的制约	迅速建立并确立政治地位,但日益脱离社会实际,最终遭遇严重挫折	基本满足群众的信访需求,国家得以稳定地推进信访制度的科层化,但正在落后于形势变化	国家怎样回应当前信访矛盾正在从B类向C类转变的形势,将在很大程度上决定信访制度建设的走向

(四)威权控制——信访的价值选择功能

作为一种社会政治行为,无论是政府的信访工作还是信访人的信访行为,都需要有一定的意识基础,需要从信仰、目标、规则和价值中获得行为的动力。因此,从观念层面考察,信访行为还具有价值选择的功能,主要表现在以下两个方面。

从国家方面来看,作为中国特色的一种制度安排,不管是初期出于维护政权合法性考虑的民意沟通,还是"文化大革命"以后出于维护政权有效性考虑的权利救济,国家信访工作的出发点和落脚点都是对社会主义制度的维护和对社会秩序的控制,是将体制外的社会纠纷吸纳入体制内政党与政府工作中予以解决的制度化努力。特别是在20世纪90年代,随着社会经济的转型,基于个人经济利益的社会纠纷层出不穷,如何将社会纠纷吸纳进体制内进行解决和控制,需要开辟新的制度化渠道,以"维稳"为目标导向的信访成为疏导和排解社会纠纷的至关重要的手段。

从社会方面来看,信访之所以成为民众解决纠纷冲突的首选替代机制,则主要源于对威权的信仰。虽然现代信访制度产生于新中国成立以后，但其渊源却可追溯到上古时代。从尧帝的"谏鼓"、舜帝的"谤木"，到西晋司马炎的"登闻鼓"制度①，在行政与司法一体化的古代社会，中国老百姓都有向最高统治者诉说冤情的路径依赖和现实通道。另外，中国传统的政治威权主义的价值观——"官本位"的价值取向使社会民众对权力、官位、官员具有特殊的崇拜和敬畏，必然导致民众"信访不信法"，一旦遭遇自己无法解决的纠纷和冲突，立即诉诸政治威权体系，而信访则是实现这一诉求的现成通道。

二　城市基层的信访悖论

如前所述，信访脱胎于群众路线，是威权政治理念下实现冲突解决和社会控制的一种重要的制度性安排，有其合理、有效的一面，但面临改革开放以后社会经济历史性转型的巨量现实矛盾，信访制度也存在体制不顺、机构凌乱、定位模糊、功能异化、程序失范等诸多弊病，不少专家学者从中央与地方、国家与公民、法治与人治、社会与政治等不同角度描述这些弊端②，例如，于建嵘提出了"信访悖论"③。本报告使用"信访悖论"这个概念，主要是指城市基层——街道办事处在处理信访事件中权能与责任不相符合的矛盾状态。

（一）基层信访责任的无限性

基层政府具有属地管理责任。1995 年，国务院颁布的第一部《信访条例》规定，我国信访工作实行"分级负责，归口办理"的工

---

① 中国行政管理学会信访分会：《信访学概论》，方正出版社，2005。
② 赵晓力：《信访的制度逻辑》，《二十一世纪》2005 年第 6 期；〔美〕西摩·马丁·李普赛特：《政治人——政治的社会基础》，张绍宗译，上海人民出版社，1997。
③ 于建嵘：《抗争性政治：中国政治社会学基本问题》，人民出版社，2010。

作原则；2005年，将这一原则修改为"属地管理、分级负责"，进一步明确了在信访解决的过程中，属地管理优先的原则，要求地方政府在处理信访中发挥主导作用。这一原则是处理信访事件的准则，也体现了要把问题化解在基层、解决在基层的要求，有利于明确工作职责。

在"属地管理"原则下，"分级负责"强化了各级政府的责任。"属地管理、分级负责"指的是出现问题后首先由事发地的政府解决，解决不了的再由上一级的政府解决，不能出现直接将事件推给上一级政府的情况，这样不利于政府间责任的划分。由于政府上下级之间的权能并没有特别明确的划分，在政府组织机构上强调上下对口，在具体的信访实践中，"分级负责"实际上就变成了基层属地负责。关于这一认识，原国家信访局局长周占顺对于信访事件"4个80%"的判断[1]很能说明问题。

在"条块"分治格局下，"归口办理"凸显了属地政府的统筹职能。"归口办理"体现的是"谁主管、谁负责"，指信访涉及的具体事项属于哪一级政府、哪个部门的责任，就由其负责解决，不能把矛盾简单地推给当地政府了事。在信访工作实践中，落实"归口办理"的难点在于条块职责的认定。属地政府负责信访事项的责任归属认定。在实际工作中，有许多"条""块"交叉的灰色地带，为一些地方政府部门之间相互推诿责任提供了客观条件，这种情况很难找到归口办理的责任主体，很容易损害信访人的合法权益。因此，2005年修改《信访条例》时突出强调"属地管理"，即无论是归口"条"还是归口"块"的信访事项，属地政府都应该承担管理的职责，发

---

[1] 原国家信访局局长周占顺2003年接受新华社《半月谈》杂志的采访时，指出了当前信访事件中的4个80%：80%以上反映的是改革和发展过程中的问题；80%以上有道理或有一定实际困难和问题应予解决；80%以上是可以通过各级党委、政府的努力加以解决的；80%以上是基层应该解决也可以解决的问题。见《中国青年报》2003年11月21日。

挥统筹协调的作用，尽快明确办理部门并督促解决，及时、有效地化解跨地或越级信访产生的矛盾。

（二）基层信访功能的有限性

在现行体制下，作为城市最基层的政府组织，街道办事处是辖区信访的第一承接者，也是地区信访责任的第一承受者。作为最基层的属地责任主体，与其承担的信访责任相比，街道办事处权能却十分有限。

一是街道权能没有法律依据。1954 年 12 月 31 日，全国人民代表大会常务委员会第四次会议通过的《城市街道办事处组织条例》第四条规定的街道办事处任务只有三条：一是办理市、市辖区的人民委员会有关居民工作的交办事项；二是指导居民委员会的工作；三是反映居民的意见和要求。尽管该条例已于 2009 年 6 月 22 日废止，但几十年来街道办事处作为区政府的派出机构，其职责、机构、人员基本上是围绕这几项基本职能安排的。改革开放以来，随着国家社会经济的全面转型，街道办事处原有的职责无法容纳新的管理服务需求。但从国家层面来看，至今没有新的法规出台，街道办事处的管理体制、法律地位和职责权限没有法律依据。

二是街道信访责任重大。维稳型压力体制[①]的存在，使得国家将信访压力逐级转移至基层。我国的信访矛盾处理模式是在行政区划基础上实行"属地管理、分级负责"。在实践中，由于缺乏具体的制度约束，"属地管理"被异化成上级政权逐级将信访压力转移给基层的通道，信访事件"分级负责"机制往往流于形式。当出现"越级上访"事件时，上级机关往往要求访民属地"接访"，加上信访"一票否决"等机制，街道办事处被置于民众高度期待与上级高度压力的

---

① 秦小建：《压力型体制与基层信访的困境》，《经济社会体制比较》2011 年第 6 期。

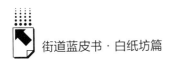

夹缝中，进一步强化和放大了街道矛盾化解能力与上级政府要求的反差，街道无法承受其重。

三是街道应对手段缺乏。《信访条例》确立的三级终结制，对终结程序的要求具体明确，但对实体要求相对模糊。基层政权作为责任主体，对访民的哪些诉求是合理的，哪些是不合理的，并无法律上的实体判断权。这就导致信访部门通过程序终结来回避实体事由判断，最基层的街道就成为信访终结制度的最终执行者。对于无理信访，街道在不得已的情况下往往采取"综合处理"模式，领导包案，多管齐下，个案处置。这种模式有时也会暂时息访，本身就是一种对法治的无奈替代，凸显了信访终结机制的无力。

三　白纸坊街道长期上访人员案例分析

对于街道办事处在处理信访事件中权能与责任不相符合的矛盾状态，有一个案例很能说明问题。

（一）案例情况

长期上访人员高某某，女，1936 年出生，1988 年在白纸坊街道雕漆厂办理了退养手续，现住白纸坊街道辖区内。

1. 长期上访的原因

高某某 1969 年参加街道的生产组，该生产组 1971 年改为双槐树五七工厂，1980 年双槐树五七工厂更名为白纸坊钟表零件厂，1985 年白纸坊钟表零件厂与雕漆厂合并更名为白纸坊雕漆厂，隶属北京市宣武区白纸坊街道生产服务合作联社（以下简称"白纸坊联社"）。1988 年 2 月，高某某在白纸坊雕漆厂根据《北京市城镇企业职工计发基本养老金暂行办法》文件第四条办理了退养手续。由于当时白纸坊联社经济效益比较好，部分退养人员由于工作年限较长参照退休人员待遇。高某某的退养费为原工资的 70%（50.4 元），医药费 100% 报销。经过历年增加退养费，至 1992 年养老金统筹前，高某某实际每月领取退养费为 153.85 元，医药费 100% 报销。1992 年根据《北京市城镇企业职工计发基本养老金暂行办法》（京劳险字〔1992〕106 号）文件规定："五七"职工（含已经退养的）的退养条件及退养待遇，按照《北京市城市生产合作社系统社员职工退休、退养和退职试行办法的通知》（京合总字〔83〕008 号）文件的规定执行。退休、退养人员费用由国家统筹。统筹后高某某的养老金为 116.45 元（含医疗补贴 5 元），与统筹前的退养费 153.85 元相差 37.4 元，说明高某某以前拿的退养费 153.85 元实际是退休人员待遇。

国家统筹的养老金测算标准是根据在原宣武区区劳动局登记备案人员名册测算出来的，高某某因为没有在原宣武区区劳动局办理过劳动用工手续，所以原宣武区区劳动局只能按照退养人员标准为高某某办理统筹养老金手续，从此高某某开始享受退养人员待遇，养老金及福利相应发生变化。与统筹前退养费的差额部分 37.4 元由企业负担（后取消副食补贴 7.5 元，企业负担为 29.9 元），医药费不再报销。

自 1992 年退养费改为国家统筹后，高某某开始为她的待遇问题上访，高某某认为：许多在她以后参加工作的人员都办理了劳动用工手续，成了单位的正式工，她是企业的创始人员，自然应该成为本单位的正式工，应该享受退休人员待遇，对劳动局给自己鉴定为退养人员范畴不认可，要求恢复她的退休待遇。从此，她走上了上访之路。

2. 曾为退休待遇问题走司法程序申诉

2001 年，高某某曾为退休待遇问题到原宣武区法院起诉，法院以"所在单位未办理劳动手续"为由予以驳回，高某某不服区法院判决，后又向市第一中级人民法院起诉，因缺乏证据，被驳回。

2002 年 3 月，原宣武区检察院就高某某的申诉，做出"两审法院判决认定事实清楚、适用法律正确、程序合法，不具备抗诉条件。故我院决定不予抗诉"的决定，并以通知书的形式告知高某某本人。对高某某的问题，原宣武区劳动和社会保障局经过与有关部门的调查、审理，认定高某某原所在的单位没有在劳动部门为其办理过招收录用手续，认为按照退养人员支付其有关劳动保险待遇，符合国家及本市的有关政策。

3. 上访的诉求和依据

根据相关文件精神高某某认为自己符合退休条件，应该从 1992 年 8 月恢复其退休待遇，并正式办理相关退休手续，补足 1992 年 8 月以后退养和退休待遇的差额款和医疗补助款。自从 1992 年 8 月因退休问题开始上访多年，身心和经济都有损失，要求有关部门酌情给予赔偿。高某某针对自己的诉求，提供了《国务院关于工人退休、退职的暂行办法》（国发〔1978〕104 号）、《国务院关于工人退休、退职的暂行办法》、《关于改进市属企业职工家属"五七"生产、服务单位管理问题的通知》（原北京市革委会京革发〔1979〕262 号）文件、《北京市劳动局关于改变集体所有制单位职工退养待遇的通知》（劳险字〔79〕43 号）文件、《北京市建立健全城镇集体企业职工退休养老制度和退休养老基金实行全市统筹的暂行办法》（京劳险发字〔1992〕106 号）文件、《北京市城市生产服务合作总社系统社员、职工退休、退养和退职试行办法》（京政集字〔1983〕第 1 号）等文件附件，认为自己符合上述文件中可以享受退休人员待遇的条件，所以坚持上访，维护自己的合法权益。

（二）案例解析

处理高某某上访的问题非常典型地体现出街道办事处所处的两难位置和无力、无奈状态。我们可以从情、理、法三个方面分析这个案例。

从"法"的角度看，第一，高某某本身就是"五七"人员身份，不应享受退休人员待遇。第二，高某某没有在劳动部门办理过招收录用手续，所以不能按照退休人员享受退休待遇。第三，法院已经做过判决不能更改。第四，社会上"五七"待遇的人员很多，为她变更了待遇其他人员上访怎么办？第五，此事应该由劳动局负责办理。如果从概念出发，从处理问题的程序出发，高某某的问题既有行政仲裁意见，又有政策依据，还有法院判决，街道办事处有充分的理由可以一推了之。但作为属地政府组织，对辖区信访人的诉求不能不管。

从"理"的角度看，第一，高某某在养老金统筹前已经享受 4 年退休人员待遇，不能因为改革损害了老百姓的利益，应该继续享受退休人员待遇。第二，1980 年双槐树五七工厂更名为白纸坊钟表零件厂时，单位变成集体企业，新招职工为集体企业职工，享受退休人员待遇，厂内原有职工身份应同时改变，在册人员理应在劳动局登记备案，与新招职工待遇一样，同工同酬。第三，高某某没有在劳动局办理招收录用手续，责任不应该由高某某本人负责，是以前劳资部门工作人员的责任，应该由政府负责。第四，社会上的"五七"人员，凡是曾经享受过退休待遇的人员证明都符合当时的文件精神，现在都应该继续享受退休人员待遇，不能因为牵涉人多就不给高某某办理。第五，最重要的是，改革开放，国家兴旺。改革成果共享，不能因为改革而使群众福利待遇降低。对于上访人的合理诉求街道办事处应该给予回应，但在行政仲裁、法院判决的路子已经堵死的情况下，街道办事处确实无能为力。

从"情"的角度看，高某某是辖区居民，年近 80 岁，白发苍苍，连续 22 年的上访使其身心疲惫，情绪易激动，每次到街道办事处上访进门就大声喧哗，甚至谩骂政府工作人员，严重地影响了政府办公秩序。街道办事处的工作人员在接待她时始终保持冷静和热情的态度，不管有多大的困难，面对多么复杂的情况，不管有什么原因，按照属地管理的原则，街道办事处都不停地给当事人做思想工作，与当事人多接触，多沟通，随时掌控当事人的心理动态，同时与西城区劳动和社会保障局积极联系，多方协商，研究多种办法，采取多种途径，想方设法化解矛盾。

（三）解决方向

在化解高某某上访的问题上，街道办事处做了大量的工作。高某某提出要求街道办事处给她办理退休证和医保本，由于高某某提出的诉求超出了街道办事处的能力，难以实现。街道办事处满足不了她的条件，高某某又提出可按照经济补偿进行解决，折算人民币 62.75 万元附加一套二环路内两居室。由于没有相关的政策，街道办事处不能满足高某某的诉求。至今高某某还在上访，累计上访时间已经长达 22 年，被北京市、西城区政府列为上访重点人员。那么，在现有政策法律框架下，高某某的问题还有没有解决的可能？回答应该是肯定的。

第一，高某某享受退休待遇有政策依据。高某某是所在单位的创始阶段参加工作的人员之一，企业发展壮大以后，新参加工作的人员都办理了劳动用工手续，成为单位的正式工，可以享受退休待遇。根据《北京市城市生产服务合作总社系统社员、职工退休、退养和退职试行办法》（京政集字〔1983〕第 1 号）文件精神高某某符合"五七"人员身份。根据《北京市劳动局关于改变集体所有制单位职工退养待遇的通知》（市劳险字〔79〕43 号）的规定，高某某可以由退养改为退休（因当时单位的经济效益好可以执行），当时单位在实际操作中也是按照这个办法执行的，高某某 1988 年办理的是退养手续，拿的是退养本，但养老金计算和实际享受的是退休待遇。高某某实际享受了四年的退休待遇。

第二，司法申诉仍有胜诉空间。自 1992 年退养费改为国家统筹后，高某某因养老金减少了，从而开始为她的待遇问题上访，虽然经过司法途径申诉，但并没有胜诉。法院认定的事实是因为单位没有在劳动部门为其办理过招收录用手续，所以认为按照退养人员支付其有关劳动保险待遇，符合国家及北京市的有关政策。但是，在劳动局办理招收录用手续，是各个单位主管劳资和人事工作人员的职责，这一点高某某本人不应当承担责任，她本人是受损失的一方。单位没有在劳动部门为其办理招收录用手续，是有一定工作缺陷的。法院遵从程序正义的原则做出判决并不错，但如果考虑到高某某所在企业在这个问题上的过失，遵从实体正义的原则对原判决做出修正，也在情理之中。

第三，新的政策框架在指导思想上有利于解决高某某的问题。改革使社会单位退休人员走入社会统筹养老，避免了今后因企业单位经营不善或倒闭给已经退休的人员造成经济损失，是政府的一项利民政策。解决了社会上一些单位经营不景气，致使退休职工不能正常领取养老金和报销医药费而上访的问题，按说这是一件好事。近年来，政府为了解决好老有所养问题，先后颁发了《国务院关于完善企业职工基本养老保险制度的决定》（国发〔2005〕38 号）和《国务院常务会议决定实施全国统一的城镇企业职工基本养老保险关系转移接续制度》（国办发〔2009〕66 号）等文件。政策规定凡是到了退休年龄没有交够 15 年养老金的人员，都可以一次性交足 15 年差额养老金享受退休待遇，说明政府对职工退休的政策放宽了。街道办事处可以探讨与西城区劳动和社会保障局共同研究，按照新的政策框架通过重新进行行政仲裁来化解矛盾。

基于以上分析，解决高某某上访反映的问题，既有政策依据，也有申诉空间。街道办事处应充分发挥属地政府组织统筹协调的职能，一是协调北京市西城区人力资源和社会保障局根据实际情况，结合新的政策依法做出裁定，并以明确的方式告知当事人。二是街道办事处可以协调公益组织，为当事人提供免费法律援助，在行政仲裁的基础上，通过司法申诉维护当事人的合法权益。三是充分发挥街道办事处联系群众的优势，采取积极的态度化解矛盾，一方面，耐心地做好上访人员的思想工作，另一方面，积极与上级政府部门研究化解矛盾的办法。

四　结语

关于白纸坊街道高某某的信访案例，尽管本文依据相关政策给出了一个解决问题的方向，但我们对在这个方向上到底能不能实现问题的彻底解决并不抱太大希望。因为解决问题的主体没有变，街道办事处在解决信访问题中的窘境没有变，城市基层的信访悖论没有变。我们处在一个社会经济文化结构深刻变革的时代，日益多样化、复杂化的社会矛盾加大了纠纷化解的难度。信访问题无法回避，但信访制度的变革也应与时俱进。把信访纳入法治化轨道，在依法治国、依法执政、依法行政的框架下，实现信访功能、范围、规则、程序和依据的法治化，群众依法信访，政府依法处理信访，社会依法化解矛盾纠纷，是改革和完善信访制度的基本方向，同时也是街道办事处走出信访悖论的根本出路。

参考文献

徐敏宁、李阳：《破解信访问责难题的一种有效方式——论构建橄榄型信访结构》，《长白学刊》2011 年第 1 期。

刘爽：《进京访处置情况研究》，天津大学硕士学位论文，2013。

王彦智：《我国信访制度改革的理性思考》，《甘肃社会科学》2010 年第 4 期。

胡元梓：《中国民众何以偏好信访——以冲突解决理论为视角》，《华中师范大学学报》（人文社会科学版）2011 年第 2 期。

陈丹：《行政复议与信访衔接问题研究》，《理论探索》2011 年第 3 期。

彭明兰：《另一种政治参与：网上信访的制度与实践逻辑》，南昌大学硕士学位论文，2012。

钟开斌：《越级上访：特点、成因及其治理》，《理论探讨》2012 年第 1 期。

罗丹阳：《中办、国办印发指导意见不支持不受理越级上访》，《国外测井技术》2014 年第 1 期。

初鑫月、何亭亭：《赴京越级上访人员"上访信念"的实证研究》，《心理学与创新能力提升——第十六届全国心理学学术会议论文集》，2013。

黄仁发、贺军：《群众不能越级上访领导更要深入下访》，《邵阳日报》2014 年 5 月 17 日。

B.6
智能政务系统在街道、社区
两级的应用研究

摘　要：　面对转型期基层社会治理的复杂形势，传统的行政性、直线性管理模式已无法有效应对。大数据时代，提升基层社会治理的科学化水平，必须善于将信息化技术手段融入社会治理实践，以智能化推动社会治理的现代化。近年来白纸坊街道积极推进社会治理电子化办公平台建设，在框架搭建、系统整合、数据处理、功能拓展等方面做了不少有益的探索，建立起街道社区一体化智能管理服务系统，有效地提升了服务效率。本报告全面梳理白纸坊街道智能化政务系统建设的现状与问题，在借鉴外地先进经验的基础上，提出了深化智能政务建设的相关建议。

关键词：　智能政务系统　社区信息化　白纸坊街道

知识经济时代，信息技术已经逐步成为经济发展和社会进步的重要助推器。为了适应知识经济发展的需要，国家以政务信息资源的开发、利用和共享为突破口，先后出台了《国家信息化领导小组关于我国电子政务建设的指导意见》《关于加强信息资源开发利用工作的若干意见》《2006～2020年国家信息化发展战略》等一系列政策措施，积极推动社会信息化发展。以智能化为核心的社区信息化建设，作为社会信息化的"最后一公里",在国家和社会信息化过程中具有基础性地位。

一 智能政务系统与社区信息化

在20世纪60年代,日本学者最先提出了"信息化"的概念,认为信息化涉及社会各领域,将对现代的意识形态、政治活动、思维方式以及文化教育、日常生活等方面产生深刻影响。随着科学技术的不断进步,社会信息化的发展趋势越发明朗,并在全球范围内迅速展开。世界上许多国家都开始利用电子政务处理相关事务,例如,2000年日本出台《电子签名与认证法案》,1993~2001年美国颁布了《政府纸张消除法案》等一系列法律,发布了1300多项电子政务相关的实施项目,新加坡电子政府可为公民提供医疗保健、商务、法律法规、交通、家庭、住房、就业等200多项电子政务服务,智能化政务服务已经成为国际社会的主流办公模式。

(一)智能政务系统的内涵与意义

智能政务系统是政府及相关机构利用现代化的科学技术,将政府的管理和服务等职能通过信息化的手段呈现在互联网上,以先进性、扩展性、易用性、实用性为原则,实现政府业务的高效运作,并给用户提供更加人性、轻松和便利服务环境的一种工作系统。

我国的智能政务系统经历了准备、孕育、发展三个时期。20世纪80年代末期,我国开始建立办公自动化工程,为计算机和网络技术发展奠定了重要基础;之后"三金工程"①的建立,为电子政务发

---

① "三金工程"是指金桥、金关、金卡,是中央政府主导的以政府信息化为特征的系统工程,以建设信息化的基础设施为重点。为重点行业和部门传输数据和信息是智能政务发展的雏形。

展提供了充足的准备。在90年代中后期，伴随着第三次科技革命的发展，信息网络技术和信息基础设施得到大量的改善，我国主要中心城市的政府部门最先开始办公自动化系统的建设。多个部委的信息主管部门共同倡导提议"政府上网工程"，随着时代的发展和科技的创新，我国专业化的政府服务网站日益增多，国家各行政管理部门逐步推出网上办公业务，跨部门、跨行业的联网数据核查也逐步开始应用。21世纪的中国，更加注重规划建设，国民经济和社会信息化已经成为重要的内容，数字化城市建设日趋深入。随着大数据时代的到来，智能政务系统的发展遇到了新的机遇。

智能政务系统对于改善政府的公共服务水平，提高管理效率，实现资源共享，降低政府管理成本，加强和改善公共服务，提高服务管理水平，促进政府职能转变，促进政务公开和廉政建设，提高公民的政治参与度，推动民主政治进程等多个方面具有重要的意义。

一是有利于维护社会稳定。智能政务系统通过建立相应的信息化平台，在部门之间搭建了一个互通情报、协同动作、高效运转的信息收集报告体系，覆盖面广，触觉灵敏，弥补了以往传统口耳相传信息的不足，哪里有隐患、哪里有问题都能够及时与相关部门取得联动，可以将不稳定因素扼杀在摇篮里。

二是降低了事件处理的时间成本。按照程序办事是原则，但复杂的流程往往会增加事件处理双方的时间成本，智能政务系统能够大大缩短办事流程，提高办事的效率。智能政务系统通过建立电子化办公平台，将排查、处理的大小案件实现网上处理，不仅节约了时间，而且打破了部门和体制之间的壁垒，使得处理、反馈等工作痕迹清晰，增加了职能部门的工作透明度，实现了高效办公。

三是有利于提高服务群众工作的效率。以人为本和服务群众是社区信息化的工作目标。社区工作内容复杂，人手不足、效率低下一直是街道和社区管理服务中存在的普遍问题。随着智能政务系统和信息化技术在基层社会管理中的出现，社会管理综合服务大厅缩短了居民办事的空间距离，信息化服务平台能够及时准确地处理群众的需求，办事人员还可以对相关信息进行查询，提高了工作者的服务质量和效率。

四是有利于管理工作的资源整合。传统的基层管理模式是依靠行政化的手段来推动管理，这种模式造成了政府过于强势，群众力量弱小，社会管理出现严重的条块分割、高成本低效率的问题。智能政务系统和信息化技术的出现，不仅有效地整合了各种资源、协同条块之间的配合，同时也促使各种流程间的无缝对接，形成齐抓共管的合力，大大提高了行政效能。信息化服务平台的建立，还能够实现居民和社会组织的自我管理、自我服务，为社区自治提供了有利的条件。

（二）社区信息化是智能政务的延伸和拓展

社区信息化是指利用各种先进的技术手段、优秀的管理和服务理念，在所辖区域范围内建立智慧化社区管理和服务体系。社区信息化主要分为管理和服务两个方面，它致力于解决政府最重视的社会管理问题，促进经济社会可持续发展；着力于解决群众最关注的民生问题，提高百姓生活幸福感。其中管理主要涉及户籍、社保、医疗、计划生育等；服务主要指政府公共服务、社会公益服务、社会商业服务和居民自我服务等。社区信息化强化了居民与政府间的关系，提高了居民的社会参与能力，实现了基层治理的民主化，使社区治理逐步走向善治。

社区信息化与智能政务系统的关系非常密切。智能政务是以现代信息、通信和传播技术的运用为基础，对公共管理部门业务流程进行优化和重组，从而提高服务管理效率。社区信息化是智能政务的延伸和拓展，更加贴近基层和百姓，也是智能政务最重要的落脚点，对实现政府的管理和服务职能起辅助的作用。所以，社区信息化与智能政务相辅相成，不可分割。但是二者也有很大的区别。智能政务主要针对政府间和政府对公民和企业的政务，主要涉及公共服务、社会管理、综合监管、宏观调控等方面，其实施主体是政府机关。社区信息化的内容包括各类信息系统和资源、社区信息平台、常住和流动人口的管理、改善社区服务等，需要市、区级政府和街道办事处的大力支持，以社区居民委员会为主要实施主体。

（三）街道社区智能政务系统建设的现状

当前，发达国家的社区信息化发展比较成熟，如加拿大、新加坡、美国等。这些国家面向社会、企业和公众开放政府信息，为公众提供智能服务，智能政务基础比较完善。我国的社区智能政务信息化建设起步较晚，目前总体上处于模式探讨、系统构建阶段。2004年，国家信息办指出，社区信息化是我国构建和谐社会的重要手段，是管理城市的基础环节，是完善社区功能、提升服务的有力抓手。目前，全国各地都在搭建社区服务的相关信息平台。北京市《首都信息化1998～2010年发展规划（纲要）》将北京市社区服务网络系统列为重点建设的"四项应用系统工程"之一；《2012年北京市社区建设工作要点》提出北京市将推广社区信息化试点的工作经验。

二　白纸坊街道政务管理系统的现状与问题

白纸坊街道的智能政务系统在2011年开始建设，作为街道工作的辅助系统，其集成了街道办事处、科站队所、社区所办事务的数据，建设初期主要对一些专业系统不具备的功能进行了开发，实现为办公人员提供数据的系统存储、调用、分析的功能。一期建设完成后，智能政务系统在樱桃园社区进行了试运行。经过一年的运行测试，智能政务系统的应用效果良好，能够通过整合数据、分析数据等功能为社区工作减负，同时，也发现了一些需要进一步开发完善的地方，如分析的数据与实际需要相比较少，还需要进一步扩大分析范围；没能与现有办公系统完成数据对接，不能与其他系统保持数据的一致等。目前，白纸坊街道政务专网能够达到百兆带宽，下设的 18个社区目前有 15 个社区实现了政务专网办公，其余 3 个社区正在解决政务网安装问题。目前共有办公用计算机 210 台，平均每个社区能有 8 ~ 15 台（见图 1）。社区工作人员基本都能熟练使用办公软件，完成日常工作。

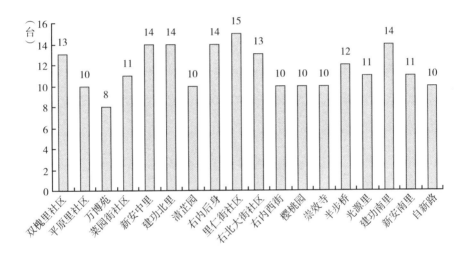

图 1　白纸坊各社区使用电脑数

（一）系统框架

目前在用的办公系统共 32 个，其中专业办公软件 7 个，网上办公系统 25 个（见图 2），需要社区操作的系统有 8 个。这些系统包括 3 个北京市政府系统，1 个市公安局系统，3 个市计生委系统，1 个市流动人口和出租房屋管理委员会办公室系统，4 个市民政局系统，6 个市人力社保局系统，2个首都社会管理综合治理委员会系统，1个市信访办系统，1个市住房和城乡建设委员会系统，1个民政部系统，2个西城区财政局系统，1个区计生委系统，1个区委组织部系统，1个区科技系统，1个区团委系统，2个区武装部系统，1个区宣传部系统。

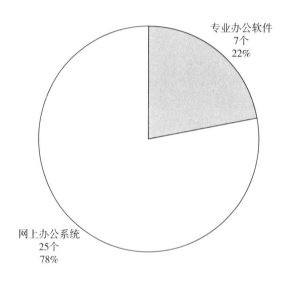

专业办公软件
7个
22%

网上办公系统
25个
78%

图2　白纸坊街道网上办公系统分类

2014年由西城区信息办和社会办组织新建的系统10个；街道自建新系统2个，分别是信息港、大学生就业平台；二期建设系统1个，即智能政务系统。在新建系统中，需要街道社区联动使用的有十千惠民、社区经费管理系统、社区综合服务平台、调度系统、信息门户、信息港、智能政务7个系统；数据中心、统一呼叫、街道网站、网上服务大厅、社区商圈系统、大学生就业平台6个系统为街道端单独使用。

（二）数据整合

目前白纸坊街道各科室、社区办公相对独立，各系统间也没有进行信息交换共享，造成对相同人、事、物记录的侧重点不同，存在大量信息交叉，例如，同一个人的信息在各口（如老龄和残疾）之间存储的基本信息相同，但专项信息（老龄人口生活状况、残疾类型等）缺乏有效关联。通过智能政务系统对各现有系统数据的整合，可把分散为多个部分的人、事、物的信息进行关联，达到信息的扩展与共享，提高信息的真实性、全面性、实用性。在智能政务系统中人口数据库通过户籍信息将家庭中每个人的基本人口信息进行数据关联，形成一个完整的关系网，可以让街道更全面地掌握辖区居民家庭生活的基本状况。

在以往的数据记录工作中，主要着重对人员进行记录，对事件内容、重点场所信息、综合执法信息、危险源等相关信息的掌握则相对简单，没有形成规范的记录。在建立数据库的时候，通过征集各方意见，整理并规范了对重点场所、重点活动等事务需要掌握的信息要点，经过统一的采集整理，充实了数据库中的这一部分内容，为全面掌握辖区状况提供了可靠依据。智能政务系统还在基础数据库的建设上进行了功能扩展，将过去需要人工进行操作的条件筛选数据、数据统计集成到系统内部，以简单的操作形成图表。通过对图表的研究分析，为政府决策、帮扶救助等工作提供更准确的信息支持。

（三）系统整合

智能政务系统通过整合登录端口，对街道、社区所使用的全部系统进行了集成，方便办公人员登录各系统，节约了查找、输入网址的时间，避免了办公系统过多造成的时间浪费，避免了用户混乱问题。在智能政务系统数据库的整体设计上，采用了开放端口的形式，将目前现有系统的数据接口进行接入，将数据同步更新到智能政务系统中，保持系统间数据的一致性、准确性、及时性。对数据项目及数据格式的设计则考虑到各现有办公系统及手工、电子台账的项目设置和数据类型，确保数据类型、录入标准的统一。

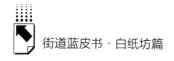

（四）功能拓展

白纸坊街道的智能政务系统进行了功能拓展。

第一，社区电子沙盘及三维呈现系统作为整个街道数据信息和非数据信息可视化呈现的载体，是以 45 度倾斜俯视视角、以 3D 图片方式呈现的辖区鸟瞰图，可以为街道用户提供一个实时、可交互操作的虚拟社区环境。电子沙盘是以写真图片的形式，能够从多个角度左右旋转查看楼体外观，全方位、直观地提供白纸坊街道辖区内各种具有真实感的场景信息。电子沙盘通过弹出窗口的形式提供辖区住户人群特征及住户、商业网点的详细信息，方便对辖区建筑、居民信息的随时获取。电子沙盘构建出一个真实、直观的虚拟社区环境，为街道管理、社区服务以及突发事件处理等提供决策支持。

第二，知识库的建立主要是基于满足居民了解各种政策法规和办事信息的需要，拓宽居民的信息渠道。知识库通过信息抓取的方式，实现对发布内容的不断更新，保证信息的及时性、全面性，方便居民自助查询。知识库抓取信息的来源有北京市西城区政务网站、首都之窗网站以及首都城市综合信息服务平台中的相关通知公告、服务栏目等。知识库中设立的虚拟大厅是通过 Flash 动画，以 3D 虚拟场景的形式绘声绘色地展示政府行政服务中心大厅的全貌及办事过程。虚拟大厅的演示内容是以街道办事大厅的办事窗口、社区的为民代办服务内容（主要是指西城区各委办局为民办实事类项目）为范本，以居民为中心，以服务为导向，让居民轻松愉快地掌握所需信息。

第三，住房保障收件退件模块的建立是为了帮助住房保障管理人员对接待登记的各类保障性住房材料进行登记和管理，方便办事人员及时了解各申请家庭材料的提交情况、备案审核情况以及所处的申请阶段和申请状态。通过智能化的管理，便于工作人员快速调取相关信息，跟踪申请材料的状态，提高工作效率。

第四，社保日常工作分析预警模块是在对街道社保所日常工作数据、信息进行有效收集的基础上，通过对数据的整合、管理，以及对特殊数据的智能分析，对部分服务进行智能预警提示，为街道社保所的业务管理工作提供详细的基础数据信息支持，达到对数据的共享和最大化利用。

第五，民主测评模块是对原有民主测评过程的电子化。民主测评可以由主管科室随时添加需要测评人员的简介、测评内容等，向所有参加测评的人员发起测评。通过嵌入系统中的民主测评表和随机分派给各科的多个登录码实现不记名的网上测评投票。测评结果是通过系统进行严格的统计计算得出的，在有效缩短组织测评时间的基础上，保证了测评结果的公正性、准确性。通过检查各科室随机码是否已经被使用，可以在保证不记名测评的同时掌握各科室参加测评的情况，保证参加测评人数。

第六，智能桌面是从整理各办公系统的角度出发，以科室为单位，将目前所有通过网络办理的办公系统进行归类，以桌面软件的形式，直观地展示具有白纸坊街道特色的信息化办公方式。智能桌面在集中做好系统链接的基础上，还添加了预订会议室、值班表、民主测评三个部分，方便所有人员随时查看会议室预订情况和值班表，并参加不记名民主测评。智能桌面作为前台软件，可以直接连接智能政务系统，在智能系统中进行预订会议室、修改值班表等操作，在智能桌面上同步显示修改完成后的内容。智能桌面还增加了办公软件项目，办公人员可以将自己经常使用的 Office 等办公软件拖拽到项目中，建立快捷方式，通过点击直接打开需要的软件，实现了办公桌面的智能化。

（五）存在的问题

1. 数据存在不一致

在传统工作方式的影响下，各社区在通过计算机记录信息上基本保持了原有的记录模式，对各类信息的记录格式、记录内容基本都沿袭了纸质台账的模式。社区间同一类工作的记录内容、信息格式都存在差异。这种差异在街道和社区之间更为显著，这主要是街道与社区工作内容的差别，导致对数据的使用不同，在数据采集方面侧重点有所不同。在街道与社区对数据的沟通上一直以"街道需要某一方面的数据，社区就提供某一方面的数据"的模式进行，在数据的采集、记录上则缺乏有效沟通，导致街道与社区有大量交集以外的数据。

2. 系统壁垒现象突出

目前街道日常使用的 32 个系统中，仅有 3 个系统是需要两个科室同时使用的，其余系统均为专项系统，由涉及科室独自使用。系统的不交叉导致各系统间形成了数据壁垒，系统间的数据不能进行交换，新旧程度不一，社区要针对同一个人或同一件事件分别向不同科室报送数据。在向不同科室报送时，还会出现由于数据的更新程度不一，需要对数据进行重新调整的情况。数据的不完整性体现在各主管科室只掌握主管内容的信息，对于开展救助等工作可能造成扎堆。例如，对于享受低保待遇的残疾老年人信息就被作为低保、残疾、居家养老三个部分分别掌握在民政、残联、居家养老三个部门，没有形成一个汇总后的完整信息。这样不仅增加了社区的工作量，还可能出现数据的丢失、错误等问题。

3. 现有系统尚有局限性

目前各系统内的数据均为固定常用的信息，数据库的固定性造成了常用存储数据的局限性、不完整性，其他信息在需要使用时多数需要重新采集。一些社区为此进行了单独的记账，但各社区没有统一要求，格式和项目都存在差异。目前有部分数据对于街道的信息化建设来说是需要被掌握的，但没有被完整性地采集过，如危险源的详细信息，变电站、加油站等高危场所的详细信息。

4. 异地存储增加工作量

目前使用的办公系统多为各委办局建设的，社区和街道作为最基层的采集端口需要对采集来的数据进行录入。数据存储在各委办局，社区及街道使用时，由于不是数据存储地，会面对数据难以查询、不能导出的问题，导致数据使用障碍，由于此类原因，社区在使用这类办公系统的同时还在进行单独的台账记录，这给社区又增加了工作量。

三 先进地区有关智能政务系统建设的经验借鉴

（一）政企合作的江苏经验

江苏省街道系统早在 2010 年就已经形成了高效有序的社区信息服务体系。江苏省的主要经验是以增强社区的管理能力和服务能力为目标，依靠雄厚的经济基础，在政府的引导下，在区域网络上采用技术领先、性能良好的高速互联应用，以租用网络、共建平台以及外包服务等方式与电信运营商、信息服务提供商合作，健全完善规范的制度化社区信息采集、共享和维护机制，实现区域信息的扁平化管理。与此同时，江苏注重群众参与，在群众中进行广泛宣传，引导广大居民群众支持并主动参与社区信息化建设，提高人们对社区信息化的认知度，为推动社区信息化的发展创造良好环境。

（二）系统推进的杭州上城经验

杭州上城区的信息化建设经历了三个阶段，分别是初步创设阶段、形成体系阶段和品质提升阶段。第一阶段重点在于网络覆盖，上城区实行区、街道、社区三级纵向联网，在全区范围内实现了全覆盖，各部门、各街道、社区之间实现基础资料的共享和网络化。第二阶段重在功能开发，以建设"数字社区"为目标，在电信、电视、计算机三大网络协同的基础上开发呼叫服务、网站平台、应用软件、电子政务外网、市民卡服务、电子阅览室、小区家庭智能化以及居民基础数据库8个系统，实现办公自动化和台账电子化。第三阶段重在提高品质。以社区事务管理网和社区电脑、电视、电话服务网为依托，打造社区事务管理、居民互动网络、公共服务信息、居家养老服务、社会志愿服务和为民服务联盟的六个平台，让"数字生活"渗透到社区生活的方方面面，从而在社区层面形成一个高效便捷的服务系统。

（三）问题导向的武汉经验

武汉市社区建设虽然发展较快，但由于起步晚、基础差等历史因素，老旧社区的管理一直是薄弱环节。武汉市以老旧小区管理为突破口，首先，弥补短板，组建班子，形成有组织、有保障的工作队伍，及时迅速地开展工作，从而弥补起步晚的现实。其次，进行统筹规划目标任务，开展基础设施建设，弥补基础差的缺陷。最后，以居民需求为导向，以干部、百姓的双赢为机制保障，坚持党建引领信息化建设，以信息化手段推动和谐社区建设，实现老旧小区的信息化管理，走出了一条党建引领、问题先导的信息化建设之路。

四 三个方向促进智能政务系统建设

社区信息化发展是以信息化为契机推动社区治理的改革与创新，为群众创造文明、祥和、健康、积极向上的生活方式。目前，社区信息化需要把握以下几个方面的建设方向。

（一）坚持五个原则

在智能政务系统信息化建设中，要突出政府的服务、协调和引导作用，实现政企联动，最大限度地提升基础设施、资金、人员及政策等要素的效用。

一是要坚持科学规划，注重借鉴成功的实践经验，结合本地区的实际，平衡量尺，科学规划。二是要坚持整合资源，做到政企联动，在建设发展的进程中，要突出政府的服务、协调和引导作用，实现政企联动。三是要坚持重点突破，分类指导，对重点社区进行先行先试，探索社区信息化的新思路、新机制和新手段。四是要坚持务实高效，广大人民群众永远是各项工作顺利进展的基石和保障，尤其是一项切实相关人民群众的工作，更要坚持以人为本，促使全民受益。五是要坚持统筹推进，全面提高，要将社区信息化建设作为和谐社区建设的一个重要方面，与和谐社区建设的其他工作紧密地联系起来，统筹推进，切实保障社区建设的全面、协调和可持续发展。

（二）更新三大理念

推动社区的信息化建设首先需要更新观念，在各级领导、组织及相关人员之间形成共识。

一是要坚持以民为本的理念，管理效率的提高只是社区信息化建设的一个方面，满足社区居民多层次的服务需求才是社区信息化建设的根本出发点和立足点。要避免"重技术，轻服务"，始终正确地把握社区信息化建设的大方向。

二是要坚持以需为本的理念，社区信息化建设要通过不断地问需于民，使社区管理服务平台能够真正地为居民提供优质、高效、便利的服务，避免"重开发，轻应用"，不断提高居民的生活质量。

三是要坚持可持续发展理念，社区信息化建设要注重长效，注重制度建设，避免"重建设，轻管理"，建立和完善相关规章制度及考

核机制，充分体现对社区居民利益最大化的追求。

四是坚持共享共治的理念，避免"重政府，轻社会"，充分利用电视、广播、互联网等大众媒体，通过开展科普讲座、基础知识培训、社区竞赛活动、信息化系列报道等，让居民了解社区信息化给他们的生活带来的好处和便利，激发居民参与热情。

（三）健全四项制度

一是健全标准制度。坚持标准先行，完善社区信息化的建设标准，在标准统一的平台下实现社区信息化建设的互联互通、资源共享。在缺乏标准的条件下，社区信息化的效益会大打折扣。

二是健全居民参与制度。社区居民的广泛参与是基层社会治理的重要体现，也是社区信息化建设的必然要求。智能政务系统是一个复杂的工程，涉及政府、社区和居民，需要他们的密切配合和参与，政府在制度上要给予保障。

三是健全专业性的人才队伍建设制度。在推进社区信息化的过程中，专业化的人才队伍是实施社区智能化的基础。要积极引进和留住社区高级专业人才，不断完善对人才队伍的培养机制，创建有利于信息人才发展和创业的良好环境。通过增加教育经费、加大培训力度、采取国内外联合培养的方式，打造一支素质高、专业能力强的人才队伍和专业的志愿服务队伍，为社区信息化建设提供有力的人才补充。

四是健全阳光监管制度。智能政务系统的建设虽然在一定程度上要对一些机密的信息进行保护，但其正常运行也需要第三方的监督，媒体与社会的参与能够加强对社区信息化建设的监督，可使建设管理过程中出现的问题及时得到解决，从而保证社区信息化建设沿着正确的方向发展。

参考文献

杨新欣：《基层社会管理信息化建设的探索与启示——以济南市市中区兴隆街道社会管理电子化办公平台为例》，《中共济南市委党校学报》2013年第5期。

冯希莹：《对中国基层社会管理核心问题的思考》，《人民论坛》2012年第11期。

张立荣、丁亚琳、许远旺：《探索基层社会管理和服务体系建设新路径》，《政策》2013年第4期。

赵爱英、李超：《基层社会管理创新面临的问题和建议》，《决策探索》（下半月）2013年第5期。

王桢桢：《多元共治格局下基层社会管理创新的探索与思考》，《探求》2011年第5期。

调 研 报 告

Survey Reports

B.7

关于白纸坊街道推进城市管理
精细化的调研报告

摘　要：　实施城市精细化管理是新时期城市管理创新的重要途径，也是社会治理创新的必然要求。白纸坊街道积极适应城市化快速发展的要求，大力推进城市精细化管理，努力创造清洁优美、健康有序、功能完善、文明和谐的宜居环境。本文在准确阐释城市精细化管理概念意义的基础上，用"精、细、深、高"四字总结白纸坊街道推进城市坚持管理的实践经验，并结合白纸坊街道在实践中存在的问题提出了相关建议。

关键词：　精细化　城市管理　创新方式　白纸坊街道

一 精细化管理是提升城市治理水平的重要途径

精细化管理的理念和技术来源于企业管理。20 世纪 50 年代，日本企业广泛推广精细化管理，取得了巨大的成功。20 世纪 70 年代以来，在新公共管理理论的推动下，精细化管理被推广应用于政府和社会组织，成为提升公共管理效率的重要工具。城市精细化管理本质上就是运用精细化管理理念和技术，按照"精确、细致、深入、规范"的要求，通过优化工作流程、细化管理标准、整合调配资源、完善考核体系，对城市管理各个工作环节进行精量化定责、精准化操作、信息化指挥和网格化管理，配套建立起一系列规章制度，最后实现城市管理的标准化、常态化、数字化，并达到"无缝隙、全覆盖、无死角"的城市精细化管理目标。

（一）城市精细化管理的特征

城市精细化管理的基本特征是精确、细致、深入、规范。

1. "精确"，即精准、确切

一是重视调查研究和先期规划。城市管理是一项宏大课题。精细化管理要求管理者着眼于地区城市管理工作现状、面临的困境和未来发展趋势、目标，对如何提升城市管理水平做出有益思考，预先做出科学合理的规划。二是重视底数，分类管理。精细化管理要求管理者必须弄清管理对象的底数，包括管理内容、状态、位置、属性等，建立健全基础台账，依据不同的标准对每一类对象实行有效管理。

2. "细致"，即聚焦细节，精雕细琢

从居民关心的细枝末节做起，提高城市建设质量和城市管理水平。一是要求管理者将精品意识融入城市建设细节，通过总体规划、功能分区、园林绿化和人文风貌塑造等，打造精品工程，营造浓厚的文化氛围，提升城市品质。二是要求管理者能够有效快速地处理"琐碎的小事"，如某绿地堆积杂物、某路段路面破损积水、某处道路照明偏弱等。以城市井盖为例，根据相关资料，井盖的分类有19种，一旦出现问题，市民举报时也未必说得清楚，职能部门难以获得准确信息，也就无法及时补救。如果城市管理者能将井盖的位置、用途、使用状况准确标识出来并进行编码，相关部门就可以在第一时间有效处理问题。

3. "深入"，即深刻、透彻

城市管理工作是一项长期而艰巨的任务，不可能"毕其功于一役"。目前仍然存在运动式、粗放式、"重面子"的城市管理理念和方式，有的搞突击、"一阵风"，有的仅停留在纸面上，执行跟不上。精细化管理重长效、重基础，唯有由表及里、由浅入深地实现城市管理体制改革，整合资源，形成城市管理合力，才能将传统、被动、分散的管理转变为现代、主动、系统的管理，彻底改变地区环境面貌，实现城市环境的良性、可持续发展。

4. "规范"，即细化、量化

精细化的城市管理要求本着细化、量化的原则，由市政、园林、环卫、城管执法、供热等责任单位对管理对象的处置程序、操作规程、完成时限、责任范围等做出详细的规定，制定一系列管理标准，建立标准化体系。要在各部门建立管理标准，从服务工作流程、岗位工作要求、服务质量要求、质量评价考核等方面对城市管理行为进行规范，汇编成册，作为执法、监督、执行等各个层面的工作指南和执行依据，实现城市管理的制度化、规范化，形成整体的管理体系。

（二）实施城市精细化管理的目标

从宏观上看，实施城市精细化管理的目标是把人民群众的利益作为根本出发点和落脚点，体现"以人为本"的理念，努力创造宜居的城市环境，让人民群众共享城市管理成果，让人民群众生活得更舒适、更健康、更方便。从微观上看，实现"无缝隙、全覆盖、无死角"是城市精细化管理的目标。有效整合现有城市管理力量，将城市管理的触角延伸到每一条街巷、每一个社区，做到管理目标明确、责任到位、整体联动、效能提高，确保重点地区、主要大街、居住区各类顽症痼疾得到有效治理，城区环境秩序明显改善。因此，城市精细化管理的目标主要包括以下两个方面的内容。

1. 让群众生活更健康舒适

目前，我国大多数城市的规划及基础设施建设标准较低，市政基础设施比较薄弱，设施总量不足、系统不完善、结构不合理、技术装备水平较低，造成了很多问题。例如，地下管网建设不力导致城市道路损坏严重，甚至出现了城市内陷事件，给人民群众的生命安全造成了严重危害。提高城市精细化管理水平，首先要提高城市建设的总体标准，细处挖、精处做，保障群众的切身权益。

2. 让城市管理更便民利民

强调便民、利民，就是要强化需求导向，倡导公众参与。实施精细化管理不是政府"唱独角戏"，而是以社会需求为导向，鼓励各类社会组织和公众参与城市管理。参与的办法可以是多样化的，政府可以引入市场机制，如在城市用水、供气、污水和垃圾处理等行业采用服务外包和购买等方式解决一些难题，努力降低城市管理成本。拓展社区服务职能，发挥居民自治的作用，注重听取群众意见，主动接受民主评议、公众评价和舆论监督。

（三）实施城市精细化管理的重要意义

1. 实施城市精细化管理，能有效提高政府公共管理和服务的水平

在服务中实施管理，在管理中体现服务，建设服务型政府，是政府改革的重要目标。城市管理中引入精细化管理的方式可以有效提升

政府的服务管理效率。通过行政理念的转变，有序引入专业管理和竞争机制，强化政府服务与监督职能，提高建章立制、部门联动、应急管理、网络化技术应用、绩效考核等方面的能力和水平，让地区环境整体水平迈上新台阶，逐步提高居民生活品质，提升群众获得感和满意度。

2. 实施城市精细化管理，能有效解决城市发展痼疾顽症

堆物堆料、私搭乱建、占道经营、机动车乱停放等一系列行为屡禁不止，难以从根本上杜绝。传统管理方式将精力用在突击检查和集中整治上，无法很好地从源头上加以控制。而精细化管理针对街容市貌、园林绿化、环境卫生、交通规划、公共服务设施等都有一套标准化指标和管理方式，从细处着眼，摒弃规划不精、忽视细节、标准模糊、执法不严的粗放式城市管理方式，不断调整、消除因产业结构、经济结构落后造成的不和谐因素，解决困扰城市发展的"老大难"问题，实现城市的可持续发展。

3. 实施城市精细化管理，是创新城市管理模式、优化城市功能的有益探索

当前首都发展已经进入城市功能优化的重要时期，在基础设施承载能力、信息化管理水平、应急管理能力等方面还存在许多难题。城市精细化管理既是对落后的管理方式的否定，也是一种全新的设计和创造。树立精细化管理理念，对处理好建设与管理、保护与发展、发展与宜居的关系，不断完善城市服务功能，提升城市管理水平具有重要作用。

二 白纸坊街道全力推进城市精细化管理工作

（一）白纸坊街道地域特点分析

白纸坊街道位于北京市西城区西南部，辖区面积 3.1 平方千米，主要有 12 条大街、76 个胡同、18 个社区、144 个小区，其中老旧小

区 138 个，户籍人口 9.6 万人，暂住人口 2.3 万。辖区产业以商业、服务业等第三产业为主，有北京印钞有限公司、中国邮政集团公司邮票印制局等印刷生产单位。目前辖区内主干道路环境干净整洁、绿化程度较高、经营有序，街巷胡同改造成效显著，居民居住环境得到提升，但地区环境治理任务仍然很重。

一是老旧小区、平房区多，环境问题较为突出。辖区内有平原里、双槐里等大型回迁老旧小区，有光源里、菜园街平房区等"城中村"，还有建于 20 世纪五六十年代的总共 72 栋大屋脊建筑。老旧开放式小区、平房、简易楼多，物业管理不到位，产权单位失修失管，造成历史遗留问题多，违法建筑分布广，市容环境水平低，背街小巷环境卫生死角多，居民群众生活多有不便，城市管理相对困难。

二是外来人口、低端业态多，各类安全隐患较为突出。辖区位于西城区和丰台区交界地带，常住人口密度大，外来人口多。辖区内有"七小门店"776 家，商市场 24 处，出租地下空间 32 处，无照游商、店外经营、乱堆物料、私搭乱建等现象突出，低端业态呈线状集中，流动人口聚集，由此引发了一系列环境、交通、治安、秩序问题，给管理带来压力。

（二）白纸坊街道城市精细化管理措施

面对城市管理工作现状，白纸坊街道准确把握西城区首都功能核心区的定位，紧紧围绕"推进城市精细化管理，推动城市功能优化提升"的思路，努力改善地区环境面貌。街道将城市精细化管理工作理念贯穿到城市建设与管理的方方面面，延伸到居民身边，地区环境整体水平获得提升，居民好评率、满意度不断上升。

1. 做好"精"字文章，夯实城市管理精细化工作基础

为落实精细化管理，白纸坊街道结合辖区实际，聚焦地区环境治理重点、难点问题，先后撰写完成《抓住重要环节提升社区治理水

平》《关于平原里小区"楼上楼"的调研报告》《光源里地区调研报告》《关于平原里小区污水管线问题的调研报告》等一系列调研文章，开拓思路，谋划发展，为推进城市精细化管理提供了理论支持。同时，街道全力摸排城市环境治理相关要素基本情况，建立社会单位、街巷楼门、地下空间、公用设施、市容环境、道路交通、园林绿化、房屋土地、施工管理、街面秩序、景观照明、再生资源、物业管理等40余个数据台账，并进行动态管理，在整治过程中不断更新完善，做到情况明、底数清、数字准，为城市精细化管理提供数据支撑。

2. 做好"细"字文章，优化城市管理精细化工作流程

建立制度，固化流程。一是落实网格化管理制度。按照网格功能属性，以每个社区划分为2~4个网格的密度进行优化，将18个社区划分为66个管理网格，确保网格全覆盖。按照分级管理原则，由街道干部、社区工作者、各类综合协管员分别担任网格协调员、管理员、服务员，由派出所、城管分队、工商所、卫生监督站、食药监督所、消防支队等派驻到社区的工作人员担任网格执法员，由社区党员、居民代表、楼门院长、志愿者等人员担任网格共建员，充实网格力量，畅通信息搜集上报渠道。二是推进信息化应用制度。进一步拓展全响应指挥中心功能，推进社会工作网络化、城市管理网络化和综合治理网络化的"三网合一"管理机制。运用互联网、PDA平台、视频会议、视频监控等信息技术，统筹管理地区职能部门和社区网格的人、组织、事件等信息数据，达到资源共享，加强对指挥处置、民情日志等事件的统计分析，定期形成《地区情况分析报告》，实现实时对接、快速响应、积极处置，为城市管理工作决策提供依据。三是引入专业化竞争机制。街道顺应地区发展形势，落实环卫、绿化作业市场化、专业化的工作要求，将总计32.37万平方米的保洁工作承包给区环卫六队白纸坊保洁队，将总计9万平方米绿地的管理养护工作承包给区园林市政管理中心滨河公园管理处，制定相应的工作标准和

考核制度，取得了良好成效。

明确责任，细化流程。进一步强化街道组织协调、综合管理职能，厘清与驻街科站队所、单位和居民的关系，细化城市管理各项指标任务，确保每项任务"责任有人负、落实有时限"，层层健全管理责任，提高管理实效，形成严格管理、严格监督、严格执法的局面。对职责交叉区域管理责任进行了重新划分，避免推诿扯皮现象，杜绝出现城市管理盲区。此外制定了城市管理科工作职责及人员分工方案，细化分解了20余项工作指标任务，对科室学习制度、廉政制度、考勤休假制度、科务会制度等进行了明确规定。街道着力筑牢城管科干部、社区卫生主任、城管监督队、街道环境应急小分队、垃圾分类指导员5支队伍建设基础，努力打造纪律严明、敢打敢拼、形象良好、服务热情的城市管理工作队伍。

强化考核，规范流程。制定了白纸坊街道关于城市秩序管理中进一步加强职能部门属地管理的方案，严格执行城市管理考核工作标准，每月对白纸坊地区城管、公安、工商、消防、卫生、交通、食药等科站队所进行考核评分，提高了联合执法水平；每月开展爱国卫生工作检查，提高辖区党政机关、餐饮企业、学校等单位的环境保护和卫生意识；每周五由城管科干部、监督队员、志愿者等组成巡查队，检查社区环境卫生，督促社区卫生主任积极履职，组织好"周末清洁日"活动；将"六大战役"、重要会议活动期间的环境服务保障工作表现纳入年终考核，激发机关科室和社区干部的工作积极性。

3. 做好"深"字文章，健全城市管理精细化工作机制

构建辖区管理与执法资源整合机制。建立白纸坊地区科站队所联席平台，制定针对驻街行政执法部门的参会、议事、考核制度，形成文件物化监管机制。依托这一平台，街道要求执法部门弱化警种和职能界限，"无论是涉及哪个部门职责的问题，凡是一个部门解决不了的都拿到这个平台来解决"，驻街科站队所攥成拳头、激发合力、联

合会诊、综合解题。定期召开联席会议，对辖区存在的难点问题和脏乱差现象进行研判、分析，提出一整套整改方案，确保城市管理综合性"疑难杂症"、困扰城市发展的"老大难"问题在"一个棋盘"上、"一驾马车"上得到解决。该项精细化管理机制的贯彻落实，确保了白纸坊通恒万龙市场撤市，环境整治"六大战役"，平原里小区7号、8号楼南侧底商整治以及里仁街、半步桥环境整治等联合执法行动取得明显成效，改善了居民居住环境，受到群众的好评。

构建动态管理和综合措施巩固机制。一是在市容环境整治、卫生、垃圾分类、绿化美化、工地管理等日常动态工作中，与全区15个职能部门30余个对口科室加强协调联络，合力保障环境问题快速解决，实现管理与执法工作的有机衔接。二是统筹现有资源和力量，全力推动40个城市精细化管理问题落地，坚持"动态建账、定期议账、逐一销账"，定人定责定时，将精细化管理进行层级式分解，不留空白和盲区。三是落实"门前三包"责任制，与沿街单位、商户签订"门前三包"责任书，制成标识牌，上墙明示；在老旧小区试点实行社区、业委会、物业服务企业"三位一体"的自治管理模式，化解业主与物业的矛盾，确保环境整治效果不反弹。四是坚持"三分建，七分管"，以综合措施巩固整治成果。在陶然亭地铁站修建自行车棚，引入专业管理公司规范秩序；合理利用右安门桥头、平原里小区整治后腾出的空地，在这些空地上将建立停车楼、停车位；2014年以来拆除违法建设273处、1.2万平方米，对自拆煤棚的居民进行实物奖励，同时在拆违空地上搞好绿化，在永乐里、建功北里新增自行车棚、健身器材、晾衣杆和棋牌桌等设施，做到"以点带面，拆除一个，带动一批，美化一片"。

完善社会动员机制。集中广大居民的智慧，共同破解城市管理难题。发挥居民自治的优势，成立业主委员会，妥善解决华龙美钰小区停车难问题；定期开展"月末清洁日""共建美丽白纸坊"系列活动，发动社区党员、积极分子、楼门院长、志愿者等开展环境卫生大扫除，清理卫生死角、非法小广告等，居民参与城市管理的意识不断增强；通过社区 LED 显示屏、黑板报宣传，设立宣传站等方式，号召居民自觉抵制违法违规行为，向居民发放《致居民的一封信》，在老旧楼房抗震加固、节能改造、"煤改电"等重大工程项目实施过程中，以及平原里和里仁街综合整治、撤销万龙市场、应对空气重污染等工作中，得到居民的积极支持和配合，减小了整治工作阻力。

完善城市管理应急机制。将防汛、扫雪铲冰、治理空气重污染等工作纳入街道应急工作体系，成立街道应急工作领导小组，制定操作性强的应急管理工作预案，实行应急抢险队伍实名制；成立由房管所、保洁队、绿化队等组成的 9 支共 335 人的专业抢险队，定期开展应急演练；做好与对口职能部门和区指挥部成员单位的对接，随时接收上级部门的指示，及时上报工作进展；成立直接由街道管理的 10 人组成的环境服务保障应急队，加强日常巡查，协助专业队伍处理路面塌陷、污水管线堵塞、道路积水、树木倒伏等各类险情，做到防患于未然。

4. 做好"高"字文章，树立城市管理精细化工作标杆

白纸坊街道落实区政府 2014 年环境建设任务目标，以实际工作践行党的群众路线，分别对南菜园街、南菜园 1 号院、樱桃二条、樱桃三条实施精品大街、精品小区、精品胡同改造，并以此为标杆，将"自治、特色、长效"的示范经验逐步在辖区推广。

"精品大街"抓自治，通过拆违、绿化提升等工作优化南菜园街"硬环境"，并同步推进精品街的"软环境"建设，建立了"四会一组织"的管理机制，探索齐抓共管的精细化管理模式。

"精品胡同"抓特色，挖掘樱桃二条、樱桃三条胡同的历史文化价值，设置文化墙、展板等宣传樱桃园历史渊源，创设精品胡同浓郁独特的文化氛围。

"精品小区"抓长效，坚持"小区如何改，居民说了算"的原

则，召开多次居民听证会，修改小区改造方案，成立业主委员会，让群众成为管理的主体，完善"管建合一"的长效管理机制。

三 对城市精细化管理工作的思考

白纸坊街道从建章立制、优化流程、机制创新、服务民生、破解难题等方面对精细化城市管理做了积极的尝试和探索。他们的实践，对于我们深入思考超大城市基层治理的规律，进一步完善基层治理体系具有重要启示。

（一）处理好"建设"与"管理"的关系

城市治理是一个系统工程。城市环境是城市规划、建设和管理共同作用的结果。提高城市精细化管理水平，还需要进一步强化城市规划、建设与管理的协同，既要加强"顶层设计"，从规划、体制机制层面做出全面统筹的考虑，又要做实细节，重视城市管理的各个单位、部件、要素等。比如，在治理交通拥堵、规范交通秩序方面，一方面，政府下大力气抓交通设施建设，从细处提升城市运行保障水平；另一方面，也要搞好科学合理的城市规划，布局合理，规模适当，职住平衡，服务配套，让市民能够相对就近就业、就近购物、就近休闲。这两者统筹兼顾，才能达到交通问题"标本兼治"。在街道城市管理工作中，既要准确把握西城区首都核心功能区的定位，着眼于地区长远发展，又要解决好群众身边的环境问题，满足群众的基本生活需求，在解决好"发展"与"宜居"关系的基础上统筹规划、建设和管理各个环节的工作。

（二）处理好"统一"与"差异"的问题

处理好城市规划、建设与管理的关系解决的是"硬件"问题，而要实现城市管理精细化还需要更多地关注法律、制度、政策、规范等"软件"的协同、协调问题。城市精细化管理的"统一"与"差异"并不矛盾。"统一"即必须坚持法律制度，全面梳理城市管理的法律、法规和规章制度，在城市管理方面，针对存在的难点问题，建立完善的法规体系来明确政府、市场和社会各方的职责，做到有法可依。"差异"即针对不同的问题，采取有针对性的措施，坚持以人为本，杜绝"一刀切"现象的发生。事实上，面对日新月异的城市化进程，城市管理的政策、制度、法律滞后与城市发展的矛盾始终是我国城市管理的主要矛盾，这就需要鼓励创新，鼓励"差异"，不断从丰富多彩的基层管理实践中总结经验教训，及时把基层经验转变为政策制度。例如，白纸坊街道针对不同老旧小区的物业管理问题制定贴合实际的管理办法，对于完善老旧小区物业管理政策具有重要借鉴意义。

（三）解决好精细化管理的考核机制问题

精细化管理的核心是责任明确，"严考核、真问责"。这就需要制定详细的考核指标和考核办法，使各个责任主体具有清晰、明确、可考核、能问责的职责边界。从明确的管理体制来看，重点是要解决好考核的责任主体问题，是街道考核部门还是部门考核街道，这就需要进一步推动城市管理重心下移，落实街道统筹治理辖区事务的属地管理权力，建立城市精细化管理的奖惩制度，对有关部门进行绩效考核评价，通过专业部门专项考评、社会监督定期通报等多种形式，落实考核评价机制，不断强化日常管控措施，助推城市管理精细化。

（四）解决好居民参与和文明素质提升问题

城市精细化管理的方式和目标决定了城市管理要靠全民参与。要强化党的领导和政府的主导地位，充分发挥社会监督和媒体的舆论导向作用，宣传健康文明的生活方式，引导群众增强文明意识、卫生意识和城市管理意识。树立社区治理理念，全面提高社会动员能力，特别要多关注施工工地、"城中村"等的外来人员工作和生活的场所，研究基于社区参与的外来人口管理模式，不断加强和完善对外来人口的教育培训，让他们真正融入这个城市，共同创造宜居幸福的城市环境。

参考文献

北京市西城区白纸坊街道：《白纸坊街道处级领导调研报告》（2013～2014）。

北京市西城区白纸坊街道：《白纸坊街道工委办事处年度工作总结》（2010～2014）。

北京市西城区白纸坊街道：《白纸坊街道工委办事处各科室年度工作总结》（2010～2014）。

胡世钦：《北京市西城区城市环境建设管理精细化从"新"上下功夫》，《城市管理与科技》2011年第6期。

李登军：《青岛市市北区城市精细化管理研究——以特色商业街建设为例》，西安科技大学硕士学位论文，2013。

黄振威：《大数据时代的政府精细化管理》，《学习时报》2015年3月16日。

B.8
关于白纸坊街道加强青年社工队伍
建设的调研与思考

摘　要：　社区工作者身处城市改革、发展、稳定的第一线，直面社区和居民，既是推进基层党的建设和社区各项事业的重要力量，又是构建社会主义和谐社会、加强和创新社会管理不可或缺的有力推手。2012 年，我国第一个关于社会工作专业人才队伍建设的中长期规划——《社会工作专业人才队伍建设中长期规划（2011—2020 年）》颁布，明确提出要"培养造就一支数量足、结构优、能力强、素质高的社会工作服务人才队伍"。而在这支队伍中，青年社区工作者在优化社区工作者队伍结构、提高社区服务质量专业化程度、促进社会和谐发展等诸多方面，发挥着越来越大的作用，并逐步成为社区工作者人才队伍中的主力军和中流砥柱。本报告通过问卷调查、座谈交流等形式，对白纸坊地区青年社区工作者综合状况开展了专项调研，研究当前青年社区工作者队伍状况和存在的突出问题，对促进青年社区工作者队伍健康发展具有一定的理论指导意义。

关键词：　青年社区工作者　社工专业化　社工队伍建设　白纸坊街道

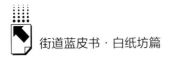

一 社会工作专业人才队伍建设发展现状

社会工作专业人才是具备一定的专业知识技能以及相关工作经验，在社会救助、社会福利、慈善事业、扶贫济困、婚姻家庭、社区建设、就业援助、残障康复、群众文化、教育辅导、犯罪预防、职工帮扶、矫治帮扶、禁毒戒毒、应急处置和人口计生等领域提供专业社会服务的专门人员。

自党的十六届六中全会提出建设宏大的社会工作人才队伍的重大战略决策后，我国在加强社会工作专业人才队伍建设方面稳步推进，通过不断的实践和探索，形成了一支近 20 万人的具有专业能力的社会工作人才队伍，对推进公平正义、化解社会矛盾、解决群众困难、提供专业服务、促进社会和谐发展起到了越来越明显的作用。

（一）社会工作专业人才队伍总体结构良好

社会工作专业人才队伍自 2000 年社区进行体制改革以来，其年龄结构和知识结构总体呈现良好发展态势。从年龄结构来看，目前，社会工作专业人才以 30~50 岁的中青年为主，他们大多人生阅历丰富、工作能力强。20~30 岁的青年人包括许多应届毕业生在择业时也会考虑社区工作岗位，使得社会工作专业人才队伍越来越年轻化。从知识结构来看，一方面，从中央政府到地方政府都非常重视对社会工作专业人才的培训，这些培训既包括让在职的社会工作专业人才参加各种在职教育，也包括一些教育、文化、综治、数字城管和劳动保障等具体知识的培训；另一方面，社会工作专业人才队伍知识结构的改变还反映在社会公开招聘方面，一些社会学、法律、心理学、管理学、社会工作等专业的毕业生不断加入社会工作人才队伍，优化社会工作专业人才队伍。

（二）社会工作专业人才队伍的工作能力有所提高

近年来，随着一部分高学历专业人才加入社会工作专业人才队伍，社会工作专业人才队伍的总体能力有了明显提高。他们一般通过考试上岗或是选聘、竞聘上岗，专业知识丰富，语言和文字表达能力较好，整体素质较高，从根本上改变了传统社区居委会的面貌。同时，社区居委会通过网络等高科技手段极大地提高了工作效率，改善了办公条件，方便了与居民的及时沟通和交流。

（三）社会工作专业人才普遍增强了社会价值感

目前，社区居民对社会工作专业人才的工作给予了充分认可，各地政府也都越来越重视社会工作专业人才队伍的建设和发展，通过有效措施提升社会工作专业人才自身的归属感和社会价值感。这些政策包括《北京市社会工作者培养、评价、使用、激励工作实施办法》、《关于进一步加强和改进志愿者工作的意见》、《关于选聘高校毕业生到社区工作的实施意见》（北京）等。此外，为了提高社区居民对社会工作专业人才的了解和认可，各地政府通过举办"社工节"等一系列有意义的活动来增强社会工作专业人才的自豪感和使命感。

二 白纸坊街道青年社工队伍建设存在的主要问题

作为白纸坊街道社区建设的一支新兴力量，青年社会工作专业人才（简称"青年社工"）在地区治理中发挥着日益重要的作用。为了全面了解青年社工的工作情况，掌握青年社工在社区工作中遇到的一些问题，帮助其适应工作环境、调适心理落差、进一步融入社区，充分发挥其优势并更好地为社区建设服务，在白纸坊街道工委办事处的

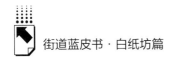

支持下，课题组组织了一次针对白纸坊街道青年社工的问卷调查。调查结果显示，白纸坊街道青年社工存在以下几个方面的问题。

（一）学历层次普遍较高，工作经验普遍较少

白纸坊街道35岁以下青年社工共有69名，60名青年社工接受了此次的问卷调查。其中，大专以上学历的达到100%，大学本科学历以上的占80%，硕士研究生学历的占20%，整体学历较高；21人由"学校人"直接转变为"社会人"，"社区工作者"为其第一份工作。这些青年人大多数都能在短时间内融入社区工作，勤奋敬业，积极为地区居民服务，表现出较强的适应性。部分青年社工还将自己的专业特长与分管的业务相结合，尤其在办公信息化手段运用、活动创意方面有着明显优势，对社区工作创新发展起到了积极作用，得到广大居民的认可和肯定。

虽然青年社工在年龄、知识、工作热情等方面有较大优势，却因为缺乏基层工作经验，在具体工作中常常遇到困难。当他们真正直接面对社区居民，而且绝大部分是比自己年长很多的居民时，部分青年社工，特别是刚入职的社工，还不能熟练地用"老百姓"的语言和"老百姓"的方式与居民沟通，往往一时间找不到合适的沟通方法和解决问题的办法，特别是当发生意见分歧或是"说不明白"的时候，显得不知所措、无所适从。社区的工作内容非常具体，除了业务工作外，更多的可能是调解纠纷、解决居民生活中的实际困难，像井盖丢失、高压线压树、宠物随地大小便引发邻里纠纷等，都是些家长里短的事，琐碎而具体，很难辨出谁是谁非。这些都需要有一定的基层工作经验和工作技巧，也是这些青年社工身上特别缺乏的。

（二）能力素质总体较高，发展空间相对较小

参与调查的60人中有会计师、平面设计师、建筑设计师、社工

师等职业等级证书的有 27 人，其中 3 人有中级证书，专业优势比较明显；他们在社区与其他同事交往过程中，也能够保持谦虚、热情的态度，能够较好地处理与同事之间的关系。8.00% 的青年社工认为自己在同事和朋友中"非常受欢迎"，68.33% 的青年社工表示自己是"受欢迎"的。调查数据显示，这些青年社工的能力素质整体上都不错。

但无论青年社工的工作能力有多强，时间有多长，工作成绩有多显著，如果不"跳槽"，作为社会工作专业人才以后的发展前途就只有"社区工作站站长"或是"社区书记、主任"，对于大多数青年社工来说，这是难以长久坚持社会工作的一个重要原因。虽然有 40 人在调查中表示"打算长期从事社会工作"，但部分社工在有了更好的选择或解决了北京户籍后，还是脱离了社工岗位。曾有一个北京籍青年社工在与街道签协议后三个月便离职了。这种人员进出频繁的状况，对社区工作的稳定发展是非常不利的。在"未来职业定位"的多项选择中，接受调查的 60 名青年社工中 47 人首选"政府机关、事业单位"，排名第二、第三的分别是"教育培训"和"文化产业"，分别有 20 人和 19 人。目前，国家公务员考试、北京市公务员考试和一些事业单位招聘中对"基层和生产一线工作经历"有要求，但对"铁饭碗"的"争抢"注定是少数人的成功，加上社区日常工作较忙，使青年社工参加考试的准备时间少，在这一方向发展过程中，常常受挫。参加座谈的 5 名青年社工，基本全部参加过公务员或事业编制干部的考试，也有 1 名社工冲进了"面试阶段"，但也止步于此阶段。这样的社区工作发展前景令青年社工迷茫，甚至"水土不服"，这种现象已成为社工工作持续稳定发展的重要瓶颈。

（三）社区事业价值高，自身职业定位低

在参与调查的 60 人中，33 人认为作为一名社区工作者"责任"

是最重要的，"敬业精神""吃苦耐劳"这两个选项选择人数分别有14人和12人。由此可见，从事社区工作是需要有敬业精神和奉献精神的，很多青年社工也的确在工作中融入他们的青春和热情。如白纸坊街道菜园街青年社工赵平，凭借自己园林专业背景和园林方面的工作经验，在社区开展了"绿色讲堂"，向社区居民传授绿植种养知识，深受群众欢迎；青年社工王秀珊学习的是心理学专业，她利用专业特长为社区居民、社区工作者、青少年做相关心理辅导，对促进家庭关系和谐、邻里和睦做了非常有益的尝试。很多社区的"一把手"对自己社区的青年社工是很肯定的，认为他们有激情、思维活跃、有创造力，在策划活动、制定方案等方面有着明显优势。这部分青年社工，在经过社区工作的锻炼后，个人综合能力有了大幅度的提升，不仅成为社区工作的行家里手，自身的进步也很大。

但在社工岗位"吸引力"多项选择调查中发现，60人中只有2人选择"能实现理想"，4人认为"发展前景大"，5人选择"能发挥专长"；而选择"工作稳定""解决户口""工作压力小，不累"的分别有40人、13人、16人；还有个别人是因为"离家近，方便照顾家里人"和"希望转成事业编"才选择社工这个岗位的。通过数据不难看出，这些青年社工对自身职业价值的定位并不高，再加上同龄、同期的社会单位人员，有进入体制内的，有得到高薪酬的，还有一些人虽然生存现状不理想但事业上升空间大，而与他们相比，青年社工在这几方面明显处于劣势，心理落差大，自身缺乏归属感，特别是一些在学校品学兼优、活跃在各社团组织中的青年社工，心理落差更大，少数青年社工对社区工作曾经出现过抵触情绪。

（四）工作标准要求高，社工职业社会认可度低

接受问卷调查的60人中，27人对自己的工作要求是"尽善尽

美"，还有 21 人选择了"让领导满意"，而这些青年社工的补充回答更是集中在"为居民服务好""尽自己最大努力""让身边人满意"等方面。由此可见，青年社工在岗位上对自己工作完成的标准还是很高的。

社区工作者的工作性质和工作内容与社会上绝大多数"工作单位"的有着本质区别，而社工又不属于公务员或事业编制人员，很多人都不把"社区工作者"当成一份正式工作，认为这个岗位是个"婆婆妈妈"的岗位，看上去一天从早忙到晚，却看不出来到底在忙什么，都是些"鸡毛蒜皮"的事。座谈中，有一个大学生社工谈到当初选择"社工"这个职业，是因为感到这份工作"在社会上的认同感和影响力都很大"，然而在具体工作中才发现，服务社会的表现方式完全和他想象的不一样，而且身份也很尴尬，感觉自己是在"夹缝里"；还有个别青年社工在和同学、朋友相处时，有压力，心理落差较大。此外，社区中许多居民也给青年社工贴上"80 后""90 后"的标签。居民对这些高学历、专业化人才到社区工作存在疑问，"光有书本知识，社会阅历和生活常识都严重不足，在家都'啃老'，出门能服务他人？"这种居民的怀疑和不认同，对这些青年社工的热情是一种直接的打击。

（五）工作任务重，收入回报低

有人说社区工作者是"小巷总理"，形象地说明了社区工作的琐碎和繁杂。虽然每名青年社工在分配岗位时都是一人一职，有固定职责，但在实际工作中，常常是工作任务接踵而至、压茬推进，甚至一个比一个紧急，如果碰上中心工作、临时任务安排，每个人除了干好自己的本职工作外，大家还要一同参与。如遇到中心工作，周末基本都要停休。另外，每逢大小长假，包括春节在内，社区也要安排值班，个人可支配时间有限，生活节奏和家庭成员难以

同频。

　　无论是社工座谈，还是问卷调查，青年社工都反映了一个共同的感受，社区工作很辛苦，但待遇却不高。在调查中，60人中只有1人觉得自己经济状况不错，其他均认为经济状况不理想。57名青年社工，月收入为2000～3000元。需要租房生活的青年社工有23名，房租支出占月总收入50%以上的有13人（含合租），其中4人则需要拿出总收入的80%以上。在27名未婚青年社工中，18人每月没有剩余的钱，14人仍需要家庭支援；已婚的33名青年社工状况好一些，在"每月剩余"上，11人表示能有2000～3000元的余款，但也有11人，每月余款不足1000元。参加座谈的5名青年社工里，已婚的北京人感觉生活压力要小一些，他们在吃饭和住房方面可以节省不少，另外稳定的生活圈子、熟悉的成长环境，也会缓解经济带来的压力；而单身社工，特别是外地生源的青年社工，则普遍感到经济压力大，所租的住房更是出于经济方面考虑，离城区和单位较远，大量时间被浪费在上下班途中。

（六）理想期望值高，工作满意度低

　　很多青年社工入职前，对"社区工作者"这一职业并没有进行充分的了解，对即将面对的工作内容和工作环境缺乏基本认知。在他们刚加入社工队伍时，不少青年人的确有干一番事业的雄心壮志，觉得自己有一定的知识、学历，希望能够通过自己的努力，成为一个区域发展的带头人，使居民得到帮助，社区面貌有很大变化，社区活动有很多创新等。然而下到基层后，遇到的情况和想象中的的确有差别，他们从没有想到，社区春节晚上要值夜班，大小长假也要值班，也没有想到调解一个简单的居民纠纷会用一下午的时间，更没有想到，戴着"红箍"，拿着材料，走家串户会成为他们工作的主要内容。正是这些"没想到""不了解"，造成了这些青年社工日后工作中心理预期与现实工作的巨大落差。

随着对工作的逐步熟悉了解，这些社工会逐渐发现，在社区必须完成的"规定动作"占到社区全部工作的半数以上，自主发挥的余地不大，即便是自己有了一些活动创意，也因为事先没有充分考虑到活动的可行性和资金、场地、时间等的限制，而没办法实现。调查中，18 名青年社工认为自己的能力没能充分发挥与"缺少发挥机会""自身专长与岗位不匹配""岗位与本人兴趣不一致"等因素有关。在"对目前工作是否满意"项目里，"非常满意"的只有 3 人，"比较满意"的有 19 人，而 10 人选择了"不太满意"，2 人选择"很不满意"。

三 进一步加强青年社工队伍建设的若干建议

（一）建立循序渐进的岗位锻炼模式

基于青年人基层历练少、对社区工作陌生等因素，要建立本社区循序渐进式的岗位锻炼模式，由易到难，由单一线条到全面综合。首先，现在绝大部分社区的信息员都是青年社工，这种安排能有效地让这些青年社工通过收集、整理、报送信息等工作，了解社区整体工作情况，对各项工作运转程序形成初步概念；其次，在老社区工作者的带领下，下户走访居民，组织、策划社区文体活动，开展宣传工作，多和社区居民接触，即便遇到困难、出现矛盾，也都比较容易解决，有利于发挥青年人知识结构优势，更容易使其在社区建设中找到自信心和成就感，调动其积极性和主动性；最后，逐步安排青年社工接触计生、民政、环境卫生等领域，这类岗位与居民接触密切，政策性强，矛盾相对集中、突出，对青年社工来说，在这些岗位经受锻炼是提升能力、磨砺意志的有效途径。

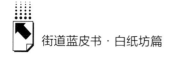

（二）帮助青年社工找好岗位定位

由于青年社工素质基础不同、专业技能不同、成才愿望不同，社区领导在分配岗位时，遵循"让适合的人干合适的事"的思路，在经过认真观察和考察后，合理安排好这些青年社工在社区的岗位，尽可能地提高个人与岗位的匹配度。不能因为青年社工年龄小，就干"青教工作"，不能因为他们有文化，就简单地安排他们当"社区小教员"，这样难免出现"不喜欢孩子的被安排带孩子""喜欢安静做事的被'逼着'当老师"的现象。青年社工基层工作经验少，多数在工作初始，不知道自己的专业能为社区提供什么样的支持，可以针对青年社工的专业引导、指导他们在社区居民中开展一些相关的活动，例如，计算机学历背景的，可以在居民中成立老年计算机脱盲班、外来务工青年网络冲浪班；喜欢科技的，可以在寒暑假开展青少年科技小组；喜欢设计、艺术类的，更是可以把专长运用到社区报纸设计、社区艺术团队的指导中。这样，青年社工不仅没有荒废专业知识，而且可以利用自己的专业优势，提升自我价值，为将来事业的发展进一步夯实基础。

（三）设立社工岗前实习期

在参加调查问卷的青年社工中，50%的是通过网络、报纸、电视媒体了解社工招聘信息的，对具体工作虽然有心理准备，但缺乏充分的了解和切身体会。如果在笔试、面试结束后，对成绩合格的青年人，设立一个时间相对长一些的岗前实习测试期（如3个月），让这些青年人能够对社区的各项工作有一些具体的接触和客观的认识后，再决定是否留下签协议；并在实习结束后，经过社区工作站成员和居民代表的无记名测评，形成实习成绩，会使其在选择这份职业时，多一份思考和慎重，让他们知道"社区工作者"这个岗位也是一个

"双向选择"的岗位。在测评期间，要给这些青年人发实习期工资，为其提供基本的生活保障。

（四）建立科学的社工薪酬制度

"社区工作者"岗位不应被视为就业困难时期的跳板。不可否认，青年社工中有一部分是"骑驴找马"，抱着先就业再择业、解决户口的态度来到社区，但仍有大部分青年社工是决定长期扎根于基层的，并对未来有着较为明确的职业规划。造成青年社工队伍不稳定的一个重要原因是工资待遇较低。调研数据表明，71.67%的青年社工认为现在的社工待遇低。一个本科毕业的青年人，选择社工职业，试用期工资 1900 元左右，转正后到手工资 2400 元左右，这样的工资收入在北京扣除基本生活成本外，如果再加上房租支出，确实所剩不多。这些青年社工在与其他不同职业青年人交往中，在与同学、朋友比较的过程中，容易产生心理不平衡、自卑心理重的情绪。因此，建议为社工设立符合本地经济社会发展整体状况的社工薪酬制度。

（五）完善社工队伍建设制度体系

第一，完善激励机制。一是工作机理，表彰先进典型，树立良好的青年工作者形象，营造良好的舆论导向和工作氛围；二是待遇激励，将考核结果与本人的经济奖励挂钩，对于优秀的青年社工要予以适当的经济奖励，激发其工作热情；三是行政激励，在人才选用方面要拓宽视野，选拔和培养一批表现优秀的青年社工或培养选拔暂无职务的优秀青年社工担任社区管理职务，享受相应待遇。

第二，完善培训机制。把对社区工作者的教育培训列入街道教育规划，除积极参加市区组织的特定人员培训外，加大对社区工作者特别是青年工作者的教育力度，落实培训经费，创新培训形式，分类施教，定期聘请民政、劳动、计生等职能部门围绕社区建设进行专题讲座，采取集中培训、远程教育等多种方式开展业务培训，开展业务知识竞赛、岗位技能比武活动，促进青年干部的整体能力得到全面锻炼和提高，确保教育培训出实效。对新进入社区工作的青年，配备指导老师，加强对青年从事社区工作的指导，让青年在基层各个岗位上进行轮岗锻炼，以尽快进入工作角色。

第三，完善管理机制。探索建立社区工作者管理考核办法。一是依据《居委会组织法》等法规，并结合地区实际，围绕中心工作，定岗、定责、定目标，建立工作岗位职责，明确青年社工在社区中的年度工作任务和工作总体目标；建立考评机制，实行年度考核，青年社工的工作表现由社区党员和群众代表进行民主测评，评出等次。二是规范管理，确保福利待遇。根据实际情况，除正常的工资福利保障外，适时适当地调整青年社工的工作待遇，研究制定其待遇正常增长机制，从而真正留住人才，增强青年社工在社区工作中的稳定性和对工作的忠诚度。

第四，加大对社工职业和优秀社工的宣传力度。菜园街优秀社工赵平在街道开展的"见贤思齐，我与身边典型比一比"活动中，获得了白纸坊第一届"身边榜样"称号。像这样的优秀青年社工还有很多，他们需要通过各类媒体、各种宣传渠道在更加广泛的平台上被宣传，这样不仅会激发更多青年社工的工作积极性，更会使全社会与青年社工一起调整心态，重新审视社区，重新定位社区工作的意义。青年社工本身也应该通过自身的努力，更好地为居民服务，证明社区工作者的存在价值，让居民认可、满意，让越来越多的人对社工工作有更多的了解，给予更多尊重和认同，更自觉地配合社区工作者开展好社区的各项工作。

参考文献

金美玲：《社会工作专业服务实践及反思》，沈阳师范大学硕士学位论文，2013。

黎斌、张福东、邹强：《高校社会工作专业学生就业难的原因及其对策分析》，《东北电力大学学报》2010年第3期。

曾富生、颜冰、郑克岭：《我国社会工作人才需求与供给矛盾分析》，《大庆师范学院学报》2010年第5期。

邵宁：《论我国社会工作人才队伍的建设——基于国际经验与本土实际》，《福建行政学院学报》2010年第2期。

高岩：《我国社会工作人才队伍建设研究》，大连海事大学硕士学位论文，2010。

徐擎擎：《我国社会工作职业化路径探析》，山东理工大学硕士学位论文，2010。

王英：《社会工作对构建和谐社会的意义》，《陕西省社会学会（2010）学术年会——"关—天经济区社会建设与社会工作"论坛论文集》，2010。

皮湘林：《当代中国社会工作正义的维度研究》，湖南师范大学博士学位论文，2012。

B.9
关于白纸坊街道构筑立体
就业援助网络的调研报告

摘　要：　近年来，高校毕业生的就业形势堪忧。高校毕业生能
否顺利就业已成为全社会普遍关心的焦点。保障高校
毕业生实现充分就业需要社会、政府、高校、企业和
毕业生自己的共同努力。白纸坊街道整合政府、企业
和社会的力量，构建立体化就业援助网络，积极推动
辖区内就业困难的毕业生尽快实现就业，取得了较好
的社会效益。

关键词：　就业援助　网络平台　全响应　白纸坊街道

一　高校毕业生就业成为突出的社会问题

（一）高校毕业生就业形势严峻

毕业生就业是就业工作中的重中之重，对家庭、社会的意义不言
而喻。当今社会，高校毕业生的就业问题正在逐步成为一种隐形的社
会压力，对毕业生就业意向的调查研究表明，毕业生普遍认为就业形
势不容乐观，更有高达90%的毕业生认为就业比较困难或是很困难。
面对如此严峻的就业形势，政府应该加强行政引导，鼓励毕业生掌握
应有的实践技能，这样才能使毕业生充分就业。就业是民生之本。

2013 年，高校毕业生的人数达到 630 万人，2014 年北京地区高校毕业生的人数达到 22 万人，其中北京生源的高校毕业生人数为 9.6 万人，如果加上往届没有实现就业的毕业生，北京高校毕业生就业压力巨大。如何进一步推动地区毕业生就业成了亟待解决的重要课题。

（二）多种因素造成毕业生就业难

1. 毕业生就业价值取向不正确

从哲学的角度来说，内因决定外因，毕业生"就业难"也首先要从毕业生自身及家庭找原因，就业观念陈旧是内因的主要表现形式。在计划经济体制下，一些传统思想如"干部意识""学而优则仕"和新经济时代的"白领情结"对毕业生及其家长的就业期望和择业取向产生了深刻的影响。进入 21 世纪，中国的高等教育已逐步趋于大众化，但一些根深蒂固的陈旧思想依然深深地影响着当今毕业生的就业。与其说毕业生就业问题严峻，不如说符合他们期望的"好工作"少之又少。所以，毕业生就业观念和就业价值取向问题是导致就业难的思想根源。

2. 高校体制亟须改革转型

目前，中国众多高校旧的体制仍然存在，虽然根据市场经济的规则，高校初步地进行了一系列改革，但许多毕业生在毕业前对社会的认识和了解可以说是一无所知。市场需求、高校人才培养模式与部分专业设置之间存在许多矛盾冲突和错位现象。高校毕业生毕业之后从事与本专业不相关的工作已是家常便饭。经调查，许多毕业生抱怨自己的大学白上了，很多方面都不如一个技校生，更有重庆等地的高校毕业生甚至重新回到技校或者职业学校进行再次充电。所以，高校的体制存在一定的问题，毕业生缺乏就业培训机会，这就给毕业生就业设立了制度性的障碍，这也造成了一些地方出现"读书无用论"的说法。

3. 毕业生就业渠道不畅通

目前毕业生就业渠道主要有以下几种：一是通过社会和校园的各种招聘会寻找就业机会；二是通过互联网在就业网站或人才网站上找工作；三是通过学校推荐或熟人介绍找工作；四是报考公务员或服务西部。尽管就业渠道种类不少，但只适用于特定人群，例如，公务员的报考有许多限制条件，是不是党员、专业和志趣等；学校推荐的工作一般也只针对那些成绩突出的学生或者学生干部。而对于大多数毕业生来说，主要的就业渠道是互联网和招聘会，渠道相对较窄。

4. 毕业生缺少专业的就业培训指导

目前单位和企业对应届毕业生存在种种歧视，认为他们没有工作经验，不予录用，更不会花时间和精力去培养，即便有相应的"岗位培训"，用人单位也很少会支付培训期间的任何费用，不少企业在招聘中都会提出"有工作经验"的条件。事实上，毕业生的工作经验是需要在工作岗位上经过一段时间的学习和工作磨炼出来的，而目前这一要求只能通过毕业生个人或者家庭帮助才能完成，但是如果在高校中完成岗位培训这一经验的积累，在时间上和金钱上又都是不切实际的。

5. 毕业生的求职技巧严重不足

经调查，部分毕业生在求职时过分紧张，不能准确表达自己内心真实想法，回答问题支支吾吾，极为不自信，自己的实力也无法得以展现。更有一些毕业生在求职时故弄玄虚，弄虚作假，企图用不正当的手段蒙混过关，但一些有丰富经验的用人单位很快就能把他们揭穿，这样不仅会伤及其自尊，也会使其丢失一个工作机会，不得不再次面对就业的压力。久而久之，用人单位对待求职者也会心存芥蒂，认为毕业生不诚信，从而对他们失去信心。

二 白纸坊街道多措并举推动地区毕业生就业

白纸坊街道辖区面积3.1平方公里，常住人口4.3万户、12.9万人，划分为18个社区。2014年辖区内未就业的各类应往届高校毕业生共227人，其中应届毕业生56人，在227人中贫困家庭的毕业生有86人，就业需求量大。2014年，白纸坊街道共为街道高校毕业生进行群体指导、一对一个性化指导、就业跟踪服务1000余人次；累计推荐就业600余人次，227名毕业生中推荐成功178人，就业率为78%，贫困家庭毕业生就业62人，就业率为72%。在就业的178人中，125人在民营企业成功就业，53人在外资企业成功就业。白纸坊街道采取的主要措施包括以下几点。

（一）加强就业工作制度建设

一是成立由主管领导担任组长的"挖岗位、促就业"攻坚工作小组，专门负责挖掘岗位、促进毕业生就业。小组成员主要分为两部分：一部分负责向用工商企业宣传优惠政策，挖掘空岗信息；另一部分负责收集就业困难毕业生的基本资料，了解他们的需求，并有针对性地对其进行职业指导。二是设立专项资金，一方面，用于奖励招收毕业生的企业；另一方面，用于帮扶家庭困难的毕业生。三是形成街居联动的工作机制。为每个社区配备就业协管员，将就业工作下沉到社区，形成以社保所为基础，以社区劳动保障工作平台为依托，民政科、残联、妇联、工会等街道各科室共同配合，齐抓共管的工作格局。

（二）做好就业宣传引导工作

组织街道工作人员、就业协管员向辖区企业广泛宣传北京市和西城区出台的接收就业困难毕业生就业的优惠政策，促进企业履行社会责任；了解企业的用工需求，增强推荐的针对性；引导高校毕业生端正求职心态，转变学生、家长的就业观念，以提高求职的成功率。

一是转变毕业生的就业观念。鼓励毕业生积极就业，避免消极盲目就业。一些毕业生存在侥幸心理，总想凭借父母、亲戚或者朋友关系找到适合自己的好工作，而不是依靠自己的专业技能和真实水平。毕业生要进行岗位创新，不能依靠岗位维持。一些毕业生在找到工作后就觉得万事大吉，贪图安逸，不去想怎样为单位创造佳绩，只想着依靠岗位维持生活，从而得不到领导的信任而丢弃工作。街道要帮助毕业生树立正确的就业观念，不能让毕业生一找到好工作就一劳永逸。

二是转变家长的就业观念。针对家长召开就业工作座谈会，定期对毕业生家长进行就业指导培训，分析就业形势，介绍就业政策，及时有效地在对待孩子就业问题上帮助家长找准定位、转变观念，充分发挥家长倾听、关注和参谋的作用。

（三）建立信息化服务平台

白纸坊街道为加强就业工作规范化建设，搭建精细化就业服务平台，提高公共服务能力水平，针对失业人员及高校毕业生多样化、多层次的就业需求，成立了白纸坊街道毕业生就业全响应服务中心。服务中心以未就业高校毕业生为主要服务对象，紧抓就业领域难点、重点问题，提供"一人一策""量体裁衣"等有针对性的就业服务，依托网络化服务、各种测评、岗位搜索系统等现代化服务手段，让毕业生树立信心，找到满意的工作。

街道毕业生全响应服务中心工作区共分为五部分，分别是办公接待区、自助查询区、网络管理区、图书阅览区、一对一指导区，实现职业指导、职业介绍、创业指导、培训讲座四个功能。为了更好地服务，服务中心通过专业的研发公司设计了就业援助网站，通过网站实现实时的求职登记、政策指导、素质测评、职业指导、岗位查询、创业指导等功能服务，内容包括岗位信息、求职技巧、职业生涯规划、职业素质测评、成功案例、心灵鸡汤、各类求职面试模拟视频等。中心在以上几个功能服务的基础上，定期根据不同的服务人群举办各种形式、内容丰富的就业服务活动，利用这些服务手段，帮助毕业生尽早实现就业。同时，服务中心不断探索创新，为毕业生做好"五位一体"的就业服务，一是街道搭建好就业平台；二是了解企业用工需求；三是走进高校，了解毕业生的就业意向，尽力挖掘相匹配的岗位；四是对毕业生实行就业跟踪服务；五是走进家庭，了解毕业生的性格特点、特长、生活经历等，做细、做实就业服务，推进辖区内毕业生就业工作步入新的阶段。

（四）落实精细化就业服务

一是制定了《促就业企业联盟协议书》。街道免费为联盟企业提供人力资源服务，包括用工指导、职业咨询，举办各类招聘洽谈会，在全市劳动力市场系统中以及《西城就业》报上刊登招聘信息等。同时，也要求企业要优先录用符合相应资格条件的高校毕业生。

二是开辟了企业用工绿色通道。在街道社保所设立了专门的窗口，面向企业提供服务，办理相关手续。

三是提供"一条龙"式的就业跟踪服务。依托社区就业协管员通过电话或入户等方式主动联系毕业生，为他们做一对一就业指导，积极为他们推荐岗位。

四是做好针对毕业生的职业技能培训和定岗培训。建立了岗位开发、职业介绍、职业指导、技能培训一体化培训就业服务机制，实现了毕业生动态服务管理与用工单位动态信息采集服务管理相结合；职业介绍、职业培训、岗位开发与定岗培训相结合。实现先培训后就业，有效地促进白纸坊地区毕业生就业。

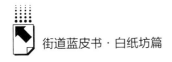

（五）鼓励以创业带动就业

一是完善创业者台账，开展小额贷款咨询服务。对每一位有创业意向、创业条件的毕业生进行跟踪服务，充分利用小额贷款担保政策为大学毕业生创业者提供咨询与服务。

二是征集创业项目，为创业人员提供信息服务。街道工作人员进企业、进商铺、进社区，实地考察市场需求，广泛征集创业项目，向准备创业的毕业生提供项目推介、项目指导等服务。

三是积极开展创业培训，让毕业生增强创业意识和创业技巧。利用西城区创业培训模拟平台为有创业意愿的毕业生进行重点培训，并联系相关部门指导其办理营业执照。

（六）推动人才供需无缝对接

为了更好地为高校毕业生提供就业机会，白纸坊街道加强了与联盟企业的沟通，完善了街企联盟用工信息发布机制，更好地帮助企业解决用工需求，促进就业。同时，正确引导高校毕业生到企业就业，实现其人生价值。街道还及时通告促进就业新政策。自主挖掘的新增就业岗位，向符合相应资格条件的高校毕业生倾斜。街道每年都举办"白纸坊街企联盟爱心岗与高校毕业生现场展示就业促进会"活动，将街道的企业联盟与毕业生就业连接起来，以街道牵头、企业和高校毕业生双受益的模式，开展了有声有色的街道大型招聘会。

（七）完善就业回访服务机制

街道建立并完善了高校毕业生就业服务机制，对从事毕业生就业指导服务的人员加强培训，增强其服务意识，提高其工作效率。加强信息服务，为毕业生提供及时、充分的就业信息。加强对高校毕业生求职过程中合法权益的保护。

同时，街道完善了就业回访机制。首先，注意抓好信息监控，为毕业生排忧解难，及时妥善地处理工作中遇到的问题，将不稳定因素消除在萌芽状态。其次，各个社区及时统计辖区内高校毕业生就业情况，做到动态监测，随时推荐。最后，对推荐就业的高校毕业生进行定期跟踪回访，了解就业情况，解决高校毕业生的后顾之忧。

三 政府推进地区毕业生就业的启示

（一）强化毕业生就业援助政策宣传

促进就业是政府公共行政的重要目标。针对高校毕业生就业难的问题，白纸坊街道制定了一系列可实施的优惠政策。为了促使毕业生和用人单位了解到优惠政策，街道在扩大政策宣传力度的基础上，创新宣传方式和手段，突出重点，提升宣传效果。不仅如此，街道还对各项优惠政策进行梳理和归纳，特别是优惠政策的相关内容，包括申请办法和享受条件等，编印成册，免费发放给毕业生和单位企业，或者及时通过网络渠道进行发布，帮助毕业生和企业了解和掌握政策。同时，街道还要抓住两个优惠政策的重点，即鼓励企业吸纳毕业生就业和毕业生创业，多采用案例宣传的手段和通俗易懂的方式做好阐释工作。这就为做好高校毕业生就业援助工作奠定了良好的政策基础。

（二）整合就业信息资源

政府是整合就业信息资源、进行统一发布的最佳主体。街道要发挥统筹协调的职能优势，统筹政府各职能部门和相关政策的行政资源，形成合力，共同促进这项密切关系民生的重要工作的有效开展。促进毕业生就业工作的重点之一就是要加强各政府部门对现有行政资源的通力协作，而重中之重则是有效整合并建立开放、有序统一的毕业生就业信息发布平台，打破部门间和地区间的界限，实现毕业生就业信息在网络平台上的互联互通和共享，通过毕业生与用人单位之间有效的信息交流和沟通，使就业信息发布平台发挥最大效益，促进就业。

（三）提前介入毕业生就业援助

为了提高高校毕业生的就业率，增强毕业生的就业竞争能力，街道应提前介入制定并完善毕业生见习制度，使其发挥积极作用，让毕业生的实习情况普遍被社会所关注，未雨绸缪，使每一位毕业生都能在毕业前就具备与实际岗位对口的实践经历。不仅如此，从当前的制度安排来看，还应在已建立的毕业生见习制度平台的基础上，建立长效机制，避免大学教育与当下社会脱节，从而提高毕业生的实践能力。

（四）建立鼓励自主创业援助体系

在努力拓宽就业渠道的基础上，鼓励毕业生自主创业，为高校毕业生开展政策咨询、信息服务、项目开发、风险评估、创业指导、跟踪扶持等"一条龙"创业服务。加强对青年就业创业思想的引导，帮扶青年树立就业创业新思维。始终把转变青年择业观念放在重要位置，采取多种方式加强对青年就业创业思想的引导，帮助广大青年拓宽就业视野，树立正确择业观念；积极营造创业氛围，加大宣传力度，解决青年就业创业资金难问题，帮扶青年寻求就业创业新机会。

参考文献

褚福灵：《中国高校毕业生就业形势与对策》，《北京劳动保障职业学院学报》2012 年第 3 期。

蒋婷婷:《浅谈〈青年在选择职业时的考虑〉对当代大学毕业生择业就业的思考》,《金田》2014 年第 11 期。

史慕华:《政策网络视阈下的中国毕业生就业政策分析》,吉林大学硕士学位论文,2014。

武学超、杨晓斐:《国际视角下后金融危机时期我国高校毕业生就业对策》,《黄河科技大学学报》2012 年第 3 期。

赵磊波:《当前毕业生就业形势分析与对策探讨》,《科学中国人》2014 年第 8 期。

郑就:《当前我市就业形势分析》,《镇江日报》2009 年 12 月 21 日。

B.10
白纸坊街道居家养老服务现状及对策研究

摘　要：　随着国家社会经济的发展，人民生活水平的不断提高，我国的老龄化速度越来越快，高龄、空巢、独居老人越来越多，为老相关服务需求越来越多。近年来，北京市把居家养老服务工作列入政府为民办实事工程，制定相应的实施方案和细则，积极试点、探索、实践居家养老服务工作。如何在满足老年人居住需求的基础上，营造满足老人各种服务需求、提高老年人生活质量、符合老年人健康养老的"老年友好社区"，一直是白纸坊街道探索居家养老服务工作模式的重要课题之一。

关键词：　居家养老　养老服务　市民中心　养老照料中心　白纸坊街道

人口老龄化是21世纪全球人口发展面临的共同问题，我国是世界上老年人口最多的国家，目前我国老年人口已达到1.79亿，且以每年近千万人的速度增加。预计到2020年，我国老年人口将达到2.48亿，老龄化水平达到17%。如何全面推进养老服务工作，切实提高老年人生活质量，既是全社会尤其是老年群体广泛关注的热点，也是白纸坊街道关注民生、改善民生的大事和实事。

一 居家养老成为主流养老模式

家庭养老和机构养老是两种最基本的养老模式。我国传统的养老模式是家庭养老，有着几千年的历史传承，一直被沿用至今，这种模式主要由子女来承担照顾并赡养老人的责任。改革开放以来，随着中国社会经济的转型以及计划生育政策的有效实施，家庭结构小型化趋势越来越明显，各种就业压力、竞争压力使不少子女陷入"孝顺子女"与"事业人士"角色的冲突中，现代家庭很难独力承担养老责任，家庭养老功能正逐步弱化。

对于机构养老，一方面，由于养儿防老的传统观念在中国老年群体中根深蒂固，老人在情感上以及生活上十分依赖家庭，一旦进入养老机构，就要面临与家人和过去的生活分开的局面，老人普遍无法接受。另一方面，现有的养老机构满足不了快速增长的老年人口的服务需求。公立的福利性养老机构床位有限，服务设施、水平需要进一步提高；社会办的市场性养老服务机构以赢利为目的，起步晚，价格高，市场发育不充分；社会组织即服务性企业办理的专业化养老服务机构等，无论是服务内容还是水平均有较大的提升空间。

为此，一种既能不让老年人与家庭分离，又能让老年人享受到专业养老机构的管理和服务的居家养老模式开始在各地推行。居家养老模式以家庭为核心，通过社区的服务平台和机制，依靠专业化服务，解决老年人日常生活问题。居家养老模式强调社区服务在养老过程中的重要作用，通过社区养老服务网络和养老保险制度把社会养老和家庭养老的功能进行整合，实现优势互补，既解决了子女在照顾父母上的难处，让子女能更加安心地工作，又维护了老年人与其子女双方的自尊心，也维护了老人传统观念里对家庭的依恋之情，使老年人在自己家中就可以享受到日常照料、生活护理、精神慰藉等多种形式的专

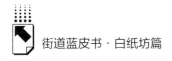

业服务。这种模式得到社会的高度认可。大力发展居家养老，对有效提升老年人生活质量、完善中国特色养老服务体系具有重要意义。

二　白纸坊地区养老服务供需现状分析

（一）三大需求凸显老龄化社区特点

1. 近两成人口为老年人

白纸坊街道辖区人口总数为12.9万，60岁及以上老年人为23249人，约占总人口数的18%。其中，60～65岁老年人为6083人，约占老年人总数的26%；65～70岁的老年人为3859人，约占老年人总数的17%；70～75岁老年人为3810人，约占老年人总数的16%；75～80岁老年人为4494人，约占老年人总数的19%；80～90岁老年人为4598人，约占老年人总数的20%；90岁以上老年人405人，约占老年人总数的2%。此外，白纸坊街道辖区内还有独居老年人1988人，孤寡老人53人，三无老人7人。

2. 九成以上老年人钟情于居家养老

为了更好、更有针对性地了解辖区老年人的各项服务需求，提高辖区老年人生活质量，制定更加具体、更加贴心的为老服务办法，课题组对18个社区的老年人进行了抽样问卷调查。在各社区的积极配合下，共抽查了900位老年人，抽样率为3.8%。抽样调查结果显示，活动方便的老年人85%的能积极参与辖区老年活动站、市民服务中心的各项活动；40%的半失能、孤寡、空巢、高龄特困老年人愿意去日间照料室；占样本总人数91%的老年人认为最理想的养老模式是居家养老。

3. 老年餐桌成为老年人的普遍需求

随着老年人年龄的增长，其咀嚼和消化功能逐步退化，加上部分

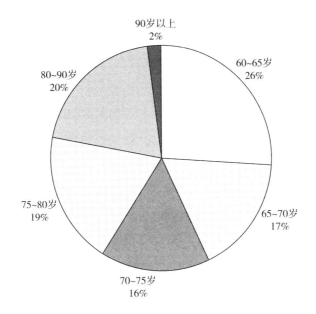

图1 白纸坊街道辖区老年人年龄结构比例分布

人患有高血压、高血脂、糖尿病等慢性疾病，对能够供应少油、少盐、少糖和口感软烂菜品的老年餐桌有特殊的需求。特别是一部分老年人瘫痪在床，或者行动不便，家里又距离老年餐桌比较远，吃饭难的问题就尤为突出。调查发现，在老年人就餐方式方法选择上，207位老年人希望到餐厅去就餐，占样本总人数的23%；503位老年人希望可以送餐入户，占样本总人数的56%；190位老年人希望可以到固定地点取餐，占样本总人数的21%。

4. 半数以上老年人希望得到精神关爱

通过调查发现，愿意与他人交流的老年人有817人，约占样本总人数的91%；愿意接受心理咨询的老年人有538人，约占样本总人数的60%；希望得到精神关怀服务的老年人有492人，约占样本总人数的55%，说明大部分老年人在"有烦心事、心里有疑惑"时，渴望得到专业的指引。

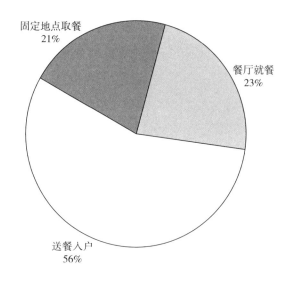

图2　白纸坊街道辖区老年人就餐方式选择比例分布

（二）五大措施拓宽居家养老服务内涵

　　根据抽样调查及社区反映的情况，白纸坊街道目前主要通过以下几个层面逐步完善各项为老服务设施，拓展为老服务项目。

　　1. 落实各项敬老优待政策

　　按照北京市及西城区的相关政策，从老年人最关心的现实问题和最迫切的服务需求出发，不断拓展服务项目，全面落实"九养"政策及其他各项为老服务措施。2014年为老年人办理、发放老年证356人次，其中本市324人次，外埠32人次；为老年人办理、发放老年卡876人次，其中本市584人次，外埠292人次；核查老年人信息，整理上报老年人信息1232人次，并做好情况说明；审核、办理80岁新增老年人爱心服务卡280人次，享受助残待遇的老年人达到4731人；审核、办理90岁新增高龄老人津贴领取证70人次，目前已有409人享受高龄津贴，其中百岁老人有6人；申请医疗补助16人次，发放医疗补助金 21079.88 元，为无保障老年人发放医疗保险补助金 94 人次，发放金额 28200 元。贯彻落实《老年人权益保障法》，以促进和谐、维护稳定和实现"六个老有"为目标，广泛深入开展老年人法律援助宣传活动，切实维护老年人的合法权益，为辖区老年人帮困解难，维护家庭的和谐稳定。

2. 搭建三大养老服务平台

一是建设养老管理服务中心。2013 年，街道投入 70 余万元将街道养老院改造成白纸坊街道养老管理服务中心，为白纸坊地区能够自理、身体无重大疾病的空巢、孤寡老人及特困高龄老人提供棋牌娱乐、图书阅览、老年心理关爱、健康理疗、老年餐桌、健康保健讲座、日间照料等多种服务项目。

二是建设养老照料中心。为了帮助辖区失能、半失能老人实现"老有所养、老有所医、老有所依、老有所乐"，2014 年 4 月，街道通过整合资源，建设了白纸坊街道养老照料中心。中心建筑面积约 2200 平方米，有 138 张床位，可为失能、半失能老年人提供生活娱乐、医疗护理以及临终关怀等服务。

三是街道陆续打造了三个"市民中心"。三个"市民中心"具有社区文化、社区议事、市民教育、科普活动、心理咨询等功能，以居民步行十分钟时间为半径覆盖全区，为行动方便、身体健康的老年人提供文化娱乐和交往活动的场所。

3. 开发养老服务项目

一是培育、规范社会化养老服务供应链。目前与街道居家养老服务中心签约的服务单位共计 43 家，涉及老年餐桌、医疗、主食配送、洗衣服务、送水订奶、理发、服装加工、家电维修、家政服务等方面，其中，养老餐桌单位 19 家。

二是开发"老年精神关爱服务站"项目，目前有签约合作的两名二级心理咨询师和一名三级心理咨询师，定期接听老人的电话，对心理有障碍的老年人进行专业的心理疏导。每周举办一次的健康知识讲座和不定期的书法、绘画比赛深得辖区老年人的喜爱和关注。每天不同的老年菜肴、不同年龄段老人的棋牌比赛让老年人赞不绝口。

三是打造市民身边的"十分钟幸福驿站",各社区建设老年活动站,为老年人开展棋牌娱乐、健康讲座、文体娱乐活动提供场地和专业指导服务。另外,目前,各社区还有节日走访慰问空巢、孤寡老年人,为100岁(含100岁)以上老年人过生日、送长寿面,志愿者与空巢老年人一帮一结对子,邻里互助门铃等一些关爱老人的具体服务内容。

4. 培育养老助残服务队伍

一是养老助残员队伍。白纸坊街道现有养老助残员8名,负责日常为老人办理老年证、老年卡,定期入户走访、了解老年人需求,对日间照料室和心理咨询室进行管理等。

二是社区居家养老志愿者服务队伍。18个社区中各有一个公益性的社区社会组织"扶老助困志愿者服务队"。以"助老志愿结对服务"为契机,充分依靠社区志愿服务者和党员的力量,发动广大社区群众,组建了结对子服务小组,广泛吸纳、发展志愿者,并通过平时的走访慰问、电话慰问、节假日慰问以及服务队"一对一"结对子,帮助购买日常生活物品、家中打扫卫生和陪伴聊天等,从日常生活帮助到精神关爱慰藉,加大了助老帮扶力度。同时,充分发挥邻里互助互帮作用,鼓励老年人增强自我服务意识,满足老年人退休以后老有所为的需求,让老年人更好地服务于社会,服务于需要帮助的老年人。

5. 创造敬老爱老社会环境

一是开展"孝星"评选表彰活动,通过白纸坊报、宣传栏、网络、海报等传播途径进行广泛宣传,动员社会各界关心、支持、参与评选活动,扩大评选活动的社会影响力和感召力,营造出孝敬父母、关爱老人的浓厚氛围。2014 年白纸坊地区评选出 149 名区级示范孝星，从中又评选出 48 名市级孝星，并且推举出 1 名作为"北京市孝亲敬老楷模提名奖"获得者。

二是开展多种形式"情暖白纸坊"敬老活动。两节期间为 80 岁以上高龄特困老年人和 90 岁以上老年人发放慰问金，对独居、孤寡老人发放张贴"安全小贴士"牌，组织开展了第十三届中老年优秀健身项目表演赛、"心系老人，情暖西城——我陪老人去踏青"活动、乒乓球赛等，丰富了老年人的精神文化生活。

三是与慈孝特困老年人救助基金会签订《慈孝救助项目协议书》，为慈孝救助对象每人发放 600 元爱心卡、120 元观影票，组织开展每人 400 元标准的体检一次，举办每人 200 元标准的集体生日，组织老人吃团圆饭等。

（三）居家养老服务存在的主要问题

1. 服务功能仍然单一

目前居家养老的服务内容及功能比较单一且欠缺规范。现有的服务内容大多偏重于日常生活护理和家政服务等常观性的老年人服务需求，真正提供给老年人个性化的服务内容比较少，专业化的服务项目更少，医疗护理、心理咨询、临终关怀等老年内心需求强烈的专业服务迫切需要展开。

2. 宣传舆论力量薄弱

目前，老年人受传统节俭生活方式的影响，"花钱买服务"的生活理念和消费意识不强。相关部门的有些领导对社区居家养老的重要性、紧迫性认识不够，导致社区居家养老目前仍处于自发的、无序的发展状态。本次调查显示，在 900 人的调研样本人群中，希望居家养老的老年人就有 817 人，约占总人数的 91%，说明大多数老人希望自己的晚年在家中度过，但由于相关部门宣传力度不够，大多数老人对居家养老的认识不够，居民群众参与社区居家养老服务的积极性不足，参与率不高，还需要进一步做好宣传引导工作，扩大宣传面，通过文艺宣传、优质服务来加深相关部门和社区居民对居家养老服务的认识。

3. 专业人才队伍缺乏

目前，社区提供的诸多居家养老服务都是结合社区志愿者来开展的，服务人员大多是大龄下岗失业人员，缺乏专业知识和技能。另外，社区社工工作培训缺乏系统性与连续性，社区培训的一般都是很少从事居家为老护理服务的社工，真正为老服务的大部分志愿者没有经过专业培训，其业务技能往往只能应对一些生活料理和家政的服务，满足不了居家老年人对高质量服务的要求，在很大程度上制约了居家养老服务的社会化、专业化发展和服务质量的提高。

4. 服务场所及设施档次不高

社区老年服务场所及设施规模较小，档次不高，与老年人日益增长的物质、文化生活需求不相适应，不能满足老年人多样化的需求。

三 进一步完善居家养老服务体系的对策建议

针对白纸坊地区居家养老服务体系建设的现状与存在的问题，进一步提升白纸坊地区的养老服务水平，还需要在以下几个方面着力。

（一）整合服务资源，完善基础设施

在养老基础设施建设上，通过依托各类养老服务机构，整合为老服务资源，建立社区级居家养老服务站，配备图书室、健身器材、棋牌室、无障碍设施设备，按时开放老年活动场所。向能走出家门、生活自理的居家老年人提供日托、就餐、保健、休闲娱乐等多种服务，

同时为行动不便和有特殊需求的老年人提供生活照料和精神慰藉等上门志愿服务。

（二）建设专业队伍，加强教育培训

居家养老服务事业成败的关键是能否培养一支素质好、业务精、热情为老年人服务的居家养老专业队伍。而发展这支队伍，就必须加强队伍建设的培训工作，一方面，对从事老龄工作的社工进行培训；另一方面，扩大志愿者队伍，在一些有专业课程的学校寻求志愿者，定期进社区为老年人提供专业的养老护理、心理咨询服务。针对空巢和孤寡老人，建立巡视员制度，采用入户与电话问询相结合的方式，了解老人需求，关注老人健康。

（三）加强统筹协调，完善服务体系

要充分挖掘地区优势资源，将街道内部资源、辖区单位资源、社会组织资源和社区的家庭资源有效地整合起来，用于完善地区居家养老服务体系。

一是整合医疗资源，依托街道社区卫生服务中心，在街道、社区两级卫生服务机构建立老人健康档案，定期安排专人为孤寡、空巢、失能、半失能老年人进行身体常规检查。

二是整合司法资源，协调辖区内的公检法、律师事务所等部门定期进社区为老年人提供法律咨询、法律援助、司法调解等服务，解答老年人有关法律、法规方面的问题，提高老年人的权益保护意识。

三是整合互助资源，充分利用各社区和社区各个单位、各个组织及居民家庭等的有利资源，倡导资源共享，提供邻里互助、谈心交流、精神慰藉、心理关爱、临终关怀等服务；充分发挥驻地老年人的人才资源优势，循序渐进地鼓励那些能够发挥余热的老年人参与社区

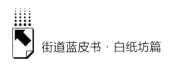

组织的各种老年人精神文化服务活动，特别是鼓励那些行政机关退休的老年人共同促进社区大融合和人际关系和谐发展。

参考文献

闫伟：《我国城市养老保障发展探究》，《现代商业》2011 年第 24 期。

孙溢阳：《关于我国城镇空巢老人的社区居家养老服务模式的探讨》，《吉林省行政管理学会"政府管理创新与转变经济发展方式"学术年会论文集（《吉林政报》2010·专刊2)》，2011 年。

马洪香、王静、夏星星：《发展社区"居家"服务应对人口老龄化》，《联合日报》2011 年。

王娟：《为居家养老提供社会化服务》，《首都建设报》2010 年。

董文博：《人口老龄化背景下我国城镇居家养老的社会支持问题研究》，吉林大学硕士学位论文，2011。

鱼洁：《城市居家养老服务的多元化供给主体研究》，西北大学硕士学位论文，2011。

张玲：《我国城市社区居家养老服务综合研究》，天津财经大学硕士学位论文，2011。

B.11
关于白纸坊街道党员服务群众机制建设的调研报告

摘　要：　党员的先进性和带头作用是中国共产党保持先进性建设的重要一环，也是我们党取得胜利的坚强保证。但是近年来，面对世情、国情、党情的深刻变化和"四种危险"的严峻考验，部分党员干部脱离群众问题日益凸显。如何发扬党的优良传统，完善党员干部服务群众长效机制，始终保持党同人民群众的血肉联系，已成为新形势下加强党的先进性、纯洁性建设亟待解决的重大课题。本报告全面回顾白纸坊街道工委推进党员服务群众工作的实践，针对党员在社区如何发挥先锋模范作用中存在的问题，提出了相应对策措施。

关键词：　基层党员　服务群众　模范作用　白纸坊街道

一　党员模范带头作用的时代内涵

中国共产党是一个与时俱进的政党。全心全意为人民服务是党的先进性对每一位共产党员的必然要求。新时期共产党员必须在不断提高自身党性修养和综合素质的前提下，充分发挥先锋模范作用，以良好的党员形象影响、带动全体人员共同进步，促进各项工作持续、稳

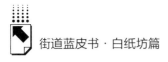

步发展。

共产党的先锋模范作用是指按照党章的要求，在我国现代化建设的过程中，能够承担自己的责任和使命，特别是在社会活动中，通过自身的模范带头作用能够带动和影响周围的群众，在全面建成小康社会目标中发挥模范带头作用。优秀的共产党员无论在什么样的条件下都要发挥先锋模范作用，坚持做到遵纪守法，廉洁从政，顾大局、识大体，以群众利益、集体利益、国家利益为重，以党员的模范带头作用影响、带动群众，这是对每一名党员的基本要求，也是实现党的领导的重要条件之一。在我国，共产党的先锋模范作用，在不同的历史时期有着不同的内容。新的历史时期，共产党的先锋模范作用有着鲜明的时代特征。

1. 坚定的理想信念

要把牢思想和行动的"总开关"，树立正确的世界观、人生观和价值观。习近平总书记强调指出："理想信念就是共产党人精神上的'钙'，没有理想信念，理想信念不坚定，精神上就会'缺钙'，就会得'软骨病'。"① 一些党员干部之所以出这样或那样的问题，理想信念的滑坡、动摇是根本原因。

2. 鲜明的政治立场

始终代表最广大劳动人民的根本利益是马克思主义最鲜明的政治立场。党的工人阶级先锋队性质和全心全意为人民服务的根本宗旨决定了共产党人要始终站在人民大众这一边，立党为公、执政为民，全心全意为人民服务。

3. 带头遵纪守法

没有规矩，不成方圆。在市场经济条件下，共产党员带头遵纪守

---

① 《习近平总书记在十八届中共中央政治局第一次集体学习时讲话》，新华网，2012 年 11 月 18 日。

法尤为必要，尤为紧迫。培育法治信仰，党员干部特别是党的领导干部要起到引领示范作用。只有各级领导干部带头学法、守法，带头依法办事，自觉践行法律面前人人平等，才能引导和带动全社会坚定法治信仰。

4. 做好平常小事

党的根本宗旨是"为人民服务"，大的举措会对人民的利益产生深远的影响，但是日常工作更多的是"小事"。党员干部要更乐于和善于做小事，这是全心全意为人民服务和群众教育路线的深刻表现。共产党员要发挥先锋模范作用，要善于做小事，想群众之所想，急群众之所急，从群众看得见、摸得着的平凡小事做起，在平凡中孕育伟大，以涓涓细流汇成江海。

二 党员在社区发挥先锋模范作用
过程中遇到的问题

（一）基层情况出现了两个变化

一是居民群众的需求发生了变化。随着社会的快速发展，人们对物质文化生活的要求越来越高，对健康舒适的社会环境也更加重视，构建和谐社会成为人们的共同愿望。社区是与老百姓生活最直接相关的场所，承载着人民群众最直接的、最现实的利益，需要进一步加强社区建设，提升社区服务质量。

二是社区的党员主体发生了变化。随着市场经济体制的逐步成熟和国有企事业单位体制改革的深化，"单位制"逐步向"社区制"过渡，社区集聚了一大批只有组织关系没有固定单位的党员。需要将这部分人组织起来，充分发挥党组织的优势，发挥党员在社区建设中的先锋模范作用。

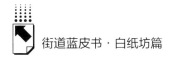

（二）党员服务群众的机制面临两个问题

一是服务群众没有建立较为规范的长效机制。服务群众需要长期坚持、一以贯之，人民群众更看重的是你能为他们做些什么，而不是说了什么；需要的是实实在在为老百姓办事的领导，而不是一些专门做"形象工程""任期工程"的领导。要做到长期性就要形成一个简便实用、原则性强、可操作性强的长期有效的机制，只有这样，才能在开展工作时始终做到把着力点放到研究解决人民群众生产生活中的实际问题上，才能真正地做到权为民所用，情为民所系，利为民所谋，始终与广大人民群众同呼吸、共命运。

二是服务群众的考核机制不健全。党组织服务群众不能"王婆卖瓜，自卖自夸"。工作开展得好不好、服务是否到位，群众说了算。当前，在党员干部服务群众考核机制建设上，客观存在督查考核滞后的问题。比如，党员干部定期深入联系点调研走访，在落实过程中因缺乏有效的督促手段，个别人员不能长期坚持。另外，提升党员联系和服务群众的积极性，还需要健全激励机制，强化考核机制。在调查中，虽然有过半数群众反映党员经常与群众联系，服务群众；但也有少数群众称没有甚至不知道、不清楚这一事项。更为重要的是，在针对基层党组织和党员干部的考核评价中，普通群众的意见所占比重较小，没有否决权，服务得好不好在很大程度上是由服务的提供者自己给自己打分，服务对象不参与，这些也导致对服务群众效果的考核监督失之于空泛。

因此，党员服务群众要想受到群众欢迎，取得群众认可，就要公开考评标准，科学设计考评权重，广泛开展民主测评，让最了解情况、最有发言权的服务对象做第一评议人。

（三）党员服务群众方式的不足

一是服务群众的方式方法有待进一步创新。调研发现，目前开展党员干部服务群众的主要方式往往集中在重点节日（七一、元旦、春节等）的走访慰问、特困户的个别资助、特殊身份人员（如新中国成立前老党员、各级劳模）的政策照顾等，而对最广大普通群众的制度性、长期性服务手段较为缺乏。同时，部分党员干部在服务群众的具体工作中存在形式主义，重视下基层次数的多少以及接触群众的频率高低，忽视为群众解决实际问题。虽然在调查中，大多数居民认可党员干部能够认真调研，为群众排忧解难，但是仍有少数群众对此颇有微词。

二是服务群众的互动机制不顺畅。联系服务群众是一个双向互动的过程，需要党员干部主动作为与群众的信任和支持。但调研发现，有的党员干部往往因为工作忙，忽视下基层，对基层群众实际问题了解不深入、解决不到位，难以服众。有的党员干部"门难进、脸难看、事难办"，对群众的诉求表达、矛盾调处、权益保障等服务跟进不到位，致使联系服务群众的成效大打折扣，这些反过来又造成群众对党员干部不信任、不理解、不支持，党群、干群之间难以形成有效的互动。

三　白纸坊街道构建发挥党员先锋模范作用长效机制的实践探索

白纸坊街道工委针对辖区的特点，积极构建党员干部服务群众的长效机制，着力巩固和发展党群之间相互依存的关系，在推进服务群众的过程中，就党员干部如何发挥先锋模范作用做了如下探索。

（一）街道党员干部带头服务社区，实现与基层群众"零距离"沟通

白纸坊街道工委始终坚持党员联系基层制度，街道党员干部带头

与各社区建立联系指导关系，服务社区、服务居民，结合西城区群众路线教育实践活动中的"千名处级干部进万户"活动，白纸坊街道每名处级干部联系 5 户居民，通过深入走访，访民心、问民难。据统计，在"千名处级干部进万户"活动中，处级干部累计走访 85 户。通过各种途径征集到居民意见建议 544 条，有 469 条作为为民办实事的项目即时或正在逐步解决中，街道工委办事处以实际行动架起了温暖群众的"连心桥"。

在推进白纸坊辖区 3340 户平房居民的煤改电工作过程中，正是党员干部身先士卒、率先垂范的作为推进了工作顺利开展。从项目开工日起，涉及科室的党员主动放弃周末休息，到施工现场，向居民宣传煤改电知识，耐心解答居民问题，协助环保局专家进行现场咨询等。此外，城管科党员黄飞在接到枣林二巷内的污水井堵塞、污水外溢整个胡同的举报后，放弃自己正在休息的假期，第一时间与房产单位和排水集团抢险队取得联系，本人赶到事发现场，安抚居民激动的情绪，直到问题彻底解决。

"群众在我们心里的分量有多重，我们在群众心里的分量就有多重。"① 正是基于这样的思想，街道党员干部带头把事情办到群众心坎上，心里装着群众，把群众的困难当作自己的困难来克服，实打实地访民情、听民意、解民难，让老百姓从心底相信党，跟党走。

（二）社区党委成员带头服务群众，了解居民情况解决实际问题

白纸坊街道 18 个社区的党委班子实行包户制度，定期入户走访，特别是对困难群体，与他们面对面交心，解决实际问题。同时通过调

---

① 《胡锦涛同志在新时期保持共产党员先进性专题报告会上的讲话》，人民网，2005 年 1 月 14 日。

动社区党支部成员的积极性和创造性，从群众需求的角度查找工作中存在的不足和差距，鼓励创新，改进决策，推动工作。

建功南里社区的南菜园 1 号院小区属于老小区，由于产权单位涉及水利部、北京市消防局和国家电网公司，所以小区处于年久失修的状态。社区党委成员通过走访调查了解到居民对小区环境改善和物业管理方面的意见比较集中，他们将群众的意见建议归纳整理并向街道工委办事处进行了汇报，街道出资对 1 号院进行精品改造。此后，社区党委又通过召开居民会议、产权单位和物业公司协商会，征求居民、物业公司、产权单位对小区改造项目和后期物业管理的具体意见。建功南里党委的努力得到了居民的认可，也赢得了老百姓对党和政府的信任。

清芷园社区党组织针对辖区内离退休老干部较多的情况，充分发挥他们的政治优势，成立联合支部，创立了离休党员在单位和社区参加双重组织活动的新模式，开展了离休老干部红色讲堂、时政讲堂和"中国梦"系列宣讲活动等。这种创新做法，既做到了以人为本，又为社区党员发挥先锋模范作用提供了平台。

（三）普通党员以身作则，在群众中发挥先锋模范作用

白纸坊街道共有党员 5980 人，其中，18 个社区党员人数为 5494 人，占党员总数的 91.9%。在这 18 个社区的党员中，年龄在 60 岁及以上的党员人数为 4071 人，占社区党员总数的 74.1%。一个党员一面旗，这些退休的老党员就是群众眼中的旗帜，他们是否能够在服务群众的过程中发挥先锋模范作用，直接关系到共产党在群众心目中形象的好坏。

右内后身社区有一位老党员叫蒋会增，人称"竹竿老人"，无论春夏秋冬，这位身着朴素的白发老人总是手持一根七八米长的竹竿，尽心尽力地清理树上的各种垃圾。在他的努力下，这条街道的树木一

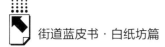

年四季没有树挂杂物。老人一干就是 10 年，10 年里他不声不响地为社区环保事业奉献着余热，也在群众中树立了一名共产党员的形象。

家住樱桃园社区 72 岁的老党员殷桂枝，每天早晨都要往 90 岁的邻居——姜信召家的窗户看一眼，只要厨房的窗帘拉开了，她才能放下心来。殷桂枝说："打开窗帘，说明她平安，我才能放心。"即使是这样，殷桂枝也经常打个电话问问老人的身体，询问一下是否需要帮忙。两位北京大妈一直坚守着这样一个"窗帘约定"，一约就是 6 年。

正是这些退休老党员本着"串百家门""解百家难""管百家事""暖百家心"的理念，用他们的爱心和行动，对社区内大事小情、困难邻里采取"一对一"或"多对一"的方式解决、帮扶，被社区群众亲切地称为"贴心人"。除了解困帮扶，他们还整治社区环境、宣传政策、关爱儿童。也正是这些老党员通过自己的模范带头作用，调动了群众的积极性，形成了党员带好头、群众齐参与的良好互动。

（四）在职党员联系社区，发挥单位优势服务群众

截至 2014 年 6 月 24 日，街道共有 75 家单位 2980 名在职党员到社区报到，其中市属单位 10 家，区属单位 65 家。还有 109 名在其他城区工作但居住在街道的在职党员以个人形式回所居住的社区报到。

为了充分发挥在职党员的作用，街道建立了在职党员联系社区制度，通过"党心凝聚民心，实干成就梦想"的活动主题，引导单位、社区党组织和党员开展服务群众活动。在职党员带头践行社会主义核心价值观，带头参与志愿服务，主动反映社情民意。

街道工委书记通过在自新路社区认领"社区党课辅导员"的服务岗位，将党课送到社区，和党员群众一起学习交流，分享心得。此外，北京市 140 中学教师为平原里社区居民开展环保知识讲座；万寿

公园党支部在职党员与双槐里社区党委的"护绿志愿者"，统一穿着带有护绿标识的服装，共同开展安全游园、保护绿地等志愿宣传活动；宣师一附小的在职党员老师，带着孩子们参加半步桥社区"我们的节日"主题活动，为居民讲解端午节的来源、风俗，弘扬传统文化；西城区食药局的党员为社区居民开展食品药品安全知识讲座；三教寺幼儿园在职党员结合专业特长，为里仁街社区入户指导辖区婴幼儿家长科学育儿，开展学前教育讲座，为社区幼儿赠送科普类、故事类书籍40余册；禁毒总队党员根据工作特长，在社区中开展禁毒知识的宣传教育活动。此外，社区党组织根据居民的实际需求，结合党员的自身特点，整合社区资源，发挥组织优势，设置了治安巡逻、环境治理、助老帮困、便民服务、健康讲座、法律咨询、心理疏导等几十项社区服务项目或岗位，逐步将服务内容细化到具体居民户或个人，大力宣传"我为人人，人人为我"的服务理念，组织党员、群众广泛参与，努力实现社区和驻街单位思想共鸣、活动共搞、资源共享的目的，使社区百姓得到更多、更优质的服务。

四 更好地发挥党员先锋模范作用的几点建议

（一）进一步增强服务意识、转变工作理念

一是加强对建设基层服务型党组织重要性、必要性的学习和宣传，使广大党员干部认识到，加强服务型党组织建设，是对党组织功能定位的深化，是提高党的建设科学化水平的新要求，也是提高党组织创造力、凝聚力、战斗力的有效途径。

二是引导党员干部深刻理解和把握服务型党组织的内涵和要求。建设服务型党组织所说的"服务"，不是一般意义上的做好事，"服务"是党组织存在的价值意义，也是实现执政党领导的重要方式，

服务群众是基层党组织的根本价值取向、核心任务和基本职责。要结合党的群众路线教育实践活动,深入学习马克思主义的群众观,强化基层党组织和广大党员干部的群众观点和服务意识。通过多种方式的教育引导,使"服务"成为广大基层党组织和党员干部的自觉追求和基层党组织建设的鲜明主题。

三是适应新形势新要求,积极转变工作理念。寓管理于服务中,从"重管理"转为"重服务",实现从"管理者"向"服务者"的角色转变。增强群众意识,带着感情做群众工作,寓服务于感情中,始终关注群众所想、所盼、所忧,问政于民、问需于民,着力解决人民群众反映强烈的突出问题,千方百计为群众多办实事。

(二)进一步健全党员服务群众的制度

一是完善常态化的联系制度,变突击性走访为日常性串门。在时间上,要突出联系服务群众的长期性,明确街道、社区、在职等不同层面的党员干部每季度定期走访的基本人员数量,防止为了走访而走访突击完成全年任务的形式主义。在"结对共建"上,可结合实际实行"一包三年"制、"一包到底"制,防止短期效应。在走访对象上,要开展不打招呼、不作指定的随机串门走访,并尽可能做到不重复、广覆盖,防止真相被包装,问题被粉饰,民意被彩排。

二是健全按需服务制度,既重共性服务,又重个性服务。在党员干部服务群众帮扶项目设计上,要从广大群众普遍关心的入托入学、社会保障、生活环境等共性问题入手,实打实地为群众解决难题。同时,每个社区、每个家庭也都有自己个性化的要求,因此,要围绕基层组织和基层群众最现实的困难、最朴实的要求、最迫切的期盼和最诚恳的建议,提供"适销对路"的服务,变"想为群众做什么"为"群众需要做什么",防止服务与需求"两张皮"。此外,要建立群众意见"挂号销账"及督办制度,明确牵头领导、责任单位和整改时限，做到发现一个"挂号"一个，解决一个"注销"一个，确保事事有落实、件件有回音。

三是建立考核激励制度，考评机制具有"指挥棒"和"风向标"的作用。科学的考评机制是推进党员干部服务群众长效机制的重要保证，要切实把群众满意作为评价党员干部的关键因素和重要标准。设计科学的考评指标，把对基层党组织的服务意识、服务能力、服务业绩的考评转变为一心为老百姓服务的指标体系。重视顶层设计，在党员干部服务群众考评指标、考评办法、考评结果的运用等方面，建立一套完善的制度。强化过程督导，变年终考核为时时督导、过程督导，强化党员干部转作风、抓服务的职责落实。注重考评结果的运用，加大群众评价权重，变上级的单一评价为群众参与的多方评价，把为老百姓服务的成效作为党员干部考核奖惩、选拔任用的重要依据，使党员干部不干不行，干不好不行，靠"吹牛"不行，促使党员干部真正把服务群众的各项承诺落实到位。

四是完善党群互动机制。联系服务群众，只有党员干部和群众都积极参与，做到在联系中联动，在联动中联手，才能实现党群干群相得益彰、携手并进的生动局面。要深化领导干部带头制度，让党员干部联动起来。领导干部要带头服务群众，在党员干部中发挥引领、导向作用。因此，领导干部要带头树立以人为本、为民服务的思想，以普通党员身份，落实直接联系群众、蹲点调研、信访接待日、为民办实事承诺等制度，并主动为走访对象留下联系方式。特别是党政"一把手"要敢于担当，坚持哪里最困难包哪里，哪里矛盾最多包哪里。只有领导干部率先行动起来，坚持下去，着力营造有利于联系服务制度落实的良好氛围，才能更好地引领带动党员干部行动起来，实现"跟我走、跟我上、向我看齐"。要建立党群互信互动制度，让党群干群联动起来。为群众谋利益是密切党群关系最直接最有效的途径，也是实现党群之间良性互信的关键。因此，要将党员干部联系服务群众的制度和形式、措施等广而告之，强化党群之间的精神对接，统一思想，凝聚共识。此外，党员干部还要充分依靠群众、发动群众，推动服务事项在党群互动中落实。

（三）进一步抓好党员发挥先锋模范作用的服务平台建设

要充分发挥党员的先锋模范作用，党组织搭建活动平台是基础。要紧紧围绕群众需求，运用多种手段开展服务。

一是在服务群众上创新载体。依托党员责任区、党员责任卡、党代表服务圈、老党员服务站等服务载体，从上学、看病、就业、低保、养老等关系群众切身利益的事项入手，以群众满意为目标，全力为基层群众办实事、办好事。如菜园街社区党组织的"走出五色学堂、共筑五彩梦想"，组建"五彩梦志愿服务队"，以"党委引领、党员参与、为民服务"为宗旨，通过"五彩梦志愿者"全方位的服务，来实现社区党员、群众心中的"五彩梦想"。

二是以社区党员活动场所为阵地，根据不同类型党员的特点，开展各具特色的活动。例如，在街道18个社区所有党员中开展献爱心募捐活动，樱桃园社区在在职党员中开展了"四个一"（创一户文明家庭、参加一项社区服务、参加一次公益活动、提一条合理化建议）及离退休党员争当"四大员"（党的政策宣传员、计划生育宣传员、综合治安巡逻员、环境卫生监督员）等活动，这些活动的开展为各类党员发挥作用搭建了有效平台。

三是以正面宣传为引导，增强先进党员的示范作用。通过在社区设立黑板报、宣传栏橱窗、展板及观看录像、光盘等，宣传展示先进党员的模范事迹；对"奥运安保"、"国庆安保"、"两会安保"及"全国文明城区创建"迎检中表现突出的社区先进党员、先进支部的事迹，组织党员开展学习讨论，加大正面宣传力度，树身边榜样激励人，让身边人讲身边事，以小见大，以人化人，弘扬正气，积极营造社区良好的人际关系，为党员发挥作用提供了一个好的载体和平台，有效调动了党员的主观能动性。全心全意为人民服务是党的根本宗旨。只有积极围绕"为民、务实、清廉"这个主题，狠抓"服务群众、做群众工作"这个主要任务，构建起群众需求收集、处置、反馈、改进的循环工作机制，从群众中来，到群众中去，像对待自己的亲人一样对待群众，回应和及时处理好群众的各种诉求，群众才能与我们拧成一股绳，心往一处想，劲儿往一处使。

参考文献

北京市西城区白纸坊街道：《白纸坊街道处级领导调研报告》（2013～2014）。

北京市西城区白纸坊街道：《白纸坊街道工委办事处年度工作总结》（2010～2014）。

北京市西城区白纸坊街道：《白纸坊街道工委办事处各科室年度工作总结》（2010～2014）。

李松敏：《社会管理创新与基层党组织建设关系探究》，江南大学硕士学位论文，2012。

腾华：《党的十七大以来基层党员队伍纯洁性建设研究》，西南大学硕士学位论文，2014。

案 例 报 告

Case Reports

B.12
以服务型党组织建设引领基层党建创新的白纸坊经验

摘　要：　明确基层党组织的服务职责，强化党的基层领导核心与战斗堡垒作用，是党的基层组织建设的根本与重点，事关党的执政基础和执政地位的巩固。近年来，北京市西城区白纸坊街道立足自身实际，以提高服务能力为主线，充分调动驻街单位党组织、全体党员、居民群众的积极性，努力构建条块结合、资源共享、优势互补、共驻共建的区域化党建工作新格局，全面提升基层服务型党组织建设水平，其经验值得推广借鉴。

关键词：　服务型党组织　基层党建　区域化党建　白纸坊街道

党的十八大将服务型党组织建设作为提升党的建设科学化水平的重要内容加以部署，明确提出要加强建设基层服务型党组织，主要任务是"服务群众、做群众工作"。近年来，白纸坊街道立足自身实际，街道工委以 20 个直属党组织为核心，以加强基层服务型党组织建设为主线，结合街道党建工作和社会服务管理工作实际，充分调动驻街单位党组织、全体党员、居民群众的积极性，努力构建条块结合、资源共享、优势互补、共驻共建的城市区域化党建工作格局，以打通服务群众"最后一公里"为目标，深入推进基层党组织建设，着力破解难题，突出服务功能，实现共治共理，走出了一条具有时代特征和街道社会特点的服务型党组织建设新路子。

一　服务型党组织创建的重要意义

创建服务型党组织有利于践行党的宗旨。随着改革的深入发展，市场经济体制、党建工作形式的不断调整，服务人民群众的内在要求和方式方法也随之相应改变，各级党组织必须提高服务水平，切实改进工作方法，增强并扩大党建工作的覆盖面和渗透力，践行党的为人民服务的宗旨，夯实党的群众基础和执政根基，不断满足人民群众的需求。

创建服务型党组织有利于夯实基层基础。在新形势下，一些基层党组织和党员干部在总体上是坚强有力的，但仍有部分党员干部在思想观念、工作作风、党的先进性和能力素质方面有待提高。有的对工作缺乏主动性，党员服务意识和组织观念淡薄，对群众缺少帮助和关心；有的思想观念守旧，缺少开拓创新的锐气，因循守旧，缺乏努力拼搏的精神；有的不善于学习，对市场经济缺乏相关知识，"双带"能力不强；有的对相关政策把握不够，职责定位和发展思路模糊；等等；这些问题的存在，集中反映了部分基层党组织和党员干部在服务群众方面的素质、作风、能力和观念等亟待进一步加强。

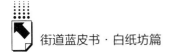

创建服务型党组织有利于党建模式创新。近年来，基层党组织的政治作用和功能体系随着社会资源配置方式的改变而逐渐弱化，因此，党组织建设最重要的一项工作就是要激发基层党组织的战斗力和活力。当前新形势下，基层党建的有效载体由于种类过多、提法较散，还不能形成统一的党建模式，发挥集聚效应。白纸坊街道以区域化党建为抓手推进基层服务型党组织建设，是基层党建模式创新的新尝试。

二　白纸坊街道创建服务型党组织的有效探索与实践

加强和创新基层管理，是适应我国发展新特征、新变化的时代课题，是各级党组织和各地政府面临的重大战略任务。白纸坊街道工委立足自身实际问题，以加强基层服务型党组织建设为主线，结合街道党建工作和社会服务管理工作实际，以"服务群众、推动发展、促进和谐、凝聚人心"为建设目标，因地制宜地进行了广泛实践，在服务型党组织建设方面做到"面上全覆盖，点上有项目"，努力构建条块结合、资源共享、优势互补、共驻共建的城市区域化党建工作格局。

白纸坊街道共有驻区单位 1719 家，目前下设 18 个社区。街道工委下设 20 个直属基层党组织，包括 1 个社会工作党委、1 个机关党总支和 17 个社区党委、1 个直属社区党支部，其中，18 个直属党组织共设党支部 107 个。

（一）广泛挖掘社区资源，建立社区事务合作共商机制

街道所辖的 18 个社区党组织成立了社区党建协调分会，分会由 5～10 人构成。分会主任由社区党组织书记担任，副主任由社区党组

织副书记担任，成员由党员社工、民警、城管、居民、驻街单位工作人员组成。人员覆盖面比较宽泛，包括医院、学校、物业管理公司、企事业单位、非公有制企业等多个行业。分会定期召开会议，共同协商社区事务，及时解决社区党员和群众反映的热点问题，开展多样化的便民、利民、育民活动。辖区单位参与社区建设和服务居民的意识不断增强，由社区带头牵着走逐步转变为单位主动找项目，地区资源得到有效利用。例如，樱桃园社区党委与12家大中型企事业单位、物业管理公司签订了《结对共建协议书》，定期慰问、帮扶党员群众。崇效寺社区党委与西城实验小学联合举办雷锋事迹展览，开展文明小使者活动；与六十三中共同开展英语小品创作活动；与司法所共同举办法制教育课堂；与精诚公证处共同举办财产公证讲座；与白纸坊小学师生开展公益广告设计活动。建功南里社区党委与区委党校协商，利用社区活动室和党校阶梯教室为党员和居民进行技能培训；与铁道出版社携手，完善社区图书馆建设，向社区居民借阅图书，举办"书友汇"。建功北里社区与北京市委农工委机关党委开展党风廉政书法笔会活动、跳蚤市场活动；与西城区委党校开展青年党员主题党日活动；与中环假日酒店开展困难群众定期帮扶活动；与北京广播电视大学宣武分校开展微型书市捐赠活动；与北京蓟城物业有限公司开展社区环境整治活动。

（二）充分发挥在职党员优势，深入社区广泛服务居民群众

自2014年4月初在职党员回社区报到工作启动以来，街道共有86家单位4168名在职党员到社区报到，其中市属单位19家，区属单位67家。另有150名在其他城区工作但居住在白纸坊街道的在职党员以个人形式回所居住的社区报到。参与各类服务活动的党员2400余人次，覆盖18个社区。服务项目包括治安巡逻、环境治理、助老帮困、便民服务、健康讲座、法律咨询、心理疏导等几十项内

容。为加强在职党员与社区居民的联系和沟通，街道工委在制定《关于进一步开展在职党员到社区报到为群众服务的工作方案》的基础上，明确了街道"党心凝聚民心，实干成就梦想"的活动主题，大力宣传"我为人人，人人为我"的服务理念，鼓励在职党员将服务群众的行为由党组织定期搞活动转变为日常自觉服务。为报到单位印制了《单位党组织服务群众联系手册》，为在职党员印制了《党员服务群众联系手册》，及时记录服务项目和内容。历经半年多的实践，社区党组织围绕街道活动主题积极与在职党员沟通联系，帮助他们深入了解社区实际情况，鼓励在职党员充分发挥自身优势，主动参与社区活动服务地区居民。

例如，平原里社区党委邀请北京市 140 中学教师为社区居民开展环保知识讲座。双槐里社区党委结合万寿公园工程改造情况，组建了护绿志愿者队伍，组织在职党员开展安全游园、保护绿地等志愿宣传服务。新安中里社区党委组织区红十字会在职党员为居民举行"扬急救之帆、为生命护航"家庭急救知识讲座。右内后身社区党委组织区机关服务中心在职党员与社区孤寡老人结对子，定期开展慰问、探望、谈心活动。半步桥社区党委组织食药局党员为社区居民开展食品药品安全知识讲座。里仁街社区党委组织三教寺幼儿园在职党员开展学前教育讲座；为社区幼儿赠送科普类、故事类书籍 40 余册；组织禁毒总队党员根据工作特长，开展禁毒宣传活动。清芷园社区党委组织清芷园物业党支部开展了以"树木拥有绿色，地球才有脉搏"为主题的植树活动。

（三）以服务型党组织建设为引领，不断拓展社区服务功能

党的基层组织是党的组织基础和党在基层组织的战斗堡垒，是执政党赖以生存和发展的根本。18 个社区党组织以加强基层党的组织建设、提高党建工作水平为目标，充分发挥领导核心作用，结合社区

实际情况，从党员群众的需求出发，大力整合社区资源，积极打造特色党建活动品牌。

1. 从广度与深度上不断延伸

菜园街社区党委作为服务型党组织试点社区，继续延伸"走出五色学堂、共建五彩梦想"党建创新项目，在社区成立了"红色忆梦"、"橙色圆梦"、"黄色护梦"、"绿色寻梦"和"蓝色传梦"五彩梦志愿服务队，通过招募的方式不断扩充志愿者服务队伍，精心制作了 500 套"五彩梦"便民服务手册向居民发放，从思想疏导、解难帮困、邻里互助、普及知识入手，组织开展大型主题活动 30 余次，参与各项服务活动的党员、志愿者 1000 余人次，近 2000 人次居民从中受益。

2. 增强党员意识，凝聚党心民心

崇效寺社区党委连续 6 年坚持开展党建主题教育活动，一年一主题，凝聚党心民心。例如，2014 年社区将"留住记忆、展望未来、愿祖国明天更美好"定为教育活动主题，将 460 余名党员划分为 12 组，每月组织一组党员开展一次教育活动，为社区党员播放党建宣传片，组织党员召开座谈会。为增强党员意识，党委设计制作了《党员活动手册》，发放给每一名党员，详细记录党员交纳党费情况，实时记录党员参加社区服务活动情况，督促党员积极发挥先锋模范作用，为居民服务好。

3. 立足自身实际，解决居民困难

建功南里社区党委结合社区老年人多的实际情况，与辖区城南居饭店合作，为老年人开办"老年饭桌"，解决他们做饭难的问题，饭店为老年人就餐专门开辟区域，按照老年人的实际需求制定菜谱，有 18 种菜品、11 种主食、3 种套餐，"优惠供应、排解民忧"的实际行动受到居民的广泛好评。樱桃园社区党委认真开展"邻里互助 守望幸福"综合包户志愿服务行动，从小事入手，从他人的需要入手，切实解决弱势群体的生活困难，组织社区党员与高龄、困难、孤寡老人结对子，建立 25 对帮扶小组。樱桃园社区楼门长殷桂枝与邻居姜信召"窗帘约定"的故事在社区广为流传。

4.打造"一刻钟社区服务圈"

从 2010 年开始，北京市委、市政府把推进"一刻钟社区服务圈"建设作为服务居民、造福居民的民生工程，连续三年将其纳入为群众拟办的重要内容。2011 年，在总结基层实践经验的基础上，市社会建设小组出台了《关于推进"一刻钟社区服务圈"建设工作意见》，由此清芷园社区党委本着服务群众的理念打造"一刻钟便民服务圈"。针对辖区内百余家小型非公有制企业绝大部分都是服务业企业的实际特点，建立了由 78 家企业组成的辖区新经济组织共建联谊会，构建了涵盖餐饮、购物、美容美发、保健、家政、医药、教育服务、休闲健身、金融服务等领域的"一刻钟便民服务圈"。为方便百姓的日常生活，社区党委印制了《清芷园社区便民服务导航》，将服务商信息在宣传栏上进行公示，实现了"小需求不出社区，大需求不远离社区"的特色服务，同时，对加入"一刻钟便民服务圈"的商户实行动态管理，实时更新信息。

（四）稳步推进非公领域党建工作，扩大党的工作覆盖面

街道社会工作党委下设 47 个非公有制企业党支部。社会工作党委派遣 10 名党建指导员，定期走访辖区内各企业，调查摸底企业基本情况，科学设置党的基层组织。以"圆心行动——凝心聚力打造非公企业活力工程"为主题，以商务楼宇社会服务管理中心为圆心，辐射辖区"两新"组织、楼宇企业，创新"一个主题、三个载体、五个特色"的工作模式。加强商务楼宇信息化建设，建立商务楼宇QQ 群，开通微博，开设微博党课，用新兴的信息交流方式激发党建工作活力和吸引力。

以"服务直通车——务实创新巩固提升，推动党组织服务发展"为主题的党建创新项目，在楼宇企业和社会组织中开展一系列温馨服务，增强企业间的交流，拓展工作思路、领域，搭建交流平台，积极推动共筑共建。商务楼宇开展"手拉手心贴心面对面，温暖服务进楼宇"系列主题服务活动，以服务为根本，切实解决楼宇企业和员工最关心、最现实的问题。在"法律讲堂"的基础上，聘请著名心理专家邵然老师开设"心理课堂"，为楼宇企业员工进行"职场心理之道——阳光心态"系列心理讲座，开展"快乐源泉"系列心理活动进楼宇活动。这是商务楼宇与心理健康服务中心首次尝试合作，将心理服务的工作机制与社区楼宇建设管理相结合，用专业能力扎实服务楼宇职场人群，不断促进社会管理创新。楼宇工作站、非公企业、社区共同开展了"学雷锋服务宣传咨询活动""庆三八法律讲座""迎端午忆传统，弘扬爱国主义精神联谊"等多项活动。

（五）整改软弱涣散党组织，提升社区综合服务能力

万博苑社区自2012年改选工作之后，社区书记主任"一肩挑"。因原党务工作者离职，社区"两委一站"缺少党员，专职党务工作者长期出现空缺，针对此项问题，街道工委和社区领导不断完善基层党组织建设，及时对社区党支部人员进行调配，整改成效显著。

一是加强班子和党员队伍建设，突出先锋模范作用。社区在班子建设方面坚持把团结作为第一要务，对集体讨论的重大问题，大事讲原则、小事讲风格。在班子分工上，根据班子成员的特点和特长，做到科学合理，使每位班子成员都能充分发挥自身长处，更好地发挥班子战斗力。

二是加大"全科社工"培养力度，牢固树立"责任在我"的服务理念。进一步完善岗位职责，实行延时工作制，方便日间工作没时间的群众在晚间、周末咨询事项。大力推进"一岗多能"工作，每

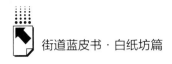

月至少开展两次非本职岗位业务学习，使社区班子成员进一步掌握社区各项工作内容，打造"全科社工"。

三是入网格、亮身份，当好群众身边人。积极制定了定期入户走访的机制，以居民需求为出发点，强化了深入群众入户走访工作，进一步细化了网格化管理，要求班子成员每周保证至少两个半天对小区所辖网格居民进行入户走访，深入了解居民需求。

四是拓展党员学习新平台。在以往读书看报学习的基础上，党支部拓展以播放远程电教片来丰富学习内容的新型学习方式。通过播放社区党建、创先争优、革命事迹等的宣传片让党员以一种更直观的形式学习其他地区先进的特色做法，了解社区党建工作；在学习之余，利用远程电教片播放一些老党员喜闻乐见的红色影片、经典革命歌曲，提高了党员参加支部学习的积极性，丰富了党员的政治生活，增进了党员之间的交流。

三　白纸坊街道探索服务型党组织取得的成效

（一）增强社区党组织的凝聚力，提高居民对党组织满意度

通过区域化党建工作的推进和服务型党组织的建设，社区党组织服务居民的能力和水平都有所提高，特别是在职党员和党组织的加入，增强了服务力量，提高了服务质量，使社区党组织为居民办的实事更多了，服务效果更明显了，居民群众的满意度更高了。

（二）解决社区难点和热点问题，提高社区建设的和谐程度

通过社区党组织的不断服务和深度服务，社区居民一些需求强烈、长期没有解决的问题得到了解决，社区建设借势得到了发展，社区和谐程度也不断提升。

（三）以民主化促进决策科学化，充分发挥居民的主体地位

各社区的党建创新项目在组织机构设置、制度设计、活动开展等方面都十分尊重居民的主体地位，使居民成为各项活动的策划者、组织者和参与者，成为各项成果的享有者，形成居民自治的良好格局。此外，还定期召开项目座谈会，广泛征求居民意见，集思广益，以民主化促进决策科学化。

（四）方便居民的日常生活，提高了居民生活幸福指数

服务是考核基层党组织的标杆，各社区针对实际情况构建了"一刻钟便民服务圈"。例如，清芷园社区党委构建了涵盖餐饮、购物、美容美发、保健、家政、医药、教育服务、休闲健身、金融服务等领域的"一刻钟便民服务圈"。"小需求不出社区，大需求不远离社区"的服务大大提高了居民生活幸福指数。

四　推进白纸坊服务型党组织建设的思考

白纸坊街道工委在党组织建设明确"服务"导向的过程中取得了一定成效，但是距离服务型党组织服务功效完全发挥还有一定的差距，为了更好地推进这项工作，在服务型党组织建设中还应做好以下几点。

（一）着力党群互动，构建服务型党组织格局

仅仅依靠基层党组织成员难以满足群众不断增长的服务需求，应当进一步发挥党员的示范作用，树立"党员带头、全民参与"的理念，重点扶持菜园街社区以"党委引领、党员参与、为民服务"为宗旨的"走进五色学堂，争做五色达人"项目，延伸党员服务，从

课堂到实践，发挥社工专业优势和居民特长特点，以党员先进性和纯洁性带动更多的"达人"自觉主动地参与服务社区工作，形成"党员帮助党员、党员服务群众、群众奉献社会"的社区党组织服务格局。

（二）创新服务形式，结合实际开展服务项目

针对部分老旧小区离退休党员多、流动党员多的实际，社区党组织要注重针对性、实效性，以"小型、多样、灵活"为原则，贴近居民生活和社区实际开展活动。对离退休党员采取教育和引导为主，发挥其作用和特长，消除其思想顾虑。考虑到青年党员日常工作较忙、参与度不高的情况，一方面，党组织可以考虑实行弹性工作制，将一些活动安排到周末；另一方面，应开发适应青年党员年龄特点的服务项目，减少教育类、理论性活动，增加志愿活动和爱老敬老、保护环境的项目，为社区居民和社区建设做出实际工作。成立兴趣学习小组，吸引青年党员参与，并将所学成果服务于居民。充分应用网络、手机等搭建服务平台，及时为广大群众提供方便快捷的服务，满足人民群众的不同需求。

（三）夯实基层党建，保障提供优质服务支持

1. 加强人才培养

街道党委要加大投入力度，采取社会招聘和公推直选等办法，配齐社区党务工作者，选配一些自身素质高、工作能力强、善于做群众工作的人员到社区工作，改善班子结构，提升整体素质，以解决一些社区党组织缺优秀人才、缺工作经费、缺活动场所等的问题。

2. 加大经费投入

适度提高社区党务工作者的工资待遇，留住优秀人才。采取党费支持、财政列支和费随事转等多种途径，加大对社区党建工作的经费

投入。为了改善社区党建工作的条件和设施，街道采取"上级党组织帮，辖区单位自己筹"的办法，不断加大对社区活动场所和办公用房的建设。

3. 推动资源整合

街道党组织应在不影响驻区单位工作的前提下开展活动，以街道为辖区单位服务换来辖区单位对街道百姓、街道发展的服务。提高驻区单位参与社区开展的各类活动的积极性，以共同目标、共同需求、共同利益为纽带，最终将其纳入服务街道发展的大局中。

（四）积极搭建平台，保持基层党建创新优势

创新是党保持活力的源泉，街道应进一步挖掘辖区资源，积极搭建各类服务平台，针对党员、群众开展不同形式的帮扶活动，根据党员结构、居民需求、环境特点的改变而改变，保持创新优势。街道可以采取组建远程教室、图书室、红色网吧、党群活动服务中心、市民中心、党代表联络室、文体活动场所等阵地，让辖区党员得到更好的服务引导。开通党务（党员）咨询服务热线，筹建党内帮扶资金等，积极开展基层党组织和党员干部结对帮扶活动，层层建立党员志愿者服务组织，为居民提供更多优质服务。利用街道全响应服务中心，搭建综合性立体服务平台，为群众提供多层次服务。

（五）健全完善机制，推动常态长效持续发展

1. 制定详细工作方案

街道工委要制定详细的"区域化党建工作方案"，确立服务型党组织创建考核机制，要建立、完善上级党组织对下级党组织的服务管理机制，以保障服务型党组织建设工作的生命力和持续性。

2. 建立大党委工作机制

对下级党组织进行工作上的宏观指导、资源上的互助共享，建立

社区大党委工作机制，加强与辖区单位党组织的互建共促。

3. 健全培养选拔激励机制

建立健全工作经费和党员民主权利保障制度，完善党内关怀和创新工作扶持激励制度，在党员干部的教育、培养、选拔以及争先创优等各个环节强化党员党性、责任和纪律意识，增强广大党员干部的责任感、荣誉感和自豪感，有效发挥广大党员干部的主体作用，提升服务型党组织建设的工作水平。

参考文献

徐成芳、闵雪：《中国共产党服务型政党建设理论架构研究》，《河南社会科学》2014 年第 1 期。

钟龙彪：《服务型基层党组织建设的现状分析与理论思考》，《长白学刊》2013 年第 2 期。

胡绿叶：《建设基层服务型党组织的路径选择》，《中共成都市委党校学报》2013 年第 2 期。

刘泽雨：《服务型政党：中国共产党新时期功能作用的新定位》，《党政论坛》2013 年第 4 期。

周多刚、徐中：《服务型基层党组织建设的内涵、现状与对策》，《党政论坛》2013 年第 3 期。

潘卫科、单伟：《加强基层服务型党组织建设的探索与研究》，《大连干部学刊》2013 年第 10 期。

李珞山、李天：《服务型党组织建设创新机制探索》，《湖北省社会主义学院学报》2013 年第 6 期。

刘厚金：《服务型执政党建设的实践价值》，《中共四川省委省级机关党校学报》2013 年第 6 期。

B.13
"市民中心"：现代城市治理方式
创新的重要探索

摘　要： 公共活动空间缺乏是高密度社区特别是老城区传统社
区的通病。白纸坊街道工委从辖区实际出发，通过多
方动员，撬动资源，建设了三处能够反映区域特色、
彰显文化底蕴的"市民中心"，开发出社区文化、居民
自治、公共管理等多种功能，为居民提供了一个温馨
的公共活动空间，为政府提供了一个与群众沟通联系
的桥梁，为辖区各个公共治理主体提供了一个有效的
协同治理平台，是现代城市治理方式创新的重要探索。

关键词： "市民中心"　城市治理　公共空间　白纸坊街道

一　白纸坊街道"市民中心"的建设管理

（一）建设背景

白纸坊街道建设"市民中心"主要有以下三个背景。

1. 市民需要文化活动场所

目前在大、中城市社区，"广场舞"已经成为一项活跃居民文化
生活的重要活动形式。但是由于公共空间有限，广场舞在给参与者带
来身心愉悦的同时也使其他居民受到干扰，引发了大量围绕社区公共

空间使用的矛盾。白纸坊地区属高密度建成区，三个多平方公里的土地上集聚了近12万常住人口，公共空间极为稀缺，白纸坊街道各社区原有的、分散的、较小的社区活动场所已不能完全适应社区居民多样化、个性化的业余文化需求。

2. 社区需要公共治理平台

社区居委会作为居民自治组织是天然的公共治理平台。但是目前社区居委会更多的是承担来自政府各部门及街道的行政性事务，导致了居务、政务不分，严重削弱了居委会的自治功能，也制约了社区的健康发展。随着市场经济的快速发展，越来越多的人进入社区，传统的社区管理和服务的模式已经不适应当今社会的发展，社区的治理模式和服务方式都需要改变。社区公共事务管理需要一个创新平台来承接。

3. 政府需要动员社会、联系群众、宣传政策的公共空间

随着单位的解体和城市化进程的加速，大量单位人、外地人涌入社区。这些毫无地缘、业缘联系的居民以"原子化"的形态生活在社区，给属地政府传统的社会动员方式带来挑战。这就需要党和政府不断创新社会动员机制和平台，创新和"原子化"居民建立联系的桥梁和纽带，创新宣传政策、教育群众的机制和方法，夯实基层治理的基础。随着政府职能的转型和社会治理方式的转变，为老百姓建设"市民中心"的工作被赋予了新的时代内涵。

（二）建设原则

1. 坚持以市民为中心

科学发展观的核心是以人为本、以民为本，要在纷繁复杂的工作面前把群众利益、群众诉求、群众的安危冷暖放在第一位。因此，"市民中心"在建设理念上提出要着重以百姓诉求为导向，急群众之所急，想群众之所想，办群众之所需。要真正地以市民为中心，以市

民为核心，以市民为轴心，时时、事事树立市民的主体地位。"市民中心"在建设过程中弱化政府影响，突出民间色彩，通过征求民意、问计问策，在内容、环境、布置等方面均表达了居民的想法，满足了居民的需求，使"市民中心"成为白纸坊街道的"三民工程"，即民意工程、民心工程、民生工程。

2.坚持居民自我管理，适当引入社会组织参与

办好"市民中心"，街道坚持"到位不缺位、到位不越位、到位不错位"的管理理念，建立由街道负责牵头抓总的中心建设领导小组，主责科室负责协调沟通，成立"市民中心"管理团队，负责日常管理，并引进资源互通互补的组织工作体系。其中，负责日常管理的"白纸坊街道'市民中心'市民共管协会"是通过征求各方意见，本着市民自我管理、自我发展、自我运作的原则组建成立的。协会组成人员主要有社区负责人、各社区社会组织负责人、物业公司人员、居民代表、社区工作者、"市民中心"工作人员等，主要职责是检查监督"市民中心"安全、卫生、秩序等方面的运行，对中心各项活动有序开展建言献策，实施指导。共管协会的成立真正实现了"市民中心"的事情由市民自己当家做主。

3.坚持精品化原则，不断提高活动的层次

硬件条件在改善的同时对"市民中心"的文化、文娱活动提出了更高的要求。根据居民的这种需求，街道将"市民中心"的使用向高水平文化团队倾斜，采用多种方式吸引和支持有特色、有水平的队伍开展活动，满足市民欣赏高水平文化表演和进一步提高自身文化修养的愿望。在"市民中心"活动有声有色开展的同时，街道不忘加强各个社区文化站的建设和管理。通过参与"市民中心"的活动，提升了各社区合唱队、舞蹈队、京剧队、书画班等文化团队的水平，从而形成以"市民中心"为中点，以各社区文化站为据点，相互作用、相互促进、相互影响的文化网络。文化网络的形成使整个街区文

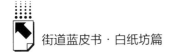

化氛围得以提升，街道精神文明建设得到促进，街道、社区文化软实力和市民的凝聚力得以增强。

4. 坚持创新性原则，满足地区发展需求

"市民中心"的冠名本身就赋予了它更宽泛的含义和内容，顾名思义，这个中心不仅仅是居民、社区、街道的中心，也是白纸坊街道整个区域内的文化中心。因此，"市民中心"从建设开始就要突破"三个限制"，即区域限制、身份限制、时间限制，要使生活、工作在西城地区的市民都可以享有便利，参与活动，从一定意义上说，广大市民在此将找到属于自己的中心点、组织点。除此之外，"市民中心"还要以此为依托搞好居民之间、社区之间的交流，促进白纸坊街道地域内社会单位、驻军单位之间的交流，促进社会单位与街道和社区乃至居民的交流，让更多的单位和市民享受到这里的文化氛围，做到互相了解、互相沟通、互相促进。让党和政府的精神通过在"市民中心"举办的多种活动得到更广泛、更生动、更深入的传播。

（三）组织领导

"市民中心"名称由原西城区委书记王宁提议命名，主要是指以它为中心点，以居民步行十分钟时间为覆盖半径，为生活、工作在白纸坊辖区内的居民提供免费文化活动场地、专业服务资源和交流对话平台，以满足他们多样化、个性化的需求，最终将"市民中心"打造成广大市民身边的"十分钟幸福驿站"。从2012年9月1日白纸坊街道第一个"市民中心"正式投入使用以来，目前共建成光源里、崇效寺和华龙美钰三个"市民中心"，使用面积近2000平方米。

为了建设好、宣传好、运营好、开发好"市民中心"这个凝聚着各方力量和希望的百姓平台，白纸坊街道专门成立了"市民中心"建设领导组，由领导小组牵头抓总，主责科室负责沟通协调，相关科室献言献策，运营团队日常管理，引进资源互通互补的组织工作体系，使"市民中心"建设成为真正意义上的民意工程、民心工程、民生工程。具体情况如图 1 所示。

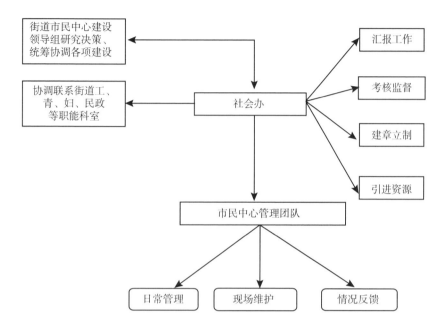

图1 白纸坊街道"市民中心"建设组织工作体系

二 白纸坊街道"市民中心"的服务内容

"市民中心"建设按照以满足需求为根本、以免费公益为宗旨、以发展惠民为归宿的要求，着重在整合、优化、培育、联动、共促上做好规划，探索形成"区级统筹、街道谋划、团队管理、专娱结合、服务引领"的运行格局，着重在文体活动、社区服务、社区议事三个方面建设布局，推动党和政府的民生政策向适度普惠型转变，推动社会公益文化事业在社区居民中扎根、开花、结果，推动社区各项工作呈现专业化、有序化发展态势。

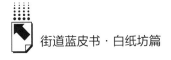

（一）文体活动

以居民的兴趣爱好为着力点，开展丰富多彩的居民活动，让人民享有健康丰富的精神文化生活，使广大居民自我表现、自我教育、自我服务，积极倡导社会道德建设，展示良好精神风貌，弘扬时代优秀精神，培育健康社会心态，串联学习型社会建设，提高文化活动质量，为人民提供更好、更多、更优的精神食粮。具体活动主要有活动培训、休闲娱乐等，如免费为居民提供观看电影的场所，影片每周更新，丰富居民业余生活；定期组织居民摄影、书画、手工艺品等展览活动；组建舞蹈队、交谊舞队、秧歌队、合唱队、京剧队、太极拳队、民乐合奏队等。经过一年多的正式运行，初步统计，共有30多支文化队伍在"市民中心"活动，服务市民达4万余人次，内容涉及合唱、京剧、评戏、秧歌、时装表演、交谊舞、民族舞、器乐、管乐演奏等20多个项目；同时还举办健康大讲堂、专家进社区演出、社区展览展示等活动，不断丰富居民的社会生活。

（二）社区服务

以提升服务能力建设为着力点，开展分门别类的居民服务，让居民享有就近齐全的高效便民服务。突出拓展社区服务功能，围绕综合救助、为老、医疗卫生、教育四大民生服务内容，为老年人群体、文艺活动群体、流动人口群体、青少年群体提供符合实际、贴近需求的各类型服务，具体包括青年交流、学习教育、身心健康指导等。例如，国际、国内社会热点问题现场讲授；未就业青年群体就业技能教育；老年人棋类切磋、比赛；"健康（科普）大讲堂"，涉及营养、保健、疾病、急救、心理、礼仪、健康等多方面内容。

（三）居民议事

以提升居民自治能力为着力点，开展多种形式的居民议事。突出丰富居民议事民主参与形式，探索建立群众诉求表达、利益协调、权益保障新渠道，使社区自治水平和服务居民的能力不断提升，保障居民享有更多更切实的民主权利。具体活动有：充分运用社区议事厅，联系社区楼门院长、分片主任、民情联络员，畅通民意诉求渠道，开展每周一日"社区议事主题日"，在党团建设、矛盾纠纷排解、小区建设、街道建设、城区建设等方面开展议事；完善人民调解、行政调解、司法调解联动的工作体系；每月一日"市民建言献策日"，组织社区居民参议社区建设，提供新看法、新观点、新创新，让居民了解社区、融入社区；全面推行"社区事务听证会"制度，邀请居民共同参与社区公共问题的决策，在环境整洁、管理规范、服务完善、安全稳定、健康幸福、文化繁荣等方面集中民智、体现民意，提高社区居民参与社区管理的积极性和主动性。

三 白纸坊街道"市民中心"的运行机制

（一）街道内部联席会议机制

"市民中心"整体运行按照构建"区级统筹、街道建设、中心管理、市民参与"的工作格局，由区社会建设领导小组负责统一规划，街道社会建设领导小组负责具体实施，街道成立"市民中心"专项工作项目组，负责对"市民中心"运行中出现的问题等进行集体协商，统筹解决；街道指定专门科室负责工作协调；工、青、妇、计生、民政、全响应等相关科室人员为项目组成员，负责联合规划、引入项目等；项目组下设"市民中心"工作运营团队，工作人员为街道聘请的社区退休积极分子，负责日常管理、现场监督、反馈问题。

（二）外部社会组织引进机制

社会组织是社会建设的重要力量，在现代社会中发挥着反映利益诉求、扩大社会公共服务等重要作用。"市民中心"积极创新社会组织管理体系和工作机制，依托西城区社区组织培育孵化器项目，推动实现各级各类优秀社会组织与街道便民利民服务的有效对接，在急需、紧缺、组织专业化程度弱的服务项目上开展合作共建、资源共享、人才共育，立足社区建设与社区服务，根据实际情况和百姓生活需求推行一系列社会服务项目，以一流的专业优势满足辖区居民个性化、多样化需求，解决社区建设中遇到的发展问题。

（三）辖区市民动员参与机制

"市民中心"的建设突破"三个限制"，即区域限制、身份限制、时间限制，凡是生活、工作、经商在西城地区的市民都可以享受到便利，参与活动，天天有活动，周周有演出，月月有培训，让广大市民找到属于自己的活动中心，随时、随地、随心地享受便利服务。"市民中心"所有的活动实行活动责任制、会员制、预约制，确保活动安全、有序，富有吸引力和影响力。

（四）街社项目管理协商机制

建立以街道社会办牵头，由各社区书记主任参加的"市民中心"项目管理协商机构，大事会商，群策群力，使"市民中心"的发展、运营、管理有更厚重的基础。在"访民情，听民意，解民难"工作中，注重收集民情民意，汇总居民反映强烈、建议集中的项目，由社区进行初步分析，各委员会主任负责反馈信息，上报相关科室，及时沟通，对符合社区发展需要、符合居民需求的项目开展责任分工、人员分工、外部引进等工作，探索形成项目接地气、居民广受益、科室间互联、街社间互通的管理协商运行机制，保证开办的各个项目能够源于民意，贴近民情，归于民心。

（五）中心问题快速反应机制

按照精细化、严格化、高效便民的工作要求，抓安全、抓秩序、抓环境，认真落实各项工作标准，狠抓制度落实，反复查找差距和隐患，让各项工作措施想在问题出现的前面，细化到中心的每个角落，将安全隐患和有碍环境秩序的苗头处置在萌芽状态，包括：为楼道安装扶手；在可能碰撞居民的地方添加防护装置；所有电闸箱加锁并贴安全标志；添置消防器具和宣传标识；制定突发事件应急预案；等等。通过建立健全快速反应机制，"市民中心"开办以来没有发生任何问题，卫生环境安全秩序等基本保持协调有序。

四 白纸坊"市民中心"的发展方向和需要进一步解决的问题

白纸坊街道以社区居民文化需求建设为突破口，着力解决社区群众身边最现实的民生问题，成功创建了具有现代意义的"市民中心"，极大地提升了社区群众的满意度，其"市民中心"建设的做法和经验，具有较强的借鉴意义。"市民中心"最大的亮点，在于它呈辐射状区域布局，筑起街道、社区、居民之间密切联系、相互联动、资源共享的桥梁和纽带，发挥了其在激发社会活力、调动社会资源、促进社会和谐、增进百姓福祉等方面的重要作用。

（一）发展方向

1. 发展方向之一：职能部门工作拓展中心

街道党建、社区管理、城管、计生、消防、卫生、工青妇等各职能部门在做好日常工作之余，借助"市民中心"开展活动，联系群众，展示成果，扩大宣传，促进居民与街道的互动、理解、接受、支持街道各方面工作。如街道长期举办"四美环境建设"、"创建五好家庭"、防火警示教育等成果展览；定期举办专场电影放映、专项健康大讲堂，既做了宣传教育工作，又能丰富群众文化生活，还能够吸引更多市民融入中心。

2. 发展方向之二：居民群众文娱生活中心

"市民中心"是白纸坊地区空间最大、设施最齐全的文娱活动场所，是群众文化、民俗艺术的创作、创意展示交流中心。可以通过组织专项活动，聚集专业人才，交流创作经验，交流展示成果，固定的人群，固定的时间，固定的场地，久而久之成为居民身边的文化文娱生活中心。比如，在"市民中心"举办的社区居民工艺品展览，相关专业人士自发地组织在一起切磋发展成固定团队等。

3. 发展方向之三：社会各界沟通交流中心

"市民中心"的冠名本身就赋予其更宽泛的含义和内容，这个中心不仅仅是居民、社区、街道的社区中心，而且是白纸坊街道整个区域内的文化、活动中心。因此，在搞好居民之间、社区之间交流的同时还要促进白纸坊街道地域内社会单位、驻军部队之间的交流，促进社会单位与街道社区居民之间的交流，让更多的单位和更广泛领域的人们感受到"市民中心"的文化氛围，互相了解、互相沟通。

（二）需要进一步解决的问题

1. 管理水平有待于进一步提升

在管理上还要进一步精细化、长效化，特别是百人以上的大型活动的卫生保洁和秩序维护上还有很多需要进一步改进和完善之处，主要是克服困难、排除干扰、提高质量、保持长效。在软件上除了继续加强精细化管理外，要倡导文明社区活动理念，让所有到"市民中心"活动的人的一举一动都成为文明活动的典范。

2. 服务能力有待于进一步提升

"市民中心"既是市民从事文化活动、享受文化生活的场所，也应该是白纸坊地区文化工作规范化、上水平的文化文娱活动场所，是对全街道文化文娱活动具有展示性、典型性、示范性、前瞻性的场所，对辖区所有的文化文娱活动具有引领作用。

3. 专业人才有待于进一步充实

人才及其质量水平决定了社区活动的水平。那些高水平社区文化文娱队伍中总有一些高水平的骨干在支撑着，因此，提高水平上档次就要找那些能干、善于干、热心干的人，将这些人聚集在社区。专家进社区才能解百姓盼望提高、追求高雅艺术之渴。

4. 服务形式有待于进一步丰富

"市民中心"要强化地区内外多种形式的沟通交流。要大力争取上级单位的支持，对那些有水平、有潜力、高素质的活动团队在专业训练水平、队伍建设能力方面予以专项扶持。要进一步面向全地区开放，将驻区单位、机关、学校等社会资源引进来，开拓活动精品，提升文化实力，带动整体水平提升。

参考文献

北京市西城区白纸坊街道资料：《"市民中心"建设的思考与实践》，《处级领导调研报告（2013）》。

北京市西城区白纸坊街道资料：《白纸坊街道2014年工作总结》。

刘飞：《关于"市民中心"建设的探索与实践》，环渤海新闻网，2012年5月28日。

白庆华、李庆飞：《市民服务中心的现状分析和未来发展建议——以上海市松江区"市民中心"为例》，《探索》2009年第6期。

B.14
白纸坊街道加强住房保障规范化
管理的实践与思考

摘　要： 近年来，住房保障体系不断完善，低收入家庭的住房
困难问题逐步得到解决。党中央、国务院更是将保障
性住房的开工、建设、完成进度等事项提到重要位置。
白纸坊街道在加强住房保障工作的规范化管理，紧密
围绕街道整体工作安排的同时，始终结合"提能增效、
群众满意"的主题，从实际出发，在各社区住保工作
者的大力配合下，立足基层，结合街情，以改善民生、
解决中低收入群众住房困难为目标，以建设和谐宜居
城区、解民难为目的，真抓实干，开拓进取，住房保
障工作取得了较好的成果。

关键词： 住房保障　规范化管理　改善民生　白纸坊街道

一　街道住房保障工作现状与存在的主要问题

构建"市场配置和政府保障相结合"的住房体制，以满足困难
家庭基本需求为目标，加强保障性住房的建设和管理，是党的十八大
提出的重要任务。保障房的建设和管理工作作为重大民生问题，曾多
次被列入政府公共服务的范畴并被明确提出。只有加快推进以改善民
生为重点的社会建设，才能到2020年实现"住有所居"的目标。

白纸坊街道辖区面积3.1平方公里，常住人口大约4.3万户，近13万人，划分为18个社区。辖区内共有小区144个，老旧小区占了2/3，其中很多是平房、筒子楼和大屋脊，居住环境较差。一套房子多人居住或多人户口同在一套房子的现象较多，人均住房面积低于市人均住房面积。

针对白纸坊地区保障性住房需求大、住房保障工作量较大的实际，街道早在2007年11月就率先成立了由办事处主任任组长的"白纸坊街道住房保障工作领导小组"，全面负责街道住房保障工作。2010年底又在全区（原宣武区）率先成立了住房保障科，把住房保障工作当作一项情系民生的重要工作来抓，在解决城镇居民住房问题特别是低收入家庭的住房困难方面做了大量工作，也取得了一定成效，但仍然存在许多薄弱环节和不足之处。

1. 社区住房保障工作人员流动性较大

住房保障工作是一项业务性较强的工作，既要严格把握政策，又要根据申请家庭的不同情况灵活对应，一个合格的工作者需要经过长时间的实际岗位操作和实践才能熟练掌握业务技能，完全胜任，但是没有固定岗位而影响到工作的衔接。对居民申请保障性住房进行审核的第一关是在社区，也只有社区工作者才最了解每个居民的实际生活居住情况，因此，住房保障工作的顺利推进离不开社区，社工频繁地转岗和离任给工作带来了诸多不便。

2. 政府职能部门间尚未形成有效联动

住房保障工作是一项系统工程，需要各部门的密切配合。个人信息搜集、核实以及动态监测与管理是住房保障工作的基础性工作，而个人信息分散在多个不同部门，在相关部门之间缺乏一套客观、科学的信息沟通互动体系或办法，这就使少数无固定职业的个人的信息很难核查，出现隐瞒收入申请保障性住房的情况，有少数人钻政策空子，以伪造收入证明或者故意不就业或挑拣低收入岗位就业等手段，骗取

政策性保障住房，甚至个别高收入的自由职业者也享受到保障性住房。

3. 准入标准不能及时更新易造成矛盾

我国现阶段实行的保障房申请标准是多年前制定的，由于物价的上涨和人民收入的逐年增加，不少家庭收入略超过准入标准又无力购买商品房的"夹心层"。更有一部分因重残、重病而丧失劳动能力或无自理能力真正急需住房的弱势群体以及需要 24 小时特殊护理，却因为家庭申请人员数量限制了户型配租，无法解决全时陪护等一系列的问题。而目前的保障性住房体系尚不能覆盖"夹心层"，重残人员陪护同住的困难问题依然比较突出，从街道工作实际中看确实容易成为社会不和谐的特殊因素。

4. 保障住房项目建设较慢轮候周期长

由于土地供应、征地、拆迁、安置等前期工作难度较大，保障性住房的组织推进和项目建设往往较慢，许多申请家庭需要等候一至两年甚至更长的时间，在这期间的住房困难无从解决。

5. 住保信息平台功能和实操性需提高

北京市统一发布使用的住保信息平台，在一定程度上实现了全市住保信息的统一化、表格化、制度化，但是在部分功能实现上还有一些问题，如数据准确性不高、无法记录选房状态、实物配租和租金补贴家庭混杂等，对使用者造成一定的困扰。人户分离的申请户在出具证明材料时所加盖的公章没有统一性。

二　白纸坊街道加强住房保障规范化管理的具体措施

近两年的时间里，街道保障性住房工作在紧密围绕街道中心工作的同时，对住房保障整体工作合理安排、狠抓落实、认真履职，结合"提能增效、群众满意"的主题，以"访民情、听民意、解民难"为主线，从实际出发，工作成效也在逐年提高。截至 2014 年，白纸坊街道审核经济适用房、两限房、廉租房申请共计 4577 份（经济适用房、两限房 3368 份，廉租房 608 份，公共租赁住房 601 份），完成公共租赁住房备案 334 户，完成公共租赁住房租金补贴审核 17 户，完成经济适用房选房 345 户，限价房 814 户，廉租住房 80 户，公共租赁住房 28 户。完成微机录入 5282 份；接待来人来访 2400 余人次，来电咨询 2780 余人次；参与了 7 户腾退房工作；配合大厅窗口工作信息录入，完成工作记录 300 余条，积极配合市、区部署住房保障重点工作 10 余次，均圆满地完成了各项任务。

虽然工作量随着新的政策和工作模式的改变不断加大，而保障性住房原正式在编人员 4 人、兼职人员 7 人也在不断地流动和变化减少，但是街道按照市、区的工作要求取得了较好的成绩，主要是在开展工作中采取了以下措施。

（一）加强管理监督，提高工作成效

一是主管领导与科室领导以身作则带领工作人员做好政策宣传工作，深入社区解惑答疑并发放新的办事须知，做到每户必入。通过对低保户和低收入家庭及"夹心层"的摸底走访，适时掌握一手资料；及时解决困难、化解矛盾，对白纸坊街道（包括清河地区）所有登记在册的 1600 余户低保、低收入家庭和住房实际困难的申请户的住房情况进行全面细致地入户调查，做到无一遗漏。

二是在调查的基础上重新梳理街道保障性住房的审核管理台账，并借助街道电子政务系统，对申请人进行动态管理。坚持做到公平、公正、公开，确保住房最困难并符合条件的家庭首先享受到住房保障政策，确保保障性住房真正惠及低收入家庭。针对住房保障审核工作中政策性、专业性较强的特点，结合实际工作情况，科室在 2014 年组织召开了 10 次社区住房保障工作者业务工作培训会。

三是严格档案管理。街道结合住房城乡建设部印发的《住房保障档案管理办法》，制定严格的档案管理制度，配备独立档案柜，在原有专人负责管理住房保障档案的基础上做好管理人员的业务培训，认真学习并严格按照管理办法操作。对每份档案逐一进行编号装订，整理档案目录并入册；在完成录入的同时对部分已失效的档案组织统一销毁并做好记录。档案柜钥匙由管理人员保管，每个档案柜内放置目录，如遇有转入、转出等情况，及时更新，做好记录。

（二）规范日常管理，做到公平公正

一是熟练掌握新政策，明晰办事流程。完善健全窗口职能，强化接待人员文明礼仪，规范服务文明用语，提高服务态度，注意提升窗口工作人员服务水平。窗口人员统一佩戴上岗证件，时刻做到微笑服务，认真解答来访居民疑问。对情绪激动的群众做到不急不躁、耐心劝解，并及时进行信息反馈。在办事大厅的窗口放置材料清单、准入标准、申请程序、核定表及填写样式等公开资料。将新的政策要点制作成简要清晰的办事流程图，在窗口接待处提供政策问答等彩色插页，并将需要填写的表格制成规范化的版面，让前来申请的群众可以清楚地了解相关政策及填写内容。

二是努力提高审核速度，加强合格率。将审核分成两人一组，一人初审，另一人复审，并严格做到"三清一核对"，即住房政策清、填表内容清、补充材料记录清，表格填写内容与所提供材料进行逐一核对。对辖区内符合享受保障性住房的申请户把好"社区调查证明、初审申报、复核审定"三道审查关，确保符合条件、住房最困难的家庭和六类特殊申请户首先享受到住房保障政策优先。

三是严把入户、公示关，不走过场。严格按照"三审两公示"的制度。在入户环节严格做到每户必入，且核查人员不少于两人，核查人员如实填写入户情况表，双方都签字后方视为真实有效。之后由住保办工作人员、社区书记、主任、民警和居民代表共同对其进行评审，一致通过签字后，方可进行公示。公示要求在社区公共布告栏和申请人所在居住地同时进行公示，同时，向社会公布监察科、住房保障科的两部举报电话，随时接受社会和舆论监督。

（三）工作重心下移，方便群众办事

一是制作住保工作手册，将涉及街道、社区需要掌握的文件装订成册，下发到18个社区，方便社区工作者查阅解读。设计制作社区住保工作宣传架，将保障性住房宣传资料下发到社区，让社区真正作为地区住保工作宣传的桥头堡，扩大宣传面和宣传力度。

二是适时设计调查问卷，对18个社区进行走访和调研，了解辖区内住保工作人员的实际工作情况及工作中遇到的困难，并及时制定相应的办法措施解决问题。通过问卷的形式充分了解申请户的真正需求，虚心听取群众提出的意见和建议，针对新情况、新问题对工作重心进行及时调整，并结合群众实际困难，汇民意、督重点、抓落实，畅通申请户诉求渠道，做到及时排查化解各类矛盾。

三是在一些容易出现问题的环节上，制定了相应的制约法则。主要有：审核过程中，入户调查必须有两人以上参与，调查结果需要被调查人认可并签字；必须在申请人社区和居住地同时进行不少于5天的公示；对发现或者群众举报的问题必须有两人以上参与核查和取证。在房屋分配过程中，实行公开摇号的分配程序，组织一部分申请家庭现场参与摇号，随后播放录像，让到现场的居民为没有去的申请人进行讲解，使之透明化并真正将"公平、公正、公开"的原则落到实处。

三 白纸坊街道强化住房保障管理工作的经验启示

街道以"强服务、促发展"为工作重心，努力创新，探索工作

新方法，促进住房保障工作的全面发展，在把保障性住房工作做成群众满意、社会放心的一项惠民工程的同时，在工作中强化住保工作管理的创新、窗口服务质量的提升、"访民情、听民意、解民难"的继续深入，树立大局意识、稳定意识和为民意识，高标准、高质量地完成各项工作任务。

（一）增强业务培训，加强人员梯形建设

一是对住保工作人员进行岗前专业知识培训，熟练掌握政策法规，组织18个社区住保工作者认真学习《北京市人民政府关于加强本市公共租赁住房建设和管理的通知》《北京市公共租赁住房申请、审核及配租管理办法》《北京市西城区住房保障工作手册》等文件中的各项政策和实操办法，汇总实际工作经验，为了更好地提高工作效率，必须把工作中反映上来的问题及时消化解决并应用在日常申请办理当中，提升住保人员窗口服务意识。

二是随着政策的变化和新政策的不断出台，做到随时开展专项培训，定期组织召开社区工作人员业务交流会，进行业务交流培训，强化社区住保工作者的业务水平。

三是在社区建设中逐渐培养住保工作的专职储备人员，加强住保队伍的梯形建设，提高社区保障性住房工作的管理水平和办事效率，减少由人员流动造成的服务窗口"空窗"带来的不良影响。

（二）强化横向联动，健全住保运行机制

一是不断加强住房保障机构的建设工作。建立健全住房保障工作的联席会议制度，定期研究住房保障工作，在充分发挥住房保障工作领导小组职能作用的同时，商议解决在住房保障建设过程中存在的各种问题。

二是加强低收入家庭住房状况和收入情况的动态管理工作。定期

审查保障对象的收入变化、人员变化和住房变化情况，不断加快申请住房家庭进度情况的信息共享平台建设，以科技带动台账的动态管理，结合"全响应"平台及时回馈来访人员信息。

三是将不同主体开发建设的保障性住房纳入统一管理，加大街道对社区、社区对居民的档案材料流转的管理力度，针对新的"四房合一"的工作形式不断探索新的统一管理模式和方法。

（三）加强监督管理，提高廉政防控风险

一是严格按照规定办理保障房申请业务，做到一份审核多人参与并由科长签字确认，防止出现违反规定的行为。

二是耐心接待来访人员，细心了解反映情况内容，做好登记，收集群众反馈，并及时改进工作作风，认真解决群众困难。

三是建立完善各项制度，特别是内外监督机制及内部教育机制，做好住保工作人员思想培训及法律教育工作，从源头上杜绝发生徇私舞弊事件。

提高整体法律意识，做好风险防范，在白纸坊街道廉政风险防范管理工作领导小组全面负责住保工作的风险防范和管理工作中，结合每年度的"立项效能监察实施方案"，制订工作计划认真落实。采取自查、互查及座谈等形式从岗位职责、思想道德和制度机制三个方面查找廉政风险点。针对查找出的风险点，逐一进行落实和改进，制定相应制度，采取有力措施，完善街道在住保工作中的风险管理工作，牢固树立服务群众、方便群众、体贴群众的意识。

参考文献

张玉梅：《浅谈建立保障性住房的档案管理新模式》，《科技致富向导》

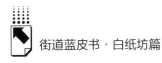

街道蓝皮书·白纸坊篇

2013 年第 9 期。

施伟华、龚靖：《住房保障档案的规范化管理》，《上海房地》2013 年第 6 期。

王云庆、陈建：《对我国城镇住房保障档案管理若干问题的思考》，《档案与建设》2012 年第 7 期。

钱玲玲：《浅谈经适房管理档案信息化工作》，《上海档案》2011 年第 8 期。

张俊玲：《住房保障工作中资格审核档案形成的特点与整理方法》，《北京档案》2010 年第 7 期。

B.15
白纸坊街道：完善基层防灾减灾体系
提升社区应急救援能力

摘　要：　随着城市化的快速发展和各种突发灾害的增多，社区作为城市的基本组织单元，在城市防灾救灾中的作用日显重要。在政府专业的救援队伍有限的情况下，社区应急救援队能够快速地应对灾害，减轻造成的损失。作为北京市西城区创建综合减灾示范区，白纸坊街道注重应急救援队伍建设，健全应急机制，完善应急救援保障，融入科技创新手段，充分发挥街道现有的信息化平台作用，建立有特色的防灾减灾体系，其经验值得借鉴。

关键词：　基层防灾减灾体系　社区应急救援　信息化平台　白纸坊街道

一　社区安全关系重大

社区是城市的基本组织单元。社区安则城市安，城市安则国家安。社区防灾减灾在城市综合防灾减灾体系及整个国家安全体系中具有基础性地位。而社区应急救援由于最接近现场、最接近群众，则是社区防灾减灾和安全体系建设的核心环节。2001 年国务院 302 号令颁布《国务院关于特大安全事故行政责任追究的规定》，2007 年颁布了《中华人民共和国突发事件应对法》，2009 年出台《国务院办公厅关于加强基层应急队伍建设的意见》，相关法律法规的颁布给应急救援事业提供了法律依据。2012 年党的十八大报告中关于社区公共服务体系建设的阐述，更是为社区应急救援服务体系的建设提供了翔实的理论依据。

"十二五"期间，依据《国家减灾委员会办公室关于印发全国综合减灾示范社区标准的通知》（国减办发〔2013〕2 号）、《北京市人民政府关于加强本市城乡社区综合防灾减灾工作的指导意见》（京政发〔2012〕24 号）、《北京市人民政府关于进一步加强本市应急能力的意见》（京政发〔2013〕4 号）和《北京市民政局西城区人民政府共建综合减灾示范区框架协议》，北京市西城区区委、区政府和区应急委从西城区实际情况出发，提出了构建处置有力、反应灵敏、运转高效的综合防灾减灾体系，创建与城市中心区相适应的综合减灾示范区，促进防灾救灾体系的完善与发展，满足西城区有效应对自然灾害需要的工作要求。白纸坊街道作为北京市西城区防灾减灾示范街道之一，承担了在街道和社区层面构建防灾减灾体系建设示范的任务。

白纸坊街道属于老城区，辖区面积 3.1 平方公里，有主要大街 12 条，胡同 76 个，社区 18 个，户籍人口 8.9 万人，常住人口 9.6 万人，外来人口近 2 万人。人口密度大，外来人口多，老旧小区、平房区比重过半，老龄人口和残疾人口较多，街道所辖范围商铺林立，人员密集场所多，出现安全生产事故的可能性较大，特别是"六小"单位场所的安全隐患较多，需要重点监管。白纸坊街道比较典型地反映了城市核心区老旧小区集中地区的安全管理状况。长期以来，白纸坊街道工委办事处十分重视安全工作，以全国安全社区建设为抓手，不断创新地区安全管理，在防灾减灾体系建设和综合安全治理方面具有一定经验。因此，白纸坊街道进行的防灾减灾示范建设，对解决老城区防灾减灾体系建设中的主要问题具有一定的借鉴意义。

二 以示范区建设为契机全面提升辖区安全治理水平

（一）健全应急机制，完善应急体系

1. 加强组织领导，建立健全防灾减灾工作机制

白纸坊街道成立应对突发事件工作领导小组，成员有白纸坊街道办事处相关科室、派出所、城管分队、地区防火办、地区安委会、卫生监督站等地，下设各应急救援小组和专项救援队伍，根据详尽、实用和有效的技术与组织措施制定应急预案，明确了应急预案启动时各部门的职责。白纸坊派出所负责各类突发事件的处置工作；综治办负责工地、地下空间、人员密集场所突发事件处置并协调有关部门依法处置突发事件；民政科负责涉及社区突发事件的处置；宣传部负责地区突发事件中媒体采访的接待答复工作；城管分队负责重点大街突发事件的处置；城管科负责地区房屋安全和物业管理方面突发事件的处置工作；行政办负责重大突发事件的协调和后勤保障，及时向上级机关上报突发事件的情况信息和结果；社区服务中心负责所属网点突发事件的处置工作。

2. 建立突发公共事件应急预案体系

白纸坊街道建立了突发事件的应急预案体系，包括公共事件的总体应急预案和各类应急预案。涉及范围主要包括自然灾害（地震、防汛抗旱）、事故灾害（火灾、地下空间事故、供电供暖供水事故、建筑工程事故）、公共卫生事件、社会安全事件、学校安全事件、其他应急预案六大方面。

（二）完善应急救援保障体系

1. 指挥系统技术与通信保障

为实现对街道全面管控、对辖区事件全响应，白纸坊街道对政务大厅进行改造，将原有的政务大厅改造为街道全响应指挥中心。改造后的全响应指挥中心，由调度室、会商室、街道中心机房三部分组成，整体面积达到160平方米，配有全套的监控、响应设备，能够不间断地掌握辖区内的情况，并承担重大事项的指挥调度工作。此外，白纸坊街道配备150部无线对讲机和一批应急照明设备作为应急通信设备，确保指挥中心与应急队伍之间的有效沟通，完善应急救援平台。由街道行政办负责保障通信设备检修保养，紧急时刻作为信息安全与应急通信保障队伍。

2. 应急救援队伍保障

依托西城区公安系统专业的消防队伍，街道建立了街道内部综合应急救援强化队伍，突发情况下分派到治安、消防、交通、医疗急救等应急志愿者队伍中去，主要由相关科室与部门单位成员构成。健全社会动员机制，招募应急志愿者。白纸坊街道依托社区居委会、社区服务中心和社会团体，组织有相关经验和知识的志愿者参与救援队，随时准备应对各类突发事件的抢险救援、设施抢修及群众安置和心理安抚等工作。目前白纸坊街道已经有三支应急志愿小分队，分别是治安应急小分队、消防应急小分队、急救应急小分队。

3. 交通运输保障

白纸坊城管分队负责保障应急救援工作通道快速顺畅，制定专业应急预案，突发事件发生后，尽快联系西城区交通支队，恢复中断的交通线路等。在特别紧急的情况下，可动用和征用社会的交通设施装备，根据需要开设应急救援"绿色通道"。

4. 物资和医疗卫生保障

社区服务中心负责物资的监管、生产、储备、更新、补充以及配送，确保应急物资的生产和供给。白纸坊社区卫生服务中心和5个社区卫生站组成急救应急小分队，积极配合专业医疗队伍，开展群众性救护、救援工作；必要时联络卫生部门采取有效措施防止和控制灾区传染病的暴发，视情况对事发地区饮用水和食品进行监测。

5. 治安保障

由白纸坊派出所负责地区的治安保障，做好突发事件现场控制、交通管制、疏散群众、维护公共秩序等工作。居民委员会积极发动和组织群众，实施群防联防，全方面维护地区的安全与稳定。对现场存在的易燃易爆危险品，要立即通知上报。区指挥中心安排专业抢险队实施排爆、灭火、断电、断水、断气等措施，清除现场危险品。

6. 人员与应急避难场所防护保障

街道人防办和综治办制定可行的防范保障措施来应对突发事件过程中可能对人员造成的潜在的危害，并提前准备符合要求的安全设备、设施，分发事故现场疏散图，及时疏散，确保救援人员安全，并根据突发事件的危险程度及事态发展情况启用万寿公园应急避难场所，按照"万寿公园关于重大事故和突发事件应急预案"，组织居民进入应急避难场所避难。此外，白纸坊街道积极配合相关部门做好征地拆迁工作，合理规划用地，设置多处社区应急避难场所，满足居民的基本需要。

7. 资金保障

根据《中华人民共和国预算法》有关条款，白纸坊街道每年适当安排公共财政应急储备资金，由财政科每年年初按照实际税收比例做好应急资金预算。

（三）做好防灾减灾宣传工作

在完善社区应急救援保障的同时，白纸坊街道通过开展公共安全进社区、减灾知识答卷竞赛、公共安全知识培训等系列宣传活动，提高社区居民的减灾意识和避灾自救能力。每年定期开展以防灾减灾为主题的联合宣传活动不少于2次；各社区每年组织居民进行应急逃生演练不少于1次，对辖区居民进行地震应急逃生演习。社区分别设站宣传，发放《防空防震防灾知识读本》《预防火灾消防知识》等各种宣传材料和宣传扇及环保袋。通过积极组织中小学校参与防灾教育活动，辖区各校每年分批组织学生到万寿公园和公共安全基地参观学习，基本达到100%覆盖。根据公共安全教育基地和万寿公园接待不完全统计，辖区单位自发性组织参与防灾减灾活动每年均在200次以上，组织人员到各单位发放宣传材料，涉及500家左右。通过以设站开展公共宣传活动为主、以残疾人等特殊家庭入户教育为辅的方式，社区家庭防灾减灾宣传工作实现了全面覆盖。白纸坊街道还利用辖区中国消防博物馆这一优质安全宣传教育资源，以中小学生和社区群众为主要宣传对象，充分利用中小学生安全教育日、防灾减灾日等时机，开展消防科普主题宣传教育活动，覆盖社区总人数的72.9%。发放消防博物馆编印的各类消防科普宣传资料3万余份。

全面提高社会单位工作人员、学校、广大居民检查和消除火灾隐患的能力、扑救初期火灾的能力以及组织疏散逃生的能力。自2011年6月至今，白纸坊街道结合辖区实际，精心做好应急救援工作，提高了地区应急管理水平，取得了一定的成绩。以火灾事故为例，通过加强应急救援措施和宣传教育，辖区居民和单位人员的消防安全意识有了明显提高，辖区火灾事故总量呈下降趋势，与2011年相比，2013年火灾起数下降40%，无人员伤亡（见表1）。

表1　2011～2013年火灾事故统计情况

单位：起，%

火灾事故类型	2011年	2012年	2013年	2013年与2011年相比变化
居民区火灾	6	2	4	－33.3
单位火灾	4	3	2	－50
总计	10	5	6	－40
火灾造成伤害/损失	无人员伤亡	无人员伤亡	无人员伤亡	

（四）开展实战演练，提高应急处理能力

为进一步加强辖区驻区单位人员的消防安全意识，积累消防演练经验，提高特殊情况应急处置能力，开展实战演练。街道党政领导高度重视，多次主持防火安全工作部署会，始终坚持督促指导在一线，强化实战演练的重要性，提升社会面消防安全参与度和有效度，切实提高企事业员工消防安全素质和自防自救能力。例如，在锦江之星酒店广安门店，开展消防安全宣传教育实战演练活动。通过安全防火培训和火灾救援实战演练向培训人员普及火警常识。参与培训人员积极配合抢险组和消防队员，及时进行疏散，应急人员迅速提取灭火器灭火，打开灭火栓井盖、接水带、地水带、接水枪，迅速到指定火源点，扑灭火源。通过报警、接警、查警、出动、灭火战斗、应急疏散等实战演练，提高了对于人员密集场所的防火灭火能力。街道还打造了消防安全样板小区，为社区配套安装小区监控、楼宇对讲系统，同时配齐配足各类消防器材。根据地区实际情况，不断加强灭火硬件配置，为地区18个社区配备了电动消防巡逻车，在胡同内加大巡逻和宣传力度，并增配320个消防包来处理初期火情，提高先期处理火情能力。

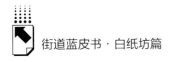

三 构建社区防灾减灾体系的主要经验

（一）建立社区应急救援管理组织机构

提升社区应急救援能力，需要强化组织领导，建立完善的灾害管理组织网络，来协调各方的关系，组织应急救援，提高防灾减灾效率。从目前的情况来看，城市社区的防灾减灾组织体系在体制、责任和具体的防灾减灾工作中还有许多需要改进的地方。例如，主管政府减灾工作的民防办没有延伸到街道一级；当发生跨地区或大规模突发事件时，组织之间的权责关系混乱，无法及时组织有效救援；各种信息和资源共享机制需要完善；等等。这就需要建立一个综合的组织系统，建立各部门间的密切合作关系，进而统一调度救灾资源，提高应急救援效率。

（二）加强社区应急救援志愿者队伍建设

根据居民自愿的原则，合理规范社区的应急救援志愿者的产生机制。通过社区推荐和公开招募的方式，选择有意愿从事并且具有良好道德品质的公民作为志愿者。招募结束后，由上级单位统一组织志愿者培训，一方面，系统培训应急救援知识；另一方面，设置实操性强的演练培训课程。培训期满考核通过后，由街道统一建立完善的志愿者档案，颁发志愿者证书和标志。建立激励志愿者长期服务的机制，建立优秀志愿者的表彰和奖励机制。减少应急救援志愿服务的形式主义因素，增强其实际效益。

（三）完善基层应急救援演练制度

实现应急救援演练制度化，一是制订规范的定期防灾演练计划，在演练中确保各方人员到位，提升协同应对能力，增强整体合力。

二是要建立会商制度，加强信息互通和经验交流，提升应急救援指挥水平和实战能力。

三是要加强设施建设，不断加大应急救援设备投入，配足救援装备和器材，全面提升应急救援保障能力。

四是要积极组织应急救援人员进行专业培训，通过实战，逐步构建起统一指挥、高效运转、协调有序的应急救援体系。提高应急救援演练参与度，健全防灾演练的经费保障。街道和社区灾害预防小组，将日常所需的资金列入经费预算，根据地区的实际情况计算防灾演练经费占当地财政的支出比例，确保经费供应制度化、标准化。

（四）重视基层防灾减灾宣传教育

基层的领导干部要加强对防灾减灾知识的学习，增强危机意识和忧患意识。通过调查问卷、网络答题的形式，掌握基层干部了解防灾减灾知识的情况，有针对性地开设课程进行相关知识的培训，提高应急处置能力。针对不同教育背景的民众，在宣传中采用不同的方式，例如，街头宣传、知识讲座、影视宣传、科普小册子等，同时还要结合应急救援实践进行培训。白纸坊街道充分运用中国消防博物馆的实践场所效应，组织辖区居民体验了火场应急疏散、家庭火灾灭火、119 电话报警、地震应急避险、地铁火灾疏散、消防逃生结绳等互动项目，取得了显著效果。有条件的社区可以建立防灾教育馆，增加宣传形式的多样性和有趣性，提升公众的应急技能。

参考文献

北京市西城区白纸坊街道工委办事处：《白纸坊街道国家安全社区创建

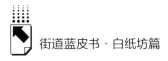

报告》，2013。

阮雪琴、淳于中博：《社区志愿者应急救援服务体系研究》，《北方经贸》2009 年第 12 期。

丁元竹、江汛清、谭建光：《中国志愿服务研究》，北京大学出版社，2007。

张亚美：《城市社区防灾减灾资源评价与优化管理》，中南大学硕士学位论文，2012。

汤旸：《北京 2700 社区将建救援队　补充政府应急救援力量》，《新京报》2012 年 7 月 29 日。

张晓曦：《国外社区防灾减灾的经验及启示——以日本社区防灾减灾建设为例》，《环境与可持续发展》2013 年第 6 期。

B.16
白纸坊街道推进行政服务标准化
建设的实践与启示

摘　要：　在公民公共意识日益提高和公共需求日益增长的背景
下，为了满足持续增长的公共需求和社会发展的需要，
政府需要创新行政管理和公共服务方式，实现传统的
公共服务管理模式向现代公共服务模式的转型。行政
服务标准化建设正是政府实现这种公共服务模式转变
的必要途径。白纸坊街道探索行政服务标准化建设的
实践，对促进政府公共服务转型和建设服务型政府具
有一定借鉴意义。

关键词：　行政服务标准化　公共服务　服务型政府　白纸坊街道

一　行政服务标准化的内涵和意义

（一）行政服务标准化的内涵

行政服务标准化是指在政府公共服务领域运用标准化的方法和原
则制定和实施服务标准，从而获得最佳服务秩序和最优社会效益的过
程，以达到服务流程、服务质量和服务方法的标准化、规范化目标。

政府基本行政服务标准化的概念主要由两个核心构成，即"政府
基本行政服务"和"标准化"，它标志着标准从单一的技术规范向行为

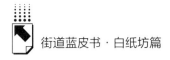

规范转变，标志着标准化从旧的工业标准化向新的服务标准化拓展。

标准化在建设服务型政府进程中具有可操作性，它为政府管理社会包括自身改革提供了一种技术性、科学性的解决思路。作为标准化的主要成果，政府进行社会管理和提供公共服务的方法标准已经成为政府进行社会管理，维护社会、经济秩序，处理政府与市场、国家与社会关系的重要规则，因而，形成了法律规则、经济规则、标准规则共同规范政府管理与社会秩序的多元化、多层次的社会治理模式。

（二）推进行政服务标准化建设的重要意义

1. 行政服务标准化是建设服务型政府的必然要求

我国传统的行政管理模式不以公众的公共需求为根本出发点，仅仅只是"权力行政"，习惯用强力向社会推行政府意志。这种模式忽视了公众的公共需求，从而将政府凌驾于公众之上，造成了政府部门和工作人员严重的"官本位"思想。目前，在我国经济社会全面转型的非常时期，各种社会问题和社会矛盾随着社会利益主体和结构的变化而愈发凸显。这就要求政府强化公共服务职能的基本职责，舍弃传统的"官本位"和"权力行政"思维，不断探索和满足日益增长的公共需求。行政服务标准化要强化政府在公共管理中的角色定位，满足公众服务需求，就必须要完善和履行政府公共服务职能。政府通过对标准化的操作和管理，规范政府部门工作人员的行政服务行为，改变权力主导地位，避免通过主观意识推行政府职能，真正建设一个服务型政府。

2. 行政服务标准化是实现透明化政府的必要途径

在网络信息技术高速发展的今天，公民民权意识不断提高，为了避免矛盾激化和更大的社会问题，以及政府在运行过程中对其部门和工作人员的考核和监督的标准混乱和不透明化，我国政府传统的"暗箱行政"的运作模式亟须转变。这就要求政府在不断扩大政府信息公开程度的基础上，实现管理运作的标准化和透明化。这种转变一是政府要向社会和公众公开必要的行政信息和阐明自身利益与政府工作行为之间的关系；二是要避免部门与部门之间的权力摩擦和工作推诿，实现信息透明化和公开化。这就要求政府部门和工作人员明确服务标准，梳理工作流程，切实履行好工作职责，确立合理的行政服务标准和行为准则，促进政府服务职能的公开和透明，最终实现服务型政府的建设，满足人民公共需求。

3. 行政服务标准化是建立体系化公共服务的必要条件

随着公众需求的日益扩大和人民生活水平的不断提高，建立完善的行政服务体系已迫在眉睫。为了适应经济社会的高速发展，必然要求行政服务体系的不断完善和优化。只有建立了体系化的行政服务标准，才能维护社会稳定，保障经济平稳、快速发展。

4. 行政服务标准化是提高政府绩效水平的必要保障

建立一套科学的符合我国国情的基本行政服务标准体系，强化对公共服务部门的约束引导，是提高政府公共服务效率和水平的重要保障。目前，我国国内对行政服务标准化的相关研究和实践均处于起步阶段，建设服务型政府、不断提高政府绩效水平迫切要求加强基本公共服务标准体系的研究和实践探索。

5. 行政服务标准化是政府绩效评估内容的必要基础

政府通过绩效评估考核服务型政府的服务职能是否履行。建立一套科学、合理的绩效评估体系是考核政府工作的基础环节和指导方向。基本公共服务均等化已成为新的施政重点和施政方向，但是如何准确或者恰当地评判均等化实现程度成为政府行政实践中必须要解决的一个难题。科学合理的评判标准可以更好地巩固行政服务均等化成果，正确地评价行政服务均等化绩效，从而解决这一难题。因此，开发和编制一套结构合理、适用性强、符合我国国情的政府基本行政服务评价指标体系，是目前我国政府工作的一项重要任务，将为政府提

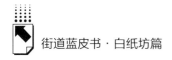

供可操作的行政服务实践路径。

6. 行政服务标准化是推动经济社会发展的必然因素

实践证明，在硬环境的基础上，软环境是促进地区经济发展的决定性因素。而软环境主要是代表政府形象的行政服务，在软环境的建设中，标准化发挥了基础性作用，只有通过协调、统一、优化、规范的方法原理才能提高行政服务的效率和质量，才能推动经济又好又快的发展；实现政府基本行政服务标准化是提高行政服务质量和提升行政服务效能的有力手段，对于优化投资环境，打造廉洁高效、务实为民的政府形象有着重大意义。要建立以规范权力运行为核心、以权力公开透明为重点、以考核考评为动力、以监督制约为保障的公共服务标准化体系，进一步简化办事程序、规范服务行为、提高工作质量，以切实达到方便服务对象、提高行政效能、提升政府形象、优化发展环境的目的。

二 白纸坊街道推进行政服务标准化建设实践

为了适应社会的高速发展和公共需求的不断增长，政府需要一些合适的方法实现和满足以人为本的服务型政府建设。政府运用标准化的原理在街道服务和管理的实践基础上，对具有重复性和常态性的活动进行规范和总结，实现行政服务标准化，促进街道行政服务能力的提高和发展。白纸坊街道通过加强公共服务大厅的标准化管理，推进了政府行政服务标准化建设。

（一）公共服务大厅的基本情况

公共服务大厅是街道统一、集中办理有关公共服务事项和管理服务的综合政府服务平台，可以承担公共资源交易、政府信息公开、行政效能投诉等工作平台的职责。以"提高服务水平及改善办事环境，提升群众满意度"为标准,着力推进公共服务大厅各项工作的开展。服务大厅集中了与群众密切相关的政务服务和社保服务等多项职能,共设 13 个窗口,包括计划生育、综合服务(现为区食品药品监督管理局审批窗口)、住房保障、失业登记、档案管理、灵活就业自谋职业补助申请、低保管理、社会救助、社保卡服务、退休综合服务、一老一小医疗保险窗口等。

截至 2014 年 10 月底,公共服务大厅对外服务窗口的总接待量为 3.6 万人次,每天平均接待办事群众 200~300 人;业务受理 24557 件,其中即办件 13503 件,承诺件 11054 件,已办结 23774 件,办结率 97%;接待各类检查、参观 4 次;12341 行政服务投诉热线受理 2 件。窗口的 24557 件受理业务在办理过程中,未出现过办件差错,12341 行政服务热线接到的投诉也全部在规定的时限内做出了回复和处理。

(二)公共服务大厅推进行政服务标准化建设

1. 加强基础设施设备建设

按照市、区政府统一要求,大力加强行政服务标准化建设,提高公共服务水平,2012 年街道对公共服务大厅进行了全面的升级改造,将行政服务标准化的方法和技术引入街道公共服务大厅建设中,改造后总面积达到 1300 平方米。公共服务大厅集中了行政服务大厅、全响应指挥中心等多个窗口部门的功能,各项软硬件服务设施全面升级,公共服务实现了计算机网络现代化办公,办事效率得到有效提高,服务环境有所改善。如在政务信息公示方面,公共服务大厅不仅设置了人工引导台、行政服务信息电子触摸屏,大厅的两块电子显示屏还可以滚动显示各窗口的政务公开信息以及劳动用工信息等,大大方便了企事业单位和辖区群众。此外,大厅设有等候休息区、ATM 自动提款机,更换了大屏数字电视,同时开辟了报刊阅览处,配备了饮水机、便民座椅为前来办事的群众提供贴心周到的服务。

为进一步规范街道公共服务大厅标志标识，以体现街道公共服务的特色与内涵。对现有大厅的门头牌匾从造型结构、字体字宽、字高字距以及街道标识等方面进行整体更新。重新制作的门头标识，充满立体感，视觉识别效果更加鲜明。以"优化服务促发展、保障民生建和谐"为宗旨，把与群众密切相关的服务事项集中到大厅办理，着力打造行为规范、运转协调、公正透明、廉洁高效的行政服务体系，努力为广大人民群众提供优质、高效、便捷的服务。

2. 规范行政服务标准化体系建设

为加强对服务窗口的规范管理，白纸坊街道成立了公共服务科，加强了对开展标准化创建工作的领导。街道制定了包括"服务大厅环境卫生管理规范"等16项管理规范在内的《白纸坊街道公共服务大厅管理岗位工作手册》，旨在推进依法办事、明确办事流程，服务事项涉及计生、住保、助残、民政和社保等业务，逐个对规范进行梳理和完善，完成了街道办事处提供的85项行政服务事项标准收集编纂工作，汇编成《白纸坊街道办事处窗口岗位工作手册》。结合街道实际，梳理出工作人员行为、公共服务大厅的安全、卫生、突发事件应急处置等10项管理规范，并印制50余份分发到窗口相关职能科室，做到人手一册。对窗口工作人员开展相关的培训，树立标准化工作意识使其熟知并执行相关标准，形成"知标准要求、明标准职责、依标准办事、标准化服务"的良好氛围。做到"岗岗有标准规范，人人按标准履职"，使每个工作人员操作有原则、办事有程序、服务有方向、言行有规范。

加强与窗口职能部门的沟通和联系。公共服务大厅业务隶属于街道4个职能部门管理，现有对外服务窗口13个，包括计划生育、综合服务（现为区食品药品监督管理局审批窗口）、住房保障、失业登记、档案管理、灵活就业自谋职业补助申请、低保管理、社会救助、社保卡服务、社会化退休管理、退休综合服务、一老一小医疗保险窗口等。

每个窗口都实现了现代化办公，利用计算机网络的先进信息技术对各种业务进行及时更新、一对一服务，实行动态管理。而窗口工作人员对业务熟悉度的高低和服务质量的好坏，直接关系到前来办事群众的满意度高低。公共服务科在日常对窗口工作人员加强管理和监督的同时，积极协调好与相关职能部门间的关系，争取各相关职能部门的支持。在 5 月的借读生审办工作中，公共服务科积极配合社会办工作，为其提供服务窗口，办理辖区内借读生的审办工作。同时，协同社会办组织和梳理排队等候的居民，以确保整个服务大厅的正常运转。通过一系列的细致工作，有效地避免了办事群众因资料不齐而来回跑以及因等候时间过长而产生混乱的现象，圆满地为百余名前来办理借读生业务的居民办理了相关资料审批工作，受到了广大居民的一致好评。

3. 服务标准化融入日常管理

公共服务大厅将服务标准化作为对各窗口科室行政效能综合考评和政风、行风评议的重要内容。通过加大督促、检查力度，严格把关，对大厅工作人员进行目标管理。组织部分窗口工作骨干参加为期一周的区行政服务体系培训班，使工作人员在标准化知识、沟通技能、文明礼仪等方面有所提升。

一是建立首问责任制度。要求所有工作人员在工作中严格遵守街道公共服务大厅管理办法和行为规范，严格执行接待首问责任制度，并且在工作中严格使用文明用语。公共服务科全天候对每名工作人员的工作情况进行监督和检查，发现问题及时予以纠正和处理。

二是建立联席会议制度。为全面提高公共服务大厅的服务质量和业务水平，加强思想政治作风建设，彻底改进工作作风，以全心全意为民服务为宗旨，公共服务科加强对窗口工作人员的政治思想教育，建立窗口科室负责人联席会制度，每月召开一次联席会，认真查找工作中存在的不足，及时有效地处理内部矛盾，纠正错误。

三是建立工作学习制度。定期组织召开全体工作人员情况通报会，组织业务学习，由每名工作人员轮流讲解政策，相互学习、相互促进，达到所有工作人员都熟悉公共服务政策的良好效果，提高大厅整体业务水平。

通过实行服务标准化管理，大厅全体工作人员进一步增强了行政标准化服务的自觉性和主动性，做到人人学标准、时时想标准、处处讲标准、事事用标准，确保各项服务标准得到很好的贯彻落实。经过一年多的实践，在公共服务大厅引入标准化管理，简化了办事程序，提高了办事效率，实现了"阳光服务"，有效提升了街道整体形象，真正体现了优化服务促发展、保障民生建和谐的目标要求。

三 推进街道行政服务标准化的启示

（一）提高政府公共服务质量

当前，在提供公共服务的过程中，街道各项行政工作和公共服务还停留在传统的行政管理模式基础上。为了实现政府在公共服务过程中规范化和制度化的运作管理，对其重复性的工作与服务建立标准。在这个过程中，街道应该不断思考哪些公共服务流程更适合规范化运作，从而确定成本高低，明确问题所在，提高政府公共服务质量。政府通过实现行政服务的标准化，确立服务标准，有效地保证了公共服务质量不因政府人员变动而受影响，不仅节约了资源，更提高了办事效率。

（二）推动政府规范公共服务

政府通过实现行政服务标准化，按照减少工作交叉、明确服务职责的原则，对机构提供的具体公共服务以及部门履行的工作职责进行梳理和检查，使机构与机构之间、部门与部门之间的工作标准更加明确，工作交叉更加清晰，更好地实现了公共服务与相关部门之间的优化配置，更有针对性地对具体的机构和工作人员进行常态性和重复性工作的落实，有效地避免了部门间工作脱节或者相互扯皮的不良现象，更好地推动了公共服务规范化在服务型政府建设中发挥作用。

（三）完善公共服务绩效评估

街道部门对公共服务职能的履行情况需要以一套完整的标准进行评估和比较。传统的公共服务考核评估方式过于单一，使得不合格的考核结果得不到及时有效的审核纠正，公共服务的绩效考核就只能流于表面形式，不切实际，缺乏有效性。标准是衡量的基础。没有一套规范完整的标准进行评估，公共服务的质量和管理就得不到及时有效的改善。通过制定一套行之有效的行政服务标准化体系，可以对各部门的公共服务和行政管理行为进行规范管理，从而为各部门的公共服务工作制定一个可测量和可评估的依据。

四 进一步推进行政服务标准化的建议

（一）加大政府行政服务标准化示范和推广力度

要逐步形成系统完善的街道、社区两级行政服务标准化体系，在街道公共服务大厅标准化建设的基础上，逐步推进 18 个社区工作站办事窗口标准化、规范化建设，统一各社区工作站标识、服装、服务标准等，进行规范化管理。完善街道—社区两级行政服务对口衔接，实现"一条龙"服务。

（二）建立公共服务数据采集、共享和监测体系

要逐步增强公共服务的可获得性、均等化需求和公众参与度。一是要建立社会综合救助信息化平台，对街道各类救助项目进行统筹，

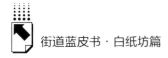

确保救助工作的公平性、科学性；二是要建立街道居家养老网络服务平台，完善居家养老服务标准，合理配置为老服务资源，更好地为老年人服务。

（三）建立健全科学合理的行政服务评价指标体系

对街道及社区公共服务的实效进行评价，应该根据经济社会发展和群众需求的变化进行相应调整和改进，本着科学、客观的原则，建立科学合理的标准化评价指标体系。对街道及社区的评价一般包括如下指标。

1. 组织管理评价

包括人员配备、设施设备、落实工作责任制度、健全并落实信息管理制度、制订年度基本公共服务项目工作计划等。

2. 实施绩效考核评估

针对提供的教育、讲座、咨询、服务人员培训等服务及其目标完成情况，落实服务与质量要求情况实施效果评价。进一步加大服务态度和服务质量的培训与管理力度。对每个工作人员实行不间断的综合素质教育、培训和检查，并形成常态，使优质、高效的服务理念成为每个工作人员的习惯。同时，积极与各职能部门沟通，提高窗口工作人员的业务能力，保证窗口服务真正做到优质、高效。

3. 开展居民满意度与社会综合评价

定期由公共服务科开展满意度评价，包括居民及社会单位接受基本公共服务满意度，基本公共服务对居民的方便、快捷性满意度，居民基本公共服务项目知晓率，居民对基本公共服务的利用情况等。建立公共服务社会监督代表制度，由街道聘请本地区人大代表、政协委员、居民代表、企事业单位代表等担任白纸坊单位公共服务社会监督员，开展明察暗访，对街道、社区的行政服务水平进行综合评价。

参考文献

中国标准出版社第一编辑室编《标准化工作导则、指南和编写规则标准汇编》，中国标准出版社，2004。

国家标准化管理委员会编《服务标准体系实施指南》，中国标准出版社，2009。

胡税根、徐元帅：《中国政府公共服务标准化建设的价值研究》，《甘肃行政学院学报》2009 年第 5 期。

徐婷：《我国政府公共服务标准化建设研究》，《法制与社会》2012 年第 9 期。

《行政服务标准体系要求》（DB37/T1078 – 2008）。

黄恒学、张勇主编《政府基本公共服务标准化研究》，人民出版社，2011。

B.17
白纸坊街道创建基层区域化党建
格局的实践与思考

摘　要：　通过改革创新逐步完善基层党建工作体制和党建内部
运行机制，探索创建基层区域化党建格局，是强化党
的建设的一项重要课题。白纸坊街道工委通过构建地
区"大工委"党建格局、建立"两新"组织党建平
台、提高党员队伍素质等多项措施，扎实推进党建工
作创新，为优化整合资源、服务人民群众、推动社区
自治、促进社会和谐提供保障。本报告在梳理白纸坊
街道推进区域化党建经验的基础上，对存在的问题进
行了剖析，并提出相应对策建议。

关键词：　区域化党建　"大工委"　"两新"组织　党建格局
　　　　　白纸坊街道

随着经济发展的不断深入，北京城市建设步伐的逐步加快，城市
人口和社区流动人员的不断增加，社区所发挥的功能和作用越来越重
要。社区是一个多元化的生存空间，包括社区人群多样化，有业主、
租房者、退休职工、现职人员、老板、职工、常驻户、临时打工者等；
社区组织多样化，有居民委员会、业主委员会、物业管理委员会；社区
内共享资源多样化，有市场的、企业单位的、学校的、医院的、部队的、
警务的；等等。因此，越来越多的群众性、公益性和社会性行政事务转

移到基层社区，社区居委会的工作量和承担的社会事务越来越多。如何将各方资源进行有效整合，协调不同身份和需求人群的利益，发挥各方的积极性，构建区域化党建格局，是基层党建工作面临的新课题。

一 构建区域化党建格局的内涵和意义

（一）理论内涵

全国街道社区党的建设工作经验交流会对"城市基层区域化党建格局"做出的定义为：街道党组织是核心，社区党组织是基础，通过驻区单位党组织以及全体党员的共同参与，构建资源共享、共驻共建、优势互补的党建工作新格局。区域化党建与传统体制下的"单位党建"或社区党建相比，具有开放性、地域性、整合性、多元性和网络性的特点。相比于以传统纵向控制为特征的"单位党建"模式，这种新型的党建模式以区域性党组织为纽带，成功地将隶属于不同系统、掌握各方资源、比较松散的党组织进行有效连接，形成广吸纳、全覆盖、动态开放和紧密型的党建共同体，通过吸纳广泛的社会资源和政治资源，使党建目标和运行机制一致，实现社会领域党建工作的有机整合，巩固党的执政基础。

全国直辖市和副省级城市街道社区区域化党建工作座谈会对"城市基层区域化党建格局"的内涵做了进一步地深化，要求从十个方面推进区域化党建工作，即运行机制规范化、领导体制扁平化、党组织设置网格化、党组织活动方式多样化、党组织和党员服务群众长效化、党务工作者队伍专职化、党员发挥作用常态化、经费保障制度化、工作载体品牌化、阵地建设标准化。根据中央和北京市对"区域化党建格局"的界定和要求，结合街道党建工作的实际，构建区域化党建格局的关键在于把握以下两点。

1. 就工作对象而言，包含多元主体

区域化党建是以社区为基本单元，在街道辖区范围内，通过整合区域内各类党建元素而形成的基层党建体系。在这个体系中，街道党工委起到统筹协调的作用，是区域化党建格局建设的领导核心；社区党组织是区域化党建的组织基础，通过领导社区居委会和社区服务站，有效地联系和服务群众；驻区单位党组织发挥资源优势，参与地区建设，是区域化党建的重要力量；通过不断地健全"两新"组织党的工作，逐步完善体系，提高覆盖率，"两新"组织是区域化党建的重要对象；党员是区域化党建的重要主体，不断突破组织关系限制，引领地区建设和志愿服务以及和谐社区的建设。

2. 就实现途径而言，重在区域统筹

区域化党建格局的创建应以建立统筹协调的领导体系为基础，以共同目标、共同需求、共同利益为纽带，以动力要素和整合、优化区域内各类资源为抓手，以群众性、社会性、地区性、公益性活动为载体，以互动、开放、共享、共建的协调机制和组织机构为平台。在领导体制、运行机制、组织设置、资源利用、党员管理和工作方式上，要逐步改变各种党组织过去那种纵向的自我运行和管理模式，依托街道、社区党组织，构建三者共同参与、协商共建的领导体制；逐步改变过去那种横向互为封闭、条块分割的运行模式，逐步向一体化、区域化的模式转型；逐步改变过去那种层级分明的"伞状结构"格局，向非行政化的扁平化组织结构过渡；逐步改变过去那种资源自有、自控、自用，向资源的区域化整合转变，实现资源效用最大化；逐步改变过去那种单一、封闭的组织管理方式，创新开放式的党员管理、教育、服务、活动模式；逐步改变过去那种僵化的指令性工作方式，向自愿、合作、协商的方向发展。

（二）现实意义

街道和社区是城市基层各种社会群体的聚集点、多方利益关系的交会点、各类社会组织的落脚点和党在城市执政的支撑点。随着首都经济社会的发展和城市管理体制改革的深化，城市基层经济成分、组织形式、利益关系和分配方式日益多样，传统的党建工作模式逐渐难以适应新的形势和任务，这为构建城市基层区域化党建格局提出了迫切需要和现实可能。

1. 构建区域化党建格局是弥合组织缝隙的现实需要

随着城市化、国际化进程的加快，城市社会结构发生重大变化，流动人口急剧增加，"两新"组织快速发展，"单位人"向"社会人"逐渐转型。随着个人对集体生产资料依附关系的逐步解体，人员自主性、流动性增强，社区成为非就业人员和自由职业人员的归宿。城市社会结构的深刻变化直接导致了大量新兴组织和人员游离于传统的单位、社区二元组织覆盖之外，社会管理、党组织覆盖和党员教育管理出现控制真空和管理缺位。构建区域化党建格局是以组织覆盖的方式延伸至社会管理中，有利于形成区域一体化的党员动态管理机制和条块结合、纵横相容、有机互补的组织架构，不断完善和创新社会组织化程度和管理制度。

2. 构建区域化党建格局是整合组织资源的现实需要

从社区居民来看，彼此年龄、职业、文化背景、生活经验、价值观念、风俗习惯、生活方式异质性强，由血缘关系、地缘纽带产生的归属意识和认同感弱，对社区管理、居住环境、文化娱乐、医疗卫生等方面的实际需求差异大，对周边发展环境、相关部门协调、社区提供服务等方面的需求日益增多。单位党建封闭运作的传统体制导致辖区内的各类资源无法有效整合，而街道、社区党组织的工作权限、掌握资源和工作方式又与实际需求存在较大差距，党员、群众和驻区单位对社区工作的参与率和满意度有待提升。构建区域化党建格局有利于实现社区内各类资源有效利用和有序流动，实现党建资源和社会资源的有效整合，促进区域和谐发展。

3. 构建区域化党建格局是拓展组织功能的现实需要

随着社会转型、体制转轨、经济发展方式转变，城市管理重心下移，各种利益冲突增多，社会矛盾易发、多发，这对街道党组织驾驭全局的能力提出了新的更高要求。如何发挥街道和社区党组织在促进区域协调发展、创新社会建设与管理、实现公共服务均等化等方面的功能和作用，成为推动科学发展、促进社会和谐的关键问题。构建区域化党建格局要将党建与社会建设有机结合，在辖区内不断满足多元主体的公共需求，在实现、发展和维护好辖区居民共同利益的基础上，巩固党在街道社区的执政地位。

二　白纸坊街道创建区域化党建格局的实践探索

街道党工委作为基层一级重要党组织，具有联系地区单位、社会组织和机构的天然优势，建立以街道党工委为核心、社区党组织为纽带、驻区单位党组织为节点的紧密型区域性党组织，已成为基层党建的重要组成部分。区域化党建与传统意义上的"社区党建"和"单位党建"相比，具有开放性、多元性、地域性、整合性和网络性的特点。近年来，白纸坊街道在推进区域化党建工作方面进行了初步探索和实践，取得了一定成效，也存在一些问题。

（一）街道区域化党建基本情况

截至 2014 年底，白纸坊地区共有户籍人口 3.2 万户 8.9 万人；常住户数 4.3 万户 12.4 万人，流动人口 22000 余人。街道共有基层党组织 148 个，其中包括社区党委 17 个，机关党总支 1 个，社会工作党委 1 个，党支部 129 个。机关党总支下设 6 个党支部，社区包括 17 个社区党委和万博苑社区党支部，17 个社区党委下设 74 个党支部。社会工作党委下设 25 个非公企业党支部。街道共有党员 5645

人，其中在岗职工党员 201 名，非公有制经济单位党员 116 名，离、退休（退职）人员党员 4894 名，其他人员党员 434 名。从驻区单位看，辖区内共有单位 1720 家，从业人员 40017 人。其中，中央单位 54 家，市属单位 97 家，区属单位 146 家，街属及其他单位 1423 家。

（二）创建区域化党建格局的主要做法

1. "两步走"构建地区"大工委"党建格局

在充分学习借鉴其他街道先进做法的基础上，街道按照"便于统筹、利于管理"的原则，采取"自下而上"的方法，分"两步走"构建地区"大工委"工作格局。

第一步，在社区层面成立各社区党建协调分会。2014 年 8 月，在街道工委的指导下，各社区结合党建工作实际和驻区单位回社区报到情况，分别选取 5～10 家单位，组建了各自的党建协调分会，分会的成员单位涵盖了地区医疗、教育、"两新"组织等多个行业。为了服务辖区居民和广泛动员驻区单位积极地参与社区建设，社区定期召开协调分会会议，不断开展多样化的共建活动，如西城区区委党校到建功南里社区结对帮扶空巢老人、白纸坊医院到社区进行健康讲座、樱桃园社区党委还组建了"辖区民主协商议事会"与驻区单位共同协商社区事务等。在这些活动中，驻区单位充分发挥了行业优势，与社区实现了双向互动、资源共享、优势互补、共驻共建。

第二步，在街道层面成立地区党建协调委员会。在各社区党建协调分会成立的基础上，街道工委综合考虑地区特点、行业特征、资源分布等情况，选取了西城区妇幼保健院、国家电网北京市电力公司物资分公司、西城区红十字会等 12 家单位，参与成立地区党建协调委员会。目前，街道已完成和各单位的前期对接，并召开了"大工委"工作会议。会议就如何发挥"大工委"统筹协调作用、2015 年街道党的建设、社会事业发展、社区建设等区域发展思路和重大事项进行

了初步研讨。

2."六站合一"建立"两新"组织党建平台

为适应新形势下党建工作需要，街道工委结合地区特点，按照"商务楼宇工作站"建设要求，将党建工作站、社会工作站、工会工作站、共青团工作站、妇联工作站和志愿服务站统一纳入管理服务范畴，实行商务楼宇"六站合一"的工作模式，先后打造右安门大厦、华龙美钰、中环大厦商务楼宇3个精品党建阵地，实现了楼宇党建工作有专职人员管理，有专属场地办公，有专项经费保障。建立商务楼宇网站，开展楼宇信息化建设，进一步规范工作站服务项目和内容，协调政府相关职能部门开展公共服务进楼宇活动，激发楼宇党建工作活力和吸引力。加大楼宇党组织组建力度，符合成立楼宇党组织条件的，逐步完成楼宇党组织组建任务。

积极推进辖区"两新"组织建立党组织工作。对辖区"两新"组织党建情况进行摸底调查，摸清辖区"两新"组织基本情况，掌握底数。按照属地管理和行业管理相结合的原则，对应建未建党组织的，积极推动，抓紧组建。对暂时没有党员或不具备组建条件的"两新"组织和流动党员，逐步将其纳入社区党组织、商务楼宇党组织进行服务管理，推动党建工作向社区内的非公有制单位、社会组织的党员延伸，以社区党组织为基础，形成驻区单位党组织和社区全体党员共同参与的工作格局。在2014年街道开展的党的群众路线教育实践活动中，街道工委组织"两新"企业294名党员参加了集中学习；在征求意见环节，街道3名专职党务工作者、10名党建指导员深入楼宇企业，对39个"两新"企业党组织征求意见，实现了"三个必听"，即出资人意见必听、管理层人员意见必听、广大职工意见必听。

3."在职党员回社区报到"丰富党建形式内容

根据中组部提出的"在职党员到社区报到为群众服务"的工作

要求,截至目前,白纸坊地区有89家单位的党组织4193人回社区报到,154名党员以个人名义报到,2700多人次参加了社区组织的各类服务活动。工作中,很多社区在结合社区实际设立服务岗位方面做得很细致。建功北里社区党委与回社区报到的7家单位多次协商,结合各自单位特色梳理出服务岗位10个。如市农工委认领了提供新农村旅游介绍和食品讲座的服务、电大认领了讲座培训和图书免费借阅的服务、中环假日酒店提供老年饭桌和清洁周边环境的服务、蓟城物业提供南运巷小区的垃圾清运服务等。社区党组织立足居民需求,驻地单位充分发挥自身资源优势,双方在创新设置共建活动载体、推动驻区单位党组织和党员发挥作用上,进行了初步探索和有益尝试。

4. 完善重大事项决策机制,形成"三驾马车"齐头并进工作局面

社区党组织通过发挥政治优势、组织优势和密切联系群众的优势,对区域内的政治、经济、文化、社会建设等实行全面领导。领导社区居委会,通过完善公开办事制度和依法充分行使职权,不断推进社区居民自治;领导社区服务站和其他社区服务组织通过开展社区服务工作,不断创新社区服务机制,努力提高社区服务水平。社区居委会和社区服务站相互影响、相互作用、相辅相成,二者"职能分开、协作治理"。在职能上,社区居委会引领和组织居民自治,社区服务站推进和承担社区各项事务性工作;在具体工作中,社区居委会充分联系居民群众,不断为社区服务站办理居民各项事务提供支持,社区服务站以专业化力量帮助社区居委会办理居民自治事务。

5. 强化专业培训,提高队伍业务素质和工作能力

一是以"强素质、提能力"为目标,做好科级以上干部及青年干部培训工作。街道紧紧围绕文化建设、群众工作、党的基本理论、当今经济形势等热点问题,定期组织专题讲座,组织召开多种形式的研讨会和交流会,在学习和交流的基础上,通过组建调研小组、进行基层实践、多岗位锻炼等多种形式,使科级以上干部及青年干部的业

务素质和工作能力得到全方位的提高，努力培养造就一支"守信念、讲奉献、有本领、重品行"的高素质干部队伍，为推动科学发展、促进社会和谐提供坚强保证。

二是以"重点突出，学以致用"为要求，全面提升基层党务工作者的各项素质能力。针对基层党组织建设要求高、新党委班子新人多、业务生疏的现状，以基层党组织换届后的书记、党务工作者为对象，结合实际情况定期集中组织业务学习。在重视理论学习的同时，街道工委还多次组织基层党组织负责人外出进行交流学习，增长见闻，拓宽眼界，组织社区党组织负责人 50 余人到兄弟街道社区参观学习，座谈交流社区工作经验。

三是以"强素质、增活力"为主题，提高党员整体队伍素质。积极开展"七个一"党员教育活动，即定期上好一次党课、进行一次党日活动、接受一次革命传统教育、帮扶一名困难党员、进行一次献爱心活动、开展一次志愿服务、推荐一名身边的好党员。为切实关心老干部的政治生活，在 18 个社区建立了 8 个"老干部社区大课堂"，使社区老干部"四就近"课堂覆盖面达到 100%。招聘了 3 名"四就近"工作协理员，建立了离退休人员工作台账。在强化党员电化教育基础上，充分运用新信息技术手段，增强党员教育的及时性、普遍性和有效性，切实提高党员"促进社会和谐、服务人民群众"的能力。

6. 开拓创新，实现党建工作项目化

一是典型示范、务求实效，创建党建创新示范点。坚持高效、优质原则，倡导"强本领、乐奉献"精神，进一步加强志愿服务队伍建设，积极开展白纸坊街道互助联谊会活动，启动新一轮示范点创建工作，扎实推进党建工作方式创新、手段创新、制度创新和理论创新，把党建创新示范点建设成为经验交流平台、教育培训基地和成果展示窗口。组织开展定期检查、评估和验收，通过示范点学习和创

建，充分发挥基层党建特色品牌功能作用，带动后进基层党组织的建设，促使每个基层党组织进一步优化服务流程，提高服务水平。

二是整合资源，共建和谐，统筹推进党建工作创新。按照"管理有序、服务完善、文明祥和"的社区建设目标要求，坚持项目引领、示范带动、调研提升，三位一体地推进基层党建工作创新，努力形成一批服务群众、凝聚人心、促进发展的基层党建工作新成果。

（三）街道区域化党建存在的主要问题

1. 驻区单位参与区域化党建意识有待进一步增强

目前，街道辖区内中央、市、区属企事业单位共 1720 家，是区域化党建工作的重要资源。近年来，虽然上级党组织对区域化党建工作有相关的指导意见，对驻区单位党组织参与街道、社区建设也提出了明确要求，如在职党员回社区报到服务群众等，但仍有很多单位重视度不高。一些单位对驻地所在街道党的建设、社会管理、民生建设等工作不了解、不清楚，对参与各项事业建设的热情不高、积极性不够；也有一些单位认为自己所在行业、领域与街道、社区层面的结合点太少，专业因素使一些单位找不到合作点；还有个别单位强调日常业务忙，工作任务重，没有时间参与。面对这些现实存在的问题，街道和社区虽然在加大单位走访力度、设置多样化服务岗位等方面做出了努力，但在协调这些资源实现整合和互动的共建中，努力是不够的。

2. 街道和社区创建区域化党建格局的思路不够清晰

随着我国社会经济和城市化进程的推进，社区党员的数量越来越多，结构越来越复杂，党建工作面临着新的挑战。在传统机制的影响下，政治资源的整合力度有待加强，驻区党组织和党员在社区发挥的作用不足，单位党组织参与社区建设的渠道不畅，单位或部门利益阻碍、资源分散，社区党组织和辖区单位党组织缺乏有效沟通和协调互动，社区党建载体不多，手段不丰富，不少社区仍然停留在党员组织关系转接等常规业务范围内，效果不甚理想。

部分党务工作者不能深刻地认识党建工作的内涵，认为区域化党建就是简单地将辖区内共建单位党组织负责人召集到一起，开几次会，组织几场活动，看几次电教片。不少基层党组织的区域化党建工作，仍停留在开展简单的联谊、走访、座谈等活动的初级阶段，还习惯于就活动抓活动，就党建抓党建，在调动党员干部的积极性和创造性上，在有效整合和利用辖区有效资源的设计项目上，载体运用不多、手段不够丰富，效果不甚理想。

3. 区域化党建工作覆盖仍存在"空白点"

当前，"两新"组织不断产生，经济组织不断被淘汰，街道党建工作的重点难题就是如何将党建工作有效覆盖到"两新"组织上。一方面，"两新"组织人员分散性强、流动性大，党员身份难掌握。另一方面，这类组织中党员人数少，很多党组织负责人行政工作多、业务任务重，抓党务工作多为兼职，在组织单位党员开展活动、参与地区党建工作时，明显力不从心。再加上领导积极性不高、支持度低等因素，不少"两新"组织党建工作仍停留在党员组织关系转接等基础业务范围内，或者以参与公益活动代替过严肃的党内组织生活。虽然我们的"商务楼宇工作站"已逐步建立，但党组织的覆盖面仍然赶不上各类组织的发展变化，还存在"空白点"，区域化党建组织体系有待进一步完善。

4. 区域化党建的工作队伍有待加强

一是职能交叉，"一职多岗"现象严重。目前，社区工作人员数量少，辖区职能部门数量多，社区工作人员身兼数职，党建工作没有专人负责。二是人员少，行政事务多，疲于应付。社区工作人员由于要完成职能部门安排的行政事务工作而疏于对社区的建设工作，心有余而力不足。三是经费保障不匹配。社区全年烦琐的工作任务与社区有限的财政资金极不匹配，花费在党建工作的经费更是少之又少。

三 街道区域化党建格局构建的思考

（一）立足服务群众，推进区域化党建深化、细化、具体化

推行区域化党建工作的根本目的是更好地整合资源，服务群众。按照优势互补、服务群众的原则，统筹协调、集约用好区域各类党建资源，从街道、社区与驻地单位的共同利益出发，从驻地单位和居民群众反映强烈的热点问题入手，对接社会需求和群众诉求，积极开展共建活动，使驻地单位由"局外人"变成"热心人"。街道党工委和社区党组织要在设计区域共建项目上下功夫，围绕基层党建、经济发展、环境建设、精神文明、民生服务等方面，制订共驻共建工作目标，策划菜单式服务项目，组织引导驻街单位结合自身实际，认领区域共建项目，服务社会和谐发展。

（二）突出"两新"重点，促进区域化党建立体化建设

商务楼宇经济是大都市重要的经济形态。党建工作要以楼宇为单位，发挥好党建指导员主动服务的作用，及时了解驻商务楼宇单位的变动情况和党员情况，按照便于党员参加活动并能够有效发挥作用的原则，由街道党工委直接统筹，采取多种形式，因地制宜地建立商务楼宇党组织。同时，把强化服务功能作为党建工作的根本出发点和立足点，转变工作思路和工作方式，把楼宇单位急需的各项服务送进楼宇，增强党的建设对接产业发展的融合度，切实实现党的工作有效覆盖，真正将商务楼宇党组织打造成为服务"两新"组织党员的温暖驿站和推进区域化党建工作的前沿阵地。

（三）落实主体责任，强化区域化党建组织领导职能

街道工委在区域化党建工作中扮演重要角色，承担主体责任。地区党建工作开展得好不好，关键看街道工委组织领导能力强不强。目前，白纸坊地区"大工委"格局已初步形成，要想深入推进区域化党建，街道工委还需要进一步拓展工作思路，加大工作力度，充分发挥统筹协调职能，以共驻共建推进地区各项事业发展。为此，街道工委准备每半年召开一次地区党建协调委员会专题工作会议，工委书记向成员单位报告半年党建工作成果，听取成员单位党建工作意见、建议，统筹研究区域发展思路和重大事项。加大对社区党建工作的指导力度，进一步完善社区党建协调分会联席会制度，吸收辖区单位党员参加社区党委会议，共议辖区内公益性、群众性事务；健全区域化党建工作考核制度，在对社区工作进行考核时，把辖区单位意见、建议作为评价的重要依据。只有紧紧围绕地区发展需要，充分发挥区域内各级各类党组织的积极作用，在党的建设以及社会、文化、城市建设等方面持续创先争优，才能不断赋予区域化党建的生命力。

（四）整合理论资源，建立健全区域化党建创新机制

将构建区域化党建格局作为一个系统的创新工程来抓，对社区党建工作进行前瞻性、创新性、规律性战略研究，推进社区党建工作理论创新。在研究内容上，围绕构建区域化党建格局目标，科学判断、准确把握党在城市基层的领导环境、社会基础和工作资源所发生的深刻变化。在调研方式上，通过座谈、走访调研、典型剖析、案例研究等方式，全面掌握社区党建工作的基本情况和经验成效，分级分类，厘清思路。在研究主体上，挖掘和整合社区党建研究理论资源，充分发挥党组织领导优势、社科研究机构专家优势和基层实践创新优势，形成理论创新合力。在研究方法上，自觉运用现代经济学、社会学的

研究方法，积极建立社区党建工作理论创新支撑体系，为推进社区党建工作提供理论依据和智力支持。

参考文献

于景辉：《社会转型期的社会整合机制创新》，《2011 年中国社会学年会——"社会稳定与社会管理机制创新"论坛论文集》，2011。

杜彬伟：《区域化党建及其功能定位研究》，《黑龙江社会科学》2011 年第 4 期。

梁妍慧：《区域化党建是党的建设的新课题》，《理论学刊》2010 年第 10 期。

唐文玉：《从单位制党建到区域化党建——区域化党建的生成逻辑与理论内涵》，《浙江社会科学》2014 年第 4 期。

B.18
白纸坊街道：创新社区监督机制
筑牢基层廉政防线

摘　要：　基层纪检监察工作是党和政府自我监督的核心机制，
是党风廉政建设和反腐败工作的一项基础性工作，在
有效保护干部群众合法权益、巩固党的执政基础和构
建稳定和谐的社会环境方面具有重要作用。白纸坊街
道充分发挥社区自治优势，将民主监督引入廉政建设，
坚持"三务"公开，搭建社区自有的制度体系和政治
民主体系，探索将组织监督与民主监督结合起来的
"第三方监督"模式，为基层的党风廉政建设打下了坚
实的基础。

关键词：　纪检监察　廉政监督　"三务"公开　白纸坊街道

一　加强基层纪检监察工作建设的紧迫性和必要性

党的十八大以来，我们党不断深化"全面从严治党"，不断改善
和加强基层党风廉政建设，街道社区层面廉政建设工作逐步深入，但
我们也必须清醒地认识到，与"全面从严治党"的要求相比，当前
城市社区层面的党风廉政建设工作仍然相对薄弱，将纪检监察工作延
伸到社区，是我们党在新形势下加强基层党风廉政建设的需要，也是
提高党的执政能力、促进社会和谐稳定的必然要求。

从白纸坊街道的实践来看，目前社区纪检监察工作普遍存在的主要问题包括以下几个方面。

（一）监督制度的法制性、规范性和可操作性有待提高

目前各级纪检监察机关在加强基层监督问题上逐步出台了一些文件和规定，但总体上基层监督的政策法律体系还未成熟。具体表现在以下五个方面：第一，内容规定得不够全面，漏洞较多，覆盖性不强；第二，监督标准不一，各地在监督上自搭炉灶，自我摸索，制定的一些标准五花八门；第三，监督标准不明，非常抽象、笼统，没有可操作性，往往形同虚设；第四，规定时效性不强，未能与时俱进，没有结合实际进行更新、修订；第五，法制性不强，还没有相关的法律规定，缺乏依法监督、规范监督等也是导致出现其他问题的"总开关"。

（二）监督的组织体系不够健全

1. 缺少专门的监督机构

目前我国的党、政、司法都设有反腐制约的监督部门，但延伸到社区则没有形成统一规范的专门监督机构。监督程序没有制度化，较为混乱，导致了监督在某种程度上存在主观随意性。监督组织机构不统一、不健全，有的将纪检监察部门定位成社区内设机构，与社区其他部门交叉办公，纪检监察没有得到准确定位，失去了原有的功能。

2. 缺乏相应的法规依据

我国权力制约监督法规建设相对滞后，导致纪检监督缺乏系统、明确、规范性的法律依据，或者规范的界限不清晰，特别是新兴领域所需要的制度仍处于"立法空白"，实操起来容易受外在因素影响，直接影响监督工作的成效。

3. 内外监督体系不健全

我国党内的纪检监察系统的对内、对外监督存在较大的随意性，

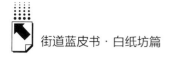

前期监督调查与后期处置没有能够形成有效的监督闭合系统，可操作性不强。

（三）监督专业性不强、民主化程度不高

现阶段基层纪检监督主要以工作 8 小时以内的为主，对 8 小时以外的监督难免有所疏忽。社区监督员是兼职，主业工作比较繁忙，监督工作难免沦为副业，监督工作仅仅停留在召开会议等形式上，严重阻碍了监督职能的发挥，机关内外部监督的专业性有待进一步提高。有的监督检查往往是"雷声大，雨点小"，一些畏难情绪怕得罪人的思想也影响着监督的实效。民主监督缺乏良好的平台，居务信息公开的载体不丰富，形式单一、方式落后，阻碍了民主监督渠道的畅通。党章赋予了人民群众监督权，但是由于经常出现群众受到打击报复的现象，自身利益受到损害，群众的积极性不高，其监督权无法得到有效的履行，特别是群众对纪检监察机关的监督，存在不敢监督、不知怎样监督等现象。

二 创新"第三方监督"模式，提高社区廉政建设水平

近年来，白纸坊街道工委积极推动纪检监督进社区，社区党风廉政建设和反腐败工作逐步开展起来。街道现有的 18 个社区经"两委"换届，均成立了纪检组织。经广大党员等额选举推荐，选出了 17 个社区的纪委，1 名纪检委员，共 52 名纪检组织成员。52 名纪检组织成员平均年龄为 44.7 岁，50 岁以下的有 27 名，占 52%；具有大专以上学历的 41 名，占 79%；妇女 43 名，占 83%；少数民族 5 名，占 10%。每个社区由 1 名社区纪委书记牵头领导负责社区纪检工作。但因社区纪检组织成立不久，人财等关键要件还较薄弱，突出表现在以下"七不"。

一是人员不专。社区纪委专干数量配备较少且日常分管工作较

多，有时甚至还要参与街、社区中心工作，由于精力所限，纪检工作往往成为副业。

二是业务不精。社区纪检组织尚处于起步阶段，导致社区纪检业务总体不精。

三是人员不稳。社区纪委专干频换新人，流动性大，经验不足易出现纰漏。

四是重视程度不高。片面认为党风廉政建设仅仅是个"软指标"。

五是作风不强。存在不敢大为、怕得罪别人的心理。民生、维稳等日常工作公开不及时或者不到位，使行政公开过于形式化。

六是社区党委与社区纪委职责关系"度"把握不准，阻碍纪检职能的发挥。主要表现为党委的某些工作由纪委成员去承担，使得纪检监督员与被监督对象成为同一个主体，虽然服从了社区纪委要在社区党委的领导下开展工作的组织原则，但一人分饰两角难免有所偏私，难以保证纪检工作的公平、公正，不利于社区纪委检查监督和社区党委工作职能的履行，也不利于"三务"公开工作的落实。

七是资金投入的不足，造成纪检工作的硬件设施配备、宣传教育载体等都不够到位。

基层纪检监察工作是党风廉政建设和反腐败工作的一项基础性工作，是保护干部群众合法权益、维护社会和谐稳定、巩固党的执政基础的重要举措。针对自身特点和存在的问题，白纸坊街道及时调整社区监督工作思路，充分发挥社区自治优势，将民主监督引入廉政建设，探索将组织监督与民主监督结合起来的"第三方监督"模式，取得了良好的效果。

（一）建章立制，搭建社区自有的制度体系

1. 开展反腐倡廉专题教育

街道发放《致处级领导和家属的倡廉公开信》，向全体干部发放

廉政短信和廉政台历，发放《党的十八大反腐倡廉精神辅导读本》、《纪检监察工作培训教程》和《党员干部快乐工作的 12 种方法》等书籍。对新任职的科级干部开展廉政谈话。开展"勤廉之星"评比、李大钊廉洁思想巡展等活动，组织纪检工作者观看《这是最后的斗争》专场演出，使大家始终自觉坚持廉洁自律。

2. 落实党风廉政建设责任制

街道分层级签订了《白纸坊街道年度党风廉政建设责任书》，形成一级抓一级，层层抓落实，责任明确、分工具体、监督到位、奖惩有据的责任体系。将党风廉政建设与业务工作有机结合起来，实行"一岗双责"，党风廉政责任制向社区延伸。开展查处违规收送礼品、礼金、有价证券及支付凭证等行为，对违纪行为进行处理。

3. 狠抓制度建设

中央八项规定出台后，街道工委、办事处联合印发了白纸坊街道《关于贯彻落实北京市和西城区关于改进工作作风密切联系群众有关精神的实施意见》。街道在改进调研活动、精简会议活动、精简文件和简报、规范外出考察活动、简化和规范《白纸坊报》的新闻报道、加强督促检查等方面做了明确的规定，严格要求街道的各级干部在实际工作中不折不扣地落实文件要求。组织街道全体干部填报《国家工作人员回避事项报告表》，积极开展了征集廉政微小说、全体职工会员卡专项清退等活动。街道还开展了"千家评政府"、食品安全、老旧小区综合整治、环境集中治理、住房保障等工作的立项效能监察。

（二）加大宣传，廉政风险防范进社区

通过召开培训会、发放廉政文件、集体廉政谈话等形式，打牢思想防线。各社区普遍已形成自身的宣传教育廉政体系，主要分为传统宣传方式和利用现代科技手段宣传两大类，一是通过印制发放宣传卡片、宣传手册、知识答卷，摆放廉政宣传栏、宣传展板，学唱廉政歌曲，编排表演廉政内容文艺作品等丰富多彩形式，使党员干部和居民群众潜移默化地接受教育，提高党员群众反腐倡廉的自觉性。

二是社区普遍利用电话、手机短信等方式与社区党员干部和居民群众进行沟通，快速简捷地对社区党员干部和居民群众进行宣传教育。但是社区的辐射面还存在短板，例如，一些辖区单位对社区党风廉政建设一直不理解，存在抵触情绪，对社区纪检组织活动熟视无睹、置若罔闻、不理不睬。另外，建立社区廉政风险防范管理机制，要求社区及社区工作者制定填写风险识别、防控一览表，同时街道工委与社区党委每逢年初都要签订党风廉政建设责任书，提高社区工作者廉洁从政的思想意识。

（三）搭建"三务"公开平台，全面构建"阳光"工程

白纸坊街道进一步明确社区书记、居委会主任、纪委书记的领导责任，提高思想意识，坚持"三公"，创造性地带领纪检组织始终沿着科学化、规范化的轨道运行，特别是强化居民群众的监督，确保公开的光明性、公开的全面性。全面拓展公开内容，凡是与社区居民息息相关的事项都要公开，特别是重大事项公开要做到进一步具体化。每月公开一次，重大事项任免要第一时间公开，确保公开的时效性。

"三务"公开工作在街道已落实，基本保障了社区党员干部和居民群众的知情权。党务居务方面，社区普遍成立了公开工作领导小组，并将工作职责、成员分工、办公时间、便民热线电话、服务项目、服务地点、办事程序、重大事项、财务收支、经费管理等服务内容，通过制定听证、公示、向居民承诺拟办实事制度保障、广泛宣传等系列措施推进了党务公开的基本运转。党务居务公开工作是党中央提出的创新性的工作，社区在开展此项工作过程中，有些工作还是缺

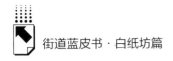

乏创新性。财务方面，社区已形成由社区书记、主任、纪检委员、财务管理人员共同组成经费管理使用小组，依托"钱账分离、日清月结、逐笔审批、定期审计"的管理制度，从街道、社区双管齐下开展每季度社区自查和按时向街道财政科报送收支季报表的方式对社区经费使用情况进行监督检查的财务管理模式。

（四）合力监督，构建社区纪检组织的政治民主体系

社区民主决策、民主议事、民主监督已被初步纳入基层政治民主体系，成为组织活动正常运作的检验器。街道各社区的监督工作应由纪检书记主抓，充分发挥社区群众参与社区事务的监督作用，形成网格化的监督体系，共同监督社区的建设和管理工作。社区可以召开居民代表会议、议事协商会议等对社区党员干部遵纪守法、遵守社会公德等情况进行有效监督，促进社区的党风廉政建设有效开展。在制定民主监督相关制度的基础上，普遍采取主动邀请社区班子外人员建言、监督的形式和耐心接待居民来信来访的方式负责对本社区岗位人员"八小时内外"的献策监督。特别是聘请了人大代表、政协委员作为社区廉政监督员，进一步构建了社区纪检组织的政治民主体系。

三 进一步加强和完善社区纪检监督的若干建议

加强基层纪检组织建设，是党的基层组织建设的重要组成部分，更是党在人民群众中树立光辉形象的重大之举。纪检监察工作必须全面履行党章和行政监察法赋予的职责，认真落实"三转"要求，明确自身的职能定位，集中力量抓好党风廉政建设和反腐败中心任务。

（一）完善监督制度，突出监督职能

完善监督制度是监督活动赖以顺利进行的保障。要按照全面化、

标准化、明确化的要求，逐步完善各种社区工作制度，使社区工作有章可循；要逐步完善社区监督的内容、程序、方法，建立被监督对象的知情权告知制度，防止监督纪检监察干部滥用职权。

（二）充分发挥社会监督的作用

舆论具有一种无形的力量。充分发挥舆论监督的作用，将干部言谈举止都放在人民群众的监督中，让权力在阳光下运行，将权力全面、真实、及时公开，能够高效地发挥监督职能。在已有的公开模式上，利用举报专线电话、监督信箱和QQ、微博等现代宣传媒介和载体，实现与居民零距离沟通的目标，特别是利用青年人惯用的认知社会的媒介进行宣传，调动青年人参与社区建设的积极性，为未来社区纪检组织建设注入"新鲜血液"，带来希望。强化媒体的舆论监督作用，媒体具有一定的社会公信力，能够获得广大公众和相关部门的支持，同时也具有无可比拟的公开性、透明性、快捷性、广泛性的特点，因此，要因势利导，构建良性的网络舆情监督机制，使网络监督发挥更正面、积极的作用。

（三）加强组织管理，助推社区纪检组织早日成熟

加快构建行政具体执行权与纪检监督权分离制衡机制。由于社区纪检专干数量有限且都身兼数职，对于某项由某位纪检专干承担的工作，由另外两位纪检专干负责该项工作的监督检查。在充分发挥纪检职能的同时，共助社区和谐建设。夯实监督组织基础，打造各部门齐参与的全方位、立体式监督队伍。同时，进一步加强纪委专干培训，调动从事纪检工作人员的积极性，减少人员流动。按照"打铁还需自身硬"的要求，定期召开民主生活会和思想汇报会，开展批评与自我批评，经常"照镜子，正衣冠，洗洗澡，治治病"，汇报自身思想工作，并加强整改，实现8小时以外的全面监督。从

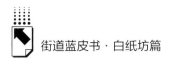

思想意识到业务能力，全方位打造精明强干、成熟稳定的社区纪检组织队伍。

参考文献

北京市西城区白纸坊街道：《白纸坊街道处级领导调研报告》（2012～2014）。

北京市西城区白纸坊街道：《白纸坊街道工委办事处年度工作总结》（2012～2014）。

北京市西城区白纸坊街道：《白纸坊街道工委办事处各科室年度工作总结》（2012～2014）。

《更加科学有效地防治腐败　坚定不移把反腐倡廉建设引向深入》，《人民日报》2013年1月23日。

于学强：《制度视角下纪检监察工作存在的问题与对策》，《湖南师范大学社会科学学报》2014年第4期。

龙翔：《探索与完善纪委对同级党委的监督》，《唯实》2014年第3期。

B.19
以问题为导向加强街道政务能力
建设的白纸坊实践

摘　要：　加强政府能力建设，确保政府高效履职，是新形势下
加强党的执政能力建设的重要基础。近年来，白纸坊
街道以政务能力建设为主线，以权力公开透明运行为
龙头，以依法行政和行政服务标准化建设为基础，以
"访民情、听民意、解民难"工作和信息化建设为抓
手，全面开展以"提能增效、群众满意"为主题的政
务能力建设，街道工作人员的行政能力和工作水平得
到提升，机关的政务环境得到优化，社会服务管理得
到创新，各项工作和建设取得了长足进步和发展，同
时也为进一步加强街道政务能力建设积累了经验，提
供了许多有益启示。

关键词：　政务能力　优质服务　提能增效　白纸坊街道

一　基层政务能力关系党的执政基础

当前，我国的经济社会发展正处于转型换挡的关键期。伴随着经济新常态的到来，如何妥善处理社会问题，避免掉入"中等收入陷阱"，成为当前社会治理的重要课题，这对基层政府的政务能力建设提出了新的更高的要求。

（一）强化政务能力建设有利于提高街道公信力

对管理者而言，公信力就是生命力。管理者履行自己的管理责任，其合法性、有效性的来源就是公众内心对其管理方式、管理行为和管理制度的理解和信任。街道管理者加强管理手段的建设，也就意味着为居民营造一个良好的生活环境，不断地改善民生，解决他们关心的就业、社会保障和公共服务的问题，街道在百姓心中的公信力自然就会提高。

（二）强化政务能力建设有利于提高街道执行力

政府的行政能力是党的执政能力的重要组成部分，是指在一定的时代背景下，政府及其工作人员根据特定的法律规定和自身权力实现政府的行政职能与目标的一种能力。作为政府的派出机构，街道办事处在完成政府的行政职能方面占据着重要的位置。加强街道的政务能力建设，使其在履行居民管理和服务的职责中，能够转变观念，发现基层社会治理的规律，整合街道资源，有效地推进传统的管理体制向公共治理转变，提高街道办事处的执行能力，为居民创造更加高效和便捷的服务。

（三）强化政务能力建设有利于加强和改善民生

加强政务能力建设，除了提高管理者的办事效率外，最主要的目的在于为居民的生活提供最大的便利。加强政务能力建设，能够有效厘清区、街、居之间的分配关系，完善社会保障机制，推动社会事业的发展，是解决民生问题、推进和谐社会建设的要求，是解决居民利益平衡和利益兼顾问题的重要保障。

二 以问题为导向强化政务能力建设

（一）白纸坊街道政务能力建设中存在的主要问题

1. 依法履职的意识有待进一步强化

客观上讲，2010 年北京市区划调整以来，西城区与宣武区合并组建新的西城区，政府职能部门的关系重新调整，在磨合期机关的法定职责、法定权限、法定程序不够明晰，依法行政、规范执法的各项规章制度和工作程序需要逐步完善，机关履职意识需要强化，履职效率需要提高，干部队伍的履职能力与满足居民需求之间还存在较大缺口，"能办事、快办事、办成事、不出事" 的政务氛围还没有得到有效形成。

2. "全响应" 体系的搭建有待进一步提高

白纸坊街道基础设施薄弱，老旧小区较多，多为平房院、简易楼等 20 世纪 60 年代建筑；社会老龄化严重，同时流动人口占总人口比重达 19.7%。这些先天的基础条件，为提升响应服务能力、增强办事效率带来了严重的制约和影响。尤其是当前社会的难点热点问题不断上升，社会潜在的不和谐因素突出，居民的民主意识和法律意识明显增强，能否及时、有效、积极、智慧地响应社会方方面面的问题是摆在政府面前的一个重大的现实难题。从街道情况来看，目前 "全响应" 的体系还不够完善，"全响应" 的渠道相对单一，需要做的工作还有很多。

3. 富有创新的亮点有待进一步拓展

近年来，街道在增强创新意识、开展创新活动上做了大量、卓有成效的工作，在城市环境建设、改善民生、弘扬区域特色文化等方面取得了大批成果。这些成果需要进一步解放思想，开阔视野，加以整

合、提升、拓展，并进一步固化为制度性成果。

4. 绩效问责的机制有待进一步完善

绩效问责是机关建设的生命线。从开展机关绩效问责的实际情况看，尽管在每年的工作计划中都有部署，但绩效考核的可操作性不强。究其原因，主要在于：考评制度量化细化不够，责任权利不配套，赏罚力度不够，缺乏内在驱动力；平时缺乏检查督促，制度落实流于形式，未能真正起到规范、激励作用。

（二）白纸坊街道加强政务能力建设的主要做法

1. 权力公开透明运行，提高干部履职规范性

白纸坊街道为规范行政行为，确保让权力在阳光下运行，积极推进权力公开透明运行，依据法律、法规、规章等规范性文件的要求，本着"职权法定、程序法定"的原则，梳理出街道行政权力3类70项，办事处领导班子成员权力28项，同时绘制出权力流程图，逐步实现权力运行规范化、流程标准化、公开网络化。在此基础上，重新修订并完善了街道《关于中小工程管理的有关规定》《关于规范会议培训服务机构使用的有关规定》等工作制度，形成了既相互制约又相互协调的行政权力运行机制、科学决策机制，有效提高了制度建设的系统性、针对性和操作性。街道还坚持从提高干部队伍的法制观念入手，持续开展领导干部学法活动，切实提高知法、用法能力。在工作过程中，机关干部严格执行《政务接待制度》《电子政务公开制度》《政务接待首问责任制度》等规章制度，实现科室之间、科室与社区之间信息沟通和资源共享。各社区深入推进"连民心恳谈室""民意诉求受理站"等工作模式，拓宽居民诉求渠道，做到小事不出社区，将矛盾化解在基层。

2. 广泛收集社情民意，提高政府服务的针对性

白纸坊街道制定《关于全面实施"访民情、听民意、解民难"

工作方案》，召开"访听解"工作动员大会，规范街道对接社区诉求工作机制。处级领导、科室干部定期主动走访社区，深入了解、掌握社区民情民意。街道与辖区人大代表、政协委员、区职能部门派驻机构、驻街单位、社会组织等建立定期会议协调制度，共商地区民生发展工作，开展资源对接、资源共享，合力解决社区各类重要问题。对于区有关部门能够协调解决的民生问题，街道各科室主动对接、靠前对接、全面对接，以便那些反映集中、关系复杂的重大民生问题及时得到合理、规范、快速解决。为保障社区民情民意传达通畅，街道向18个社区发放了1800份调查问卷，广泛征集辖区居民对街道发展的意见建议；向机关干部、人大代表、政协委员、党风廉政监督员、社区工作者、居民小组长发放了4000余本《民情日记记录本》，在社区普遍推行"一本、一会、一单"民生工作法，及时记录、梳理民情民声，加大督查力度，建立了社区民情民意"全响应"联席会制度，确保"访听解"工作取得实效。目前，街道已收集社区民调、养老助残、社区基础设施、小区环境维护、居民文化生活等各类问题1655件，已解决1605件。

3. 打造精品亮点工程，提高政府履职的有效性

在环境整治上，为打造"西城第一印象"，白纸坊街道以右内大街为一线，以建功北里二区、光源里1~5巷和双槐里小区为三点，聘请专家论证，专业公司设计，对右内大街、建功北里二区进行全面改造升级。在便民服务上，在社区公益用房十分紧张的情况下，街道拿出近300平方米建成枣林前街、菜园街、里仁街、半步桥4个便民菜店，解决了4个社区周边2万余户居民的买菜难问题。每个店还聘请了3名义务监督员，对菜品质量、价格、环境进行监督，努力为百姓提供价廉质优的"放心菜"。在社会服务上，街道投资20万元在右安门商务大厦建立了200平方米的商务楼宇社会服务管理中心。中心充分发挥典型带动，采用"五站合一"的工作模式，把"一站式"

温暖服务贯穿于各项工作中，为企业之间、党员之间搭建了一个多样化的服务平台，推动党组织和党的工作继续向社会领域拓展和延伸。在打造文化品牌上，充分挖掘纸文化、鼓文化和红楼文化的影响力，与北京市体育局、西城区体育局联合举办了北京市健身腰鼓、健身秧歌大赛暨白纸坊杯腰鼓邀请赛。为适应社会发展，更高水平地满足群众需求，在街道范围内，以1公里辖区面积为服务半径，规划建设3处1000平方米左右的市民中心，解决社区资源不足、资源难共享、社区之间交流渠道单一等问题，满足了居民议事、市民教育、日间照料等需要，也为社区之间的工作交流、群众交流提供了平台。

4. 健全完善工作制度，提高政务能力的持续性

街道重新修订并完善了《办事处工作规则》《中小工程管理规定》《信息工作管理办法》等10项工作制度和工作机制，为重点工作组织有力、落实到位提供了有效的制度保障。为进一步加强干部队伍建设、强化日常管理、提高工作绩效，街道不断完善公务员考核工作机制，制定了《白纸坊街道公务员平时考核工作实施办法（试行）》，以履行职位职责、完成目标任务、提升工作质量和严格工作纪律四个方面为重点，加大考核力度，转变工作作风，提高行政效能。

三　加强街道政务能力建设的启示

抓好机关能力建设是一项长期的系统性工程。白纸坊街道的实践对于强化基层政务能力建设具有重要启示。

（一）依法高效行政，提升履职能力

一是依法行政。白纸坊街道通过不断完善制度，建立行政权力公开透明的运行机制标准，严格按照法定职责、法定权限和法定程序履

行其职能，不断提高街道办事人员依法行政的观念和能力。以科学民主的态度，健全行政决策机制和制度机制，切实提高行政决策能力和水平。

二是提高履职效能。根据定职能、定机构、定编制"三定"的职责要求，全面梳理相关的工作职责，完善责任体系和工作机制。通过教育培训，提高干部队伍的法律观念和履职意识，突出政务工作的时效性。

（二）主动优质服务，提升响应能力

一是健全服务体系。白纸坊街道统一行政标识、网络平台、业务流程、服务标准和运行规则，在全街推行政务服务的标准化。整合相关资源，构建完善的行政服务网络，积极提高政务服务能力的高效化、均等化和便民化，为群众提供更加满意的政务服务。

二是拓展服务手段。街道的公共服务大厅要不断地向社区服务站延伸，并建立统一的网上行政服务大厅，内容涉及行政服务、公共服务、社会服务、便民服务等，提高街道的信息服务水平，实现白纸坊街道基本公共服务全覆盖。

三是加强主动服务。白纸坊街道结合"访民情、听民意、解民难"活动，了解百姓的需求，解决老百姓关注的各种难题。街道统筹辖区资源，建立与驻街单位之间的沟通联系，推进优质资源共享。

（三）增强创新意识，提升创新能力

一是思维模式创新。街道要突破传统的思维模式，以创新破难题，不断促进街道的发展。街道工委建立公开透明的运行机制，使得行政权力公开透明，加大对一些重点工程项目、公共资源、经费支出的公开和监察力度，让权力在阳光下运行。

二是科技创新。利用现代化的信息技术，依托全响应指挥平台，

健全政府信息公用共享机制，加快网上行政服务资源的整合，实现服务事项的共享和业务协同。

三是文化创新。挖掘地区的文化资源，将本地区的资源优势转化为发展优势，创新地区的文化发展模式。开展"北京精神""公共服务精神""公仆奉献精神"进机关等多种实践活动，营造文化氛围，增强服务意识。

转变政府职能，不断提升街道基层行政能力和工作水平，是响应党的十八大号召、全面推进基层治理体系和治理能力现代化的重要保证。唯有通过以"提能增效、群众满意"为主题的政务能力建设，全面提升机关的履职能力、响应能力、创新能力，完善绩效考评机制，才能高质量、高标准地推动街道各项工作的开展，才能不断改善街道居民的物质生活状况，提升文化生活品位，打造美丽、幸福、和谐、宜居的白纸坊，最终实现白纸坊地区整体的科学发展、均衡发展和可持续发展。

参考文献

北京市西城区白纸坊街道：《白纸坊街道处级领导调研报告》（2012）。

王少峰：《全力提高政府三个能力建设》，凤凰网，2012年4月17日。

赵任：《我国政府能力建设研究》，吉林大学硕士学位论文，2012。

郑晓茹：《社会转型时期政府社会管理的重要意义及其机制建构》，《中国行政管理学会》，2011。

路立营：《县级政府社会建设职能研究》，河北师范大学硕士学位论文，2012。

❖ 皮书起源 ❖

"皮书"起源于十七、十八世纪的英国，主要指官方或社会组织正式发表的重要文件或报告，多以"白皮书"命名。在中国，"皮书"这一概念被社会广泛接受，并被成功运作、发展成为一种全新的出版形态，则源于中国社会科学院社会科学文献出版社。

❖ 皮书定义 ❖

皮书是对中国与世界发展状况和热点问题进行年度监测，以专业的角度、专家的视野和实证研究方法，针对某一领域或区域现状与发展态势展开分析和预测，具备原创性、实证性、专业性、连续性、前沿性、时效性等特点的公开出版物，由一系列权威研究报告组成。

❖ 皮书作者 ❖

皮书系列的作者以中国社会科学院、著名高校、地方社会科学院的研究人员为主，多为国内一流研究机构的权威专家学者，他们的看法和观点代表了学界对中国与世界的现实和未来最高水平的解读与分析。

❖ 皮书荣誉 ❖

皮书系列已成为社会科学文献出版社的著名图书品牌和中国社会科学院的知名学术品牌。2011年，皮书系列正式列入"十二五"国家重点出版规划项目；2012~2015年，重点皮书列入中国社会科学院承担的国家哲学社会科学创新工程项目；2016年，46种院外皮书使用"中国社会科学院创新工程学术出版项目"标识。

法律声明

　　"皮书系列"（含蓝皮书、绿皮书、黄皮书）之品牌由社会科学文献出版社最早使用并持续至今，现已被中国图书市场所熟知。"皮书系列"的LOGO（▨）与"经济蓝皮书""社会蓝皮书"均已在中华人民共和国国家工商行政管理总局商标局登记注册。"皮书系列"图书的注册商标专用权及封面设计、版式设计的著作权均为社会科学文献出版社所有。未经社会科学文献出版社书面授权许可，任何使用与"皮书系列"图书注册商标、封面设计、版式设计相同或者近似的文字、图形或其组合的行为均系侵权行为。

　　经作者授权，本书的专有出版权及信息网络传播权为社会科学文献出版社享有。未经社会科学文献出版社书面授权许可，任何就本书内容的复制、发行或以数字形式进行网络传播的行为均系侵权行为。

　　社会科学文献出版社将通过法律途径追究上述侵权行为的法律责任，维护自身合法权益。

　　欢迎社会各界人士对侵犯社会科学文献出版社上述权利的侵权行为进行举报。电话：010-59367121，电子邮箱：fawubu@ssap.cn。

社会科学文献出版社

权威报告·热点资讯·特色资源

皮书数据库
ANNUAL REPORT(YEARBOOK)
DATABASE

当代中国与世界发展高端智库平台

皮书俱乐部会员服务指南

1. 谁能成为皮书俱乐部成员?
- 皮书作者自动成为俱乐部会员
- 购买了皮书产品（纸质书/电子书）的个人用户

2. 会员可以享受的增值服务
- 免费获赠皮书数据库100元充值卡
- 加入皮书俱乐部，免费获赠该纸质图书的电子书
- 免费定期获赠皮书电子期刊
- 优先参与各类皮书学术活动
- 优先享受皮书产品的最新优惠

3. 如何享受增值服务?
（1）免费获赠100元皮书数据库体验卡
第1步 刮开附赠充值的涂层（右下）；
第2步 登录皮书数据库网站（www.pishu.com.cn），注册账号；
第3步 登录并进入"会员中心"—"在线充值"—"充值卡充值"，充值成功后即可使用。

（2）加入皮书俱乐部，凭数据库体验卡获赠该书的电子书
第1步 登录社会科学文献出版社官网（www.ssap.com.cn），注册账号；
第2步 登录并进入"会员中心"—"皮书俱乐部"，提交加入皮书俱乐部申请；
第3步 审核通过后，再次进入皮书俱乐部，填写页面所需图书、体验卡信息即可自动兑换相应电子书。

4. 声明
解释权归社会科学文献出版社所有

皮书俱乐部会员可享受社会科学文献出版社其他相关免费增值服务，有任何疑问，均可与我们联系。

图书销售热线：010-59367070/7028
图书服务QQ：800045692
图书服务邮箱：duzhe@ssap.cn

数据库服务热线：400-008-6695
数据库服务QQ：2475522410
数据库服务邮箱：database@ssap.cn

欢迎登录社会科学文献出版社官网
（www.ssap.com.cn）
和中国皮书网（www.pishu.cn）
了解更多信息

社会科学文献出版社 皮书系列
SOCIAL SCIENCES ACADEMIC PRESS (CHINA)

卡号：090395961908
密码：

S 子库介绍
ub-Database Introduction

中国经济发展数据库

涵盖宏观经济、农业经济、工业经济、产业经济、财政金融、交通旅游、商业贸易、劳动经济、企业经济、房地产经济、城市经济、区域经济等领域，为用户实时了解经济运行态势、把握经济发展规律、洞察经济形势、做出经济决策提供参考和依据。

中国社会发展数据库

全面整合国内外有关中国社会发展的统计数据、深度分析报告、专家解读和热点资讯构建而成的专业学术数据库。涉及宗教、社会、人口、政治、外交、法律、文化、教育、体育、文学艺术、医药卫生、资源环境等多个领域。

中国行业发展数据库

以中国国民经济行业分类为依据，跟踪分析国民经济各行业市场运行状况和政策导向，提供行业发展最前沿的资讯，为用户投资、从业及各种经济决策提供理论基础和实践指导。内容涵盖农业，能源与矿产业，交通运输业，制造业，金融业，房地产，租赁和商务服务业，科学研究，环境和公共设施管理，居民服务业，教育，卫生和社会保障，文化、体育和娱乐业等 100 余个行业。

中国区域发展数据库

以特定区域内的经济、社会、文化、法治、资源环境等领域的现状与发展情况进行分析和预测。涵盖中部、西部、东北、西北等地区，长三角、珠三角、黄三角、京津冀、环渤海、合肥经济圈、长株潭城市群、关中—天水经济区、海峡经济区等区域经济体和城市圈，北京、上海、浙江、河南、陕西等 34 个省份及中国台湾地区。

中国文化传媒数据库

包括文化事业、文化产业、宗教、群众文化、图书馆事业、博物馆事业、档案事业、语言文字、文学、历史地理、新闻传播、广播电视、出版事业、艺术、电影、娱乐等多个子库。

世界经济与国际政治数据库

以皮书系列中涉及世界经济与国际政治的研究成果为基础，全面整合国内外有关世界经济与国际政治的统计数据、深度分析报告、专家解读和热点资讯构建而成的专业学术数据库。包括世界经济、世界政治、世界文化、国际社会、国际关系、国际组织、区域发展、国别发展等多个子库。